Francesco di Pietro

GRACCHI E KENNEDY
LA STORIA VA IN SCENA

*A Mauri e Alberta
per aver tollerato in santa pazienza
le mie solitarie ore di lavoro domestico*

PRESENTAZIONE

Il vincolo biologico che unisce persone nate dagli stessi genitori o da un unico genitore in comune non sempre garantisce amore reciproco, lealtà, solidarietà, come attesta la narrazione biblica di Caino e Abele o di Esaù e Giacobbe.

Gracchi e Kennedy però, a coppie simmetriche, rientrano nella regola generale poiché convissero in empatia straordinaria una capacità di immedesimazione e di uguale sentire che li consacrò inscindibili per la fusione di intenti nell'azione politica.

Questo è quanto scaturisce, nella fattispecie, dalle vite parallele di uomini affini, secondo lo schema reso celebre da Plutarco.

Ma, al fine di una prospettiva compiuta delle vite, sia consentita ora all'autore una sorta di licenza interpretativa, chimerica forse ma non arbitraria. Quasi un'opera teatrale nella quale Gracchi e Kennedy parlano raccontando se stessi.

GRACCHI E KENNEDY / La storia va in scena

ATTO 1 - Civiltà – Il dialogo platonico (Socrate)

ATTO 2 - Ideologia – Il simposio

ATTO 3 - Movente - La confessione (Santo Agostino)

EPILOGO - Giovanni Paolo II°

I *Atto*

Civiltà — Il dialogo platonico

PREMESSA

Alle coppie di uomini nelle Vite Parallele Plutarco trasfuse in secondo piano un confronto fra le culture a cui gli uomini appartennero: la dominante romana e la servente greca.

Ma invero un filo rosso costante attraversa 3000 anni di Storia intercorrenti fra la guerra di Troia e il nostro terzo millennio e identifica un'unica civiltà occidentale: greco romana, nella sua prima istanza mediterranea, quindi europea americana, nella sua evoluzione atlantica.

Grecia, Roma, Europa, Stati Uniti, dunque: un affresco fondato su strati sovrapposti di civiltà occidentale, i pilastri di un ponte sospeso in ardita campata tra il Mediterraneo e l'Atlantico.

> Se Roma, all'età dei Gracchi, aveva sottomesso la Grecia, ma restò a sua volta sottomessa per cultura, può affermarsi che all'età dei Kennedy sussisteva un uguale rapporto tra le realtà statuali omogenee di Stati Uniti ed Europa?

In un fantastico luogo nel quale è infranta la barriera di spazio e tempo, Gracchi e Kennedy rispondono al quesito in forma di dialogo platonico nel quale Socrate stimola gli interlocutori attraverso la sua dialettica mirata alla ricerca della verità

Personaggi in scena

Socrate
Tiberio e Caio Gracco
John e Robert Kennedy

Scena

Soggiorno della casa di Socrate in Atene. I Gracchi in solenne toga candida romana, i Kennedy in pregiato abito grigio e cravatta scura, Socrate in modesto chitone ionico dal colore scialbo e indefinibile.
Una tavola rudimentale con sedie e sgabelli scompagnati, un focolare con braci accese, cassapanche e bauli distribuite ai lati, fioche lampade a olio alle pareti, una comune brocca di terracotta sulla tavola e coppe disposte alla rinfusa.

Scena 1 — Roma e Grecia

SOCRATE – Non lasciai alcunché di scritto ai posteri perché mi ritenni fondamentalmente ignorante ma, grazie all'ingegno di un brillante allievo, Platone, la mia opera non fu sconosciuta al mondo, cioè l'attitudine a guidare l'interlocutore nel partorire il frutto della sua conoscenza attraverso il dialogo: la maieutica.

Con questo metodo ascolterò pertanto voi, fratelli Gracchi, e voi omologhi Kennedy, per comprendere l'analogia dei rapporti fra le dominanti realtà statuali, Roma e Stati Uniti, e le corrispettive dominate Grecia ed Europa.

TIBERIO – Noi Gracchi apparteniamo alla storia di Roma, una piccola città stato come tante altre sul bacino del Mediterraneo alla stessa epoca in cui Atene, nel periodo già decadente di fine V° secolo avanti Cristo, durante il quale i suoi ciechi governanti ti condannarono a morte, Socrate, era la πόλις più potente e più acculturata al mondo.

Roma comunque, alla nostra epoca successiva di circa duecento anni, aveva sottomesso tutta la Grecia, e fu proprio da allora che essa iniziò a interiorizzare in forma massiccia l'immensa cultura del mondo greco e di Atene in particolare.

Anzi, Roma superò in seguito Atene, soprattutto per l'arte della guerra, del diritto, dell'amministrazione pubblica.

Atene d'altronde, dopo cinquanta anni di vigore commerciale e splendore intellettuale, decadde miseramente alla conclusione delle guerre del Peloponneso, ma Sparta, rivale vincente, non ne fece tesoro per una propria supremazia.

Pervenne poi Alessandro di Macedonia (balcanico in realtà, non greco) ad esautorare la lunga egemonia di Atene e quella assai più modesta di

Sparta, e quindi a fondare un immenso impero, esteso in Asia e Africa, ma di effimera durata.

Roma infatti neutralizzò definitivamente quel mondo ellenico alessandrino ma ne ammirò la cultura e la diffuse nell'Europa che conquistò nei secoli successivi.

Altre entità se ne appropriarono in seguito: l'Italia, ad esempio, nel grande rinascimento fiorentino, o la Francia di Re Sole il cui regno, secondo l'antagonista Francois Marie Arouet (Voltaire), conteneva tutte le vestigia dei tempi passati migliori.

In realtà quella stessa epoca vide anche l'insorgere della vera e propria prima guerra mondiale in cui l'Europa fu impegnata non soltanto nel proprio territorio, ma anche sui fronti d'America e Asia: la guerra di successione spagnola che portò i Borboni sul trono di Madrid e spodestò gli austriaci Asburgo.

Le guerre mondiali propriamente dette, tuttavia, appartengono al XX° secolo e furono simili, per molti aspetti, alle guerre del Peloponneso.

Ne ho già parlato al plurale ma in realtà è difficile, in entrambi i casi, comprendere se si trattò di guerre distinte o fasi di una sola guerra. Confrontane i tratti per cortesia, Socrate.

Il logoramento di Atene e Sparta dopo dieci anni di aggressioni reciproche per terra e per mare indusse a una pace che lasciò in sostanza immutate le condizioni di partenza per le due potenze. Dopo cinque anni però ripresero le ostilità che si conclusero con la disfatta completa per Atene.

Osserva ora la parziale analogia: nella vecchia Europa, per due volte la Germania dilagò a Est ed Ovest, invincibile, salvo poi ritrovarsi stritolata come una noce dalla tenaglia, soprattutto per l'intervento degli Stati Uniti.

Non sembra anche a te Socrate, che le une e le altre guerre, o guerra che dire si voglia, comportarono passaggi riproducibili in curiosa analogia?

Le guerre mondiali del ventesimo secolo estinsero i fasti della Francia risorta in terza Repubblica, *belle epoque*, democratica e gaudente come fu Atene all'apogeo della potenza marittima.

Ed al tempo stesso neutralizzarono il vigore dell'astro nascente prussiano tedesco e dell'infame regime nazista, già dittatoriali e militareschi come fu Sparta.

Pochi vantaggi ne trasse peraltro la vincente Inghilterra, realtà commerciale e colonialista al pari di Corinto, e furono infine gli americani, i nuovi romani, ad imprimere il segno del comando sulla civiltà occidentale.

Fu dunque l'esito delle guerre mondiali che dissanguò Francia, Germania, Inghilterra, e sancì l'egemonia degli Stati Uniti sulla Vecchia Europa nel ventesimo secolo.

Ma altrettanto può dirsi sulle guerre del Peloponneso in ordine al rapporto di sudditanza insorto nel mio secondo secolo avanti Cristo fra Roma e Grecia.

SOCRATE – Superba disquisizione, Tiberio! Tuttavia almeno una differenza tra i termini citati deve essere evidenziata: vero è che l'implacabile lotta tra le πόλεις maggiori nella Grecia classica del quinto secolo avanti Cristo predispose un loro progressivo e fatale indebolimento che condusse al crollo di fronte all'assalto di nuove forze, rozze e incolte sì, ma vigorose e tenaci.

La travolgente figura di Alessandro si impose infatti su Atene e Sparta senza timore riverenziale, e soltanto in seguito i regni da lui discendenti furono preda di Roma, nel secondo e nel primo secolo avanti Cristo.

Le guerre del Peloponneso dunque influirono sì sull'espansione romana nel mondo greco ma non in immediata sequenza storica, mentre le guerre mondiali annullarono in via diretta il carisma della vecchia Europa.

Winston Churchill, il vecchio leone inglese vincente in seconda guerra mondiale, intuì il tramonto della vecchia Europa, culla di civiltà occidentale, e ne tracciò quindi un ritratto deprimente e povero descrivendola come un mucchio di macerie, un ossario, una terra su cui proliferano la pestilenza e l'odio.

TIBERIO – Hai ragione, Socrate, in prima istanza Atene e Sparta ed altre πόλεις cedettero ad Alessandro e non ai romani, i quali comunque fagocitarono uno ad uno i regni nati dalla spartizione dell'impero macedone, insieme con tante città dell'Attica, del Peloponneso, della Tessaglia, unendo tutto in unico protettorato.

Ora però consentimi di ricordare come una similitudine storica altrettanto coinvolgente accomuni sotto diversi profili le guerre mondiali europee alle guerre puniche.

Anche queste ultime infatti, in genere considerate come episodi distinti, in realtà costituiscono due fasi di un unico ciclo bellico diviso da intervalli di pace precaria.

Dalla seconda guerra mondiale, come dicevo poc'anzi, gli Stati Uniti acquisirono un'indiscussa egemonia sulla vecchia Europa, mentre dalla seconda guerra punica, allo stesso modo, i romani uscirono vincitori e dominatori esclusivi sulle rotte commerciali del Mediterraneo.

Così per Roma antica e Stati Uniti d'America si consolidarono le premesse di un impero.

La terza guerra punica, invece, a cui partecipai da ufficiale al comando di mio cognato Scipione Emiliano, è da considerarsi a parte poiché non fu una vera guerra.

Auspicata e perseguita con pervicace ostinazione devastatrice di Catone il Censore, fu solo un sottile gioco del gatto col topo.

Roma infatti cominciò con l'imporre a Cartagine un ambiguo e defatigante balletto diplomatico, in cui l'arroganza senatoriale si fondava sulla consapevolezza di possedere una preponderante superiorità militare.

Roma finse di non vedere le angherie che i suoi alleati africani perpetravano contro Cartagine e la colpì poi con un ultimatum inaccettabile, l'abbandono della città portuale e la ricostruzione a distanza di molte miglia nell'interno desertico: un *diktat* per cui Cartagine fu costretta a scegliere la guerra.

SOCRATE – Una divagazione molto interessante Tiberio! Mi pare che si tratti di un atteggiamento analogo a quello che la Serbia subì dall'impero austro ungarico nel 1914.
Fu in seguito all'attentato letale contro Francesco Ferdinando, arciduca nipote di *Franz Joseph* ed erede al trono imperiale, che Vienna impose a Belgrado condizioni per la pace a tale punto umilianti che la Serbia si vide costretta al rigetto, e così scaturì la scintilla della Grande Guerra.

TIBERIO – Giusto, Socrate! Solo che l'impero austroungarico fu punito, sconfitto e smembrato infine, mentre Roma condusse a termine la balda impresa con un atroce olocausto comandato da Scipione Emiliano contro donne e bambini, gli ultimi difensori. Allora ero già tornato a Roma carico di gloria personale per la guida di un assalto vincente alle mura di Megara, però mi viene in mente in proposito il pentimento dell'Emiliano, spacciato da Polibio che lo descrive piangente di fronte alle mura fumanti di Cartagine: "io, Polibio, precettore di Scipione Emiliano, potevo parlare liberamente con lui e perciò gli chiesi cosa egli volesse significare. Scipione, senza esitazione, nominò la propria patria per la quale temeva la medesima sorte".
Macchè, Socrate! Anch'io conoscevo bene Scipione Emiliano e affermo che in realtà non poteva importargliene di meno della sorte di Cartagine, la quale venne rasa al suolo e la nuda terra fu arata e fra i solchi venne seminato il sale affinché nulla potesse sorgere in futuro su quel luogo (tu Caio puntasti sulla rinascita di Cartagine in colonia romana ma fu solo un sogno infranto).
Come intese il Senato e Scipione, Cartagine non risorse mai più e persino la sua memoria storica sarebbe estinta se non fosse stata affidata agli autori romani, scrittori di Storia dal carro dei vincitori trionfanti.

SOCRATE – Sono perfettamente d'accordo con te, Tiberio, poiché i romani hanno contrabbandato nel mondo l'efferata crudeltà del cartaginese medio, raffigurata in esemplare malvagità con la fiabesca vicenda del console Attilio Regolo, spinto a rotolare da una collina dentro una botte irta di chiodi acuminati.

Il console, già prigioniero dei cartaginesi, venne inviato a Roma allo scopo di propugnare la pace. Egli invece incitò il Senato romano alla ripresa del conflitto e poi, ligio alla parola data, si ripresentò a Cartagine per subire il supplizio… Tutte balle!

D'altronde si tratta di un sistema educativo innato nell'italica cultura per consuetudine invalsa od occulti progetti ministeriali. L'intera epopea del risorgimento, per esempio, è l'archetipo di una retorica scolastica dominante in tempi ancora recenti.

TIBERIO – Eh già, Socrate, per non parlare poi delle favole che circolavano nel nostro accampamento sui sacrifici dei bambini perpetrati a saziare le brame della loro sanguinaria dea Tanith. Sarà un caso che l'anno di distruzione di Cartagine coincise con quello della distruzione di Corinto (146 a.c.)? Un atto con cui si concretizzò la fine della Grecia di cui parlavamo poc'anzi.

Ma torniamo alle origini: è suggestivo immaginare un'influenza greca sulla fondazione di Roma antica, così come pure gli Stati Uniti d'America nacquero dalla colonizzazione europea.

Potrebbe teorizzarsi in tale modo una comune sequenza storica tra Roma e gli Stati Uniti, nel senso che tali due entità satellite crebbero al punto di spodestare la casa madre, salvo subirne poi la preponderanza culturale.

Ma così non è invero. L'espansione delle πόλεις interessò sì la penisola italica meridionale e la Sicilia, proseguì poi sulle coste superiori del Tirreno, talché sorsero relazioni commerciali con il mondo etrusco latino, però la Grecia non ebbe nulla a che fare con la nascita di Roma.

I contatti realmente determinanti fra Roma e Grecia avvennero molto più tardi, cioè nel secondo secolo avanti Cristo, e furono cruenti: Roma punì il regno di Macedonia per un'alleanza anti romana stipulata con i cartaginesi in seconda guerra punica, lo sconfisse quindi in seguito a una triplice guerra e lo rese infine suddito come provincia romana.

Nello scenario delle tre guerre macedoniche intervennero anche le leghe etolica ed achea, residui poli di coesione rispetto alla tradizionale litigiosità inter cittadina ellenica.

Dapprima alterne alleate dei romani, in funzione di reciproca ostilità, furono anch'esse sconfitte e nell'anno 146 avanti Cristo avvenne la distruzione di Corinto (coeva a quella di Cartagine), ultimo baluardo della libertà greca, e con essa lo scioglimento delle leghe, l'inserimento dell'Ellade in provincia Macedonica, la fine di tutte le libertà.

Si riferisce a quegli eventi il celebre verso di Orazio *"Graecia capta ferum victorem cepit"*, feroce perché non solo Corinto ma molte altre città furono rase al suolo in monito perenne.

Orazio lo scrisse più di cent'anni dopo e siffatta espressione è un'efficace sintesi del cosiddetto "filo ellenismo", un fenomeno che si impose da allora sulla comunità latina, e non come moda transeunte bensì come influenza permanente.

SOCRATE – Si, però attenzione Tiberio, è fuorviante stabilire una data precisa per un avvenimento di penetrazione diffusa come fu l'espansione intellettuale greca.

La sottomissione della Grecia segnò soltanto il punto in cui una massa enorme di prigionieri fu trasferita a Roma e in tale esodo si distinsero i soggetti di livello culturale che vennero impiegati come maestri e istitutori presso le famiglie altolocate. Divenne uno *status symbol* la formazione di stampo greco impartita nelle dimore aristocratiche, con effetto alone in tutta la società.

La lingua greca si diffuse tra le alte sfere della comunità romana come il francese contaminò la Russia del XIX° secolo.

Al tempo stesso una folla di artigiani, architetti, medici, artisti, filosofi, retori, si trasferì spontaneamente a Roma attirata dalla prospettiva di considerevoli guadagni in seno a una popolazione ricca e vincente, ma povera di esperienze esclusive.

TIBERIO – Vero, Socrate, Roma in effetti era soggiogata dalla superiorità intellettuale del mondo greco già da parecchio tempo rispetto al fatidico 146 avanti Cristo.

Catone il Censore, noto e proverbiale antesignano dell'accesa avversione antiellenica, era morto nel 149 avanti Cristo, mentre mio nonno materno Scipione l'Africano, uno dei primi cultori romani del mondo ellenico, era morto addirittura nel 182.

Il conflitto in merito fra Catone e gli Scipioni si era consolidato pertanto già nella prima metà del secondo secolo avanti Cristo.

Da un lato, il severissimo Censore ammoniva il figlio, e per suo tramite la cittadinanza tutta, contro la razza perfida e malvagia dei greci e lo invitava a non studiare a fondo la loro letteratura che avrebbe condotto Roma alla rovina.

In particolare lo mise in guardia contro i medici greci e le loro cure innovative, i quali, secondo lui, sarebbero stati indottrinati a sterminare i romani con farmaci avvelenati.

D'altro lato, entro l'eccellente "circolo" degli Scipioni, fondato dall'Emiliano ma ispirato dal pensiero dell'Africano e di suo fratello, l'Asiatico, veniva promossa la conoscenza del mondo ellenico attraverso incontri di lettura e di riflessione comune nei momenti di riposo dalla politica e dalla guerra.

Intere biblioteche furono razziate in Ellade e trasferite in Roma. Filosofi e letterati greci vennero accolti in grande onore nelle alte sfere della classe aristocratica.

18

All'odio e livore rancoroso di Catone, concretizzato anni prima mediante numerosi decreti di espulsione di quegli stessi filosofi e letterati, si opponeva dunque lo sperticato elogio della cerchia scipionica: la conservazione e il progresso, in un certo senso, un ambiente in cui anche noi Gracchi fummo coinvolti più tardi, seppure in peculiare prospettiva, diciamo "liberale popolare".

SOCRATE – L'analisi non fa una piega, Tiberio, ma è opportuno ricordare anche come a una conciliazione tra le due tendenze in contrasto provvide Polibio: comandante di cavalleria achea, egli giunse prigioniero a Roma ove fu poi accolto come maestro in casa di Paolo Emilio, vincitore dei macedoni, ed ivi scrisse una monumentale opera storica.

Tra l'altro, a un certo punto, egli esaltò con sincera attitudine l'ordinamento politico e militare della Repubblica, però lo fece attraverso gli schemi del pensiero greco.

Emilio Gabba, inclito studioso moderno di storia romana scrive in merito un breve e geniale riepilogo: "il commento polibiano della superiorità romana e della conquista è puramente tecnico, militare, istituzionale. Non culturale perché la cultura stava tutta dall'altra parte, quella dei perdenti".

TIBERIO – Certo Socrate, comunque io penso che, considerando i diversi rami del sapere, l'imponente fenomeno di importazione culturale dalla Grecia a Roma non fu un evento di pedissequa assimilazione, bensì che, dalla tarda repubblica all'impero, si enuclearono interpretazioni di originale ispirazione romana.

In letteratura e poesia, se è vero che gli autori latini della mia età (Andronico, Nevio, Ennio, Plauto, Terenzio) si limitarono a tradurre o imitare i modelli greci, sorsero forme indipendenti in seguito nella commedia e nella tragedia, e di autentica creatività nella satira, genere squisitamente latino che nacque con Lucilio, aderente al circolo degli Scipioni, e fu nobilitato poi da Orazio e Giovenale. Per non parlare di Virgilio nella letteratura epica, il nuovo Omero.

Nell'arte non c'è dubbio sulla dominante produzione di scultori e pittori greci volgarmente copiati in Roma, ma neppure deve essere trascurato l'apporto di tipo latino in termini di maggiore aderenza alla realtà attraverso un'innovativa resa prospettica.

In architettura fu immenso il debito di Roma nei confronti della Grecia, ma la rielaborazione romana eccelse poi per potenza e maestà di templi, basiliche, archi trionfali.

In storiografia prevalsero agli inizi gli stili di Erodoto, Tucidide, Senofonte, sulla modestia degli annalisti romani, ma Tito Livio, più tardi, ed ancora Sallustio e Tacito, emersero per eccellenza. In oratoria, qualunque giovane romano che avesse in animo una brillante carriera politica non avrebbe per certo potuto esimersi da un primario viaggio di istruzione presso le scuole greche, ma è sufficiente citare Cicerone, anch'egli allievo di maestri greci, per attestare l'emancipazione dell'eloquenza romana, già lodata proprio da Cicerone nella tua persona, fratello Caio.

In diritto, l'influenza greca iniziale fu anche meno determinante poiché è notorio come il diritto romano fece scuola nel mondo allora conosciuto e determinò gli schemi della realtà moderna.

Rammenta, Socrate, le dodici tavole, lo *ius civile* e *ius gentium*, lo *ius praetorium*, il diritto penale e procedurale.

In scienza militare è scontata qualunque considerazione laddove si vide che la legione romana, per la versatilità e adattamento ai disparati campi di battaglia o di assedio, umiliò la formidabile falange macedone, invincibile nella Grecia ed in oriente sinchè non incrociò la nostra arma.

Ma soprattutto in filosofia desidero approfondire un po' l'analisi invadendo il tuo campo, Socrate.

SOCRATE – Ti attendo al varco, Tiberio. Parlane pure, ma te ne prego, trascura la s.p.a. ateniese (Socrate, Platone, Aristotele), l'ineguagliabile insieme di dottrine filosofiche, e lascia perdere anche quanto fiorì prima di noi nelle isole ioniche ed in Magna Grecia (Talete, Eraclito, Parmenide, Pitagora). Questo è perché non voglio ascoltare ancora le lodi della nostra tradizione.

Per indegnità d'altra parte, ignora ti prego lo squallido ciarpame dei sofisti ateniesi.

TIBERIO – Ora io devo senz'altro adeguarmi al tuo dire, Socrate, poiché in tale disciplina i greci sono rimasti imbattuti non solo nei confronti di noi romani, ma in ogni tempo nel mondo intero. Io ne fui affascinato, soggiogato, né avrei mai potuto approvare le vanagloriose affermazioni di tanti colleghi in politica tali per cui "il perseguire la verità è compito adatto ai filosofi greci, che non hanno di meglio da fare, però noi siamo romani e dobbiamo occuparci di governare il mondo".

A prescindere pertanto dalla s.p.a ateniese e quant'altro, anche le concorrenti dottrine successive che si diffusero a Roma per il genio filosofico greco, grazie a Epicuro e Zenone (epicureismo, stoicismo), non trovarono alcuna espressione originale fra autori latini, salvo Marco Tullio Cicerone, che si limitò peraltro ad una sintesi fra le due correnti.

Fra l'una e l'altra Cicerone comunque privilegiò lo stoicismo, la sua morale positiva applicata alla politica e la rilevanza data alla virtù umana, di contro alla tendenza epicurea volta alla ricerca della consolazione dalle avversità della vita attraverso il piacere e con il massimo disinteresse per la politica.

Seppure Cicerone fu un nemico di noi Gracchi, ritengo che a lui vada ascritto il merito di avere mantenuto viva con i suoi scritti la tradizione stoica che altrimenti sarebbe andata perduta.

E d'altronde anch'io prima di lui rimasi attratto dallo stoicismo, però non nella formula creata da Panezio allo scopo di adattarne i principi alla romanità, così come fece Lucrezio per Epicuro.

Panezio infatti instaurò una disputa con il maestro stoico greco Antipatro, allievo del fondatore Zenone, affermando una linea ispirata all'utilità economica piuttosto che all'etica: buonismo universale contro bieco egoismo invero, termini sui quali sorse il conflitto sociale che inasprì le parti in Roma alla mia epoca e mi indusse alla fazione "liberale popolare".

Io aderii alla versione di Antipatro, trasmessami dall'istitutore Blossio da Cuma, vale a dire quella derivante dalla tradizione greca ortodossa che unisce l'uomo sapiente nell'uomo virtuoso, filosofo imperturbabile di fronte a qualsivoglia sciagura.

In questa direzione mi avventurai in politica e quindi concepii la riforma agraria come manifestazione del cosmopolitismo stoico, o Città Ideale, in cui le norme universali devono prevalere sulle leggi di una singola comunità.

In tale senso quindi chiedo a te, Socrate, un riconoscimento nei miei confronti di pioniere del filo ellenismo romano.

Una corrente da intendersi in modo corretto peraltro, cioè come un fenomeno che diede impulsi di linfa culturale ad un popolo gagliardo sì, però rozzo e primitivo, e comunque desideroso di apprendere.

Cent'anni prima di me d'altronde, a Sparta, un altro applicò gli stessi principi: mi riferisco allo stoico Sfero da Boriatene, retore minore forse, ma importante perché ispirò una riforma agraria a carattere egalitario sotto la reggenza del re Cleomene.

E non fu per certo un caso il fatto per cui Plutarco, altro celebre mediatore fra pragmatismo romano ed idealismo greco, abbinò nelle sue Vite noi Gracchi con i re spartani Agide e Cleomene.

SOCRATE – Ottimamente Tiberio, non ho dubbi nell'addivenire alla tua richiesta, però rifletti su un'obiezione che ora ti pongo e che in qualche modo rappresenta una critica per il mondo greco, di cui mi sento rappresentante in questa disputa.

Tu hai lodato con sincera disposizione l'influsso greco su Roma in arte, letteratura, filosofia, ma non hai citato il lato negativo.

La Roma arcaica si fondava su un'economia agricola severa ed essenziale, sui costumi frugali di una comunità laboriosa e poco propensa all'ozio della contemplazione intellettuale, al lusso ed alle raffinatezze artistiche e morali tipiche di altri popoli.

Gli Etruschi, per un esempio, erano indubbiamente superiori a voi in siffatta direzione ma non possedevano quella potenza dell'unione derivante dalle origini proprie dei tuoi progenitori.

Soccombettero pertanto alle compatte aggressioni militari e non riuscirono ad imporre a voi romani la loro eccellente cultura, né da concorrenti nel Lazio, né da vinti e integrati.

Catone indubbiamente colse nel segno quando celebrò il pregio della civiltà rurale romana da cui emerse l'immagine del soldato contadino pronto al sacrificio per la gloria della patria terra.

I contatti con il mondo greco però, tipici del tuo secolo, Tiberio, produssero ben altre e indesiderabili conseguenze.

La verace sobrietà romana venne meno. L'importazione di beni di accurata fattura favorì la penetrazione di un gusto raffinato e le umili dimore si arricchirono in mobilio sfarzoso, suppellettili ricche, statue e quadri, ori e tessuti, gioielli sofisticati.

L'operosità nel lavoro quotidiano fu soppiantata in favore di un malsano impegno per attività ritenute più nobili e consone a un mutato costume.

Ai sani divertimenti subentrarono spettacoli sontuosi nei teatri e nei circhi. I giovani abbandonarono il rude addestramento nelle palestre e cominciarono a preferire la frequentazione di case da gioco e di postriboli più o meno eleganti.

Il vizio e la corruzione dilagarono ovunque non più inibiti da un sentimento religioso tradizionale, intollerante e superstizioso sì, ma idoneo a preservare la disciplina e l'onore romano.

La società romana dunque si arricchì nel complesso delle nuove esperienze ma perse di vista le modeste e virtuose radici.

Non pensi Tiberio che tutto ciò abbia contribuito alla decadenza della Repubblica già celebrata da Polibio e involuta in forme di magnificenza imperiale ancora più estranee alle origini?

TIBERIO – Si, Socrate, ne sono persuaso. La contingenza sociale che mi guidò verso le riforme venne determinata anche da una grave crisi insorta nell'agricoltura primordiale.

Il latifondo divorò la piccola proprietà agricola e prosperò sulla corruzione dei grandi possidenti, la cui avidità era alimentata dalla bramosia di ricchezza che un assetto radicalmente nuovo della Repubblica "grecizzata" andava diffondendo tra la nobiltà. Ma ascolta ti prego anche la parola di Caio al riguardo.

SOCRATE – Procedi dunque, Caio, non intendevo certo trascurare il tuo prezioso contributo.

CAIO – Devo confessare, Socrate, che anch'io subii per un certo periodo il fascino della grecità nel gusto delle belle cose, come Plutarco ricorda menzionando la coppia di delfini d'argento che comprai per l'assurda cifra di milleduecento dracme a libbra. E' vero, ma passiamo oltre.

"Nobiltà" dice mio fratello, e qui mi preme puntualizzare che in Roma quel termine non indicava romantici rituali cavallereschi feudali, né polverosi documenti trasmessi per atavica gelosia, o proprietà di castelli, manieri, gallerie di ritratti degli antenati.

Nobili erano semplicemente appartenenti a stirpi che potevano vantare la presenza di consoli o di altri magistrati maggiori.

In tal senso è dato affermare che il patriziato ancestrale di Roma si era declassato ai nostri tempi in casta nobile ma comprensiva dei plebei. Plebei arricchiti in commercio e finanza, peraltro, e quindi meritevoli di considerazione in società.

Ecco, Socrate, ho voluto sottolineare siffatto particolare aspetto di struttura sociale romana perché io lo ritengo legato in qualche modo all'importazione dei modelli ellenici di cui avete parlato.

La predilezione per l'ozio portatore di vizio che ne seguì rimase una prerogativa del patriziato che perciò non intese abbassarsi al lavoro, mentre la plebe attiva vi si impegnò e ottenne i dovuti riconoscimenti in termini di partecipazione al potere.

Sia chiaro comunque che io considero siffatta influenza un dato positivo ed è proprio per questa ragione che tentai in ogni modo di esautorare la corrotta nobiltà del sangue a Roma e riportavi una nuova struttura di greca democrazia.

SOCRATE – Grazie fratelli Gracchi per il pregevole excursus reso nella quota di civiltà occidentale, ed eccomi quindi a voi, fratelli Kennedy, pronto ad ascoltare il vostro apporto riferito a epoca posteriore di duemila anni rispetto alla Grecia e Roma graceana. Ritenete che l'analogia di Grecia e Roma antica con l'Europa e gli Stati Uniti sia fondata nei termini e presupposti già analizzati con i vostri illustri omologhi?

JOHN – Innanzitutto Socrate consentimi di esprimere gratitudine per l'occasione straordinaria che concedi a noi di conferire sulla supremazia americana mondiale nel XX° secolo in raffronto ad una cultura anteriore, della quale peraltro Robert ed io fummo ferventi ammiratori.

Mi sembra attendibile osservare al riguardo come la posizione di Roma antica e degli Stati Uniti, all'epoca dei Gracchi e di noi Kennedy, richiami alla mente per stupefacente identità storica le veementi pagine di Leone Tolstoj scritte nell'epilogo a Guerra e Pace sull'evoluzione degli eventi all'inizio del XIX° secolo.

Narrando il clima idilliaco instaurato nella dimora dei superstiti Natascia e Pierre, uniti in matrimonio dopo le burrascose storie sentimentali di ciascuno, lo scrittore si sofferma a meditare sulle vicende passate dei personaggi e vi coinvolge i massimi sistemi della Storia scaturiti dalla campagna napoleonica in Russia.

Egli paragona l'Europa post napoleonica ad un mare tranquillo, rientrato entro le rive di sempre, in apparenza, eppure turbato da misteriose forze ribollenti nel profondo per gli inquietanti attriti sociali di popoli stremati dalle guerre dello zar Alessandro e di Napoleone, rappresentanti di Oriente e Occidente.

Una simile calma illusoria caratterizzò invero allo stesso modo anche le nostre realtà statuali.

L'egemonia mondiale era acquisita, ma l'assetto costituzionale romano e americano non si era adeguato in modo da garantire un equilibrio interno idoneo a supportare la nuova funzione di guida estesa al di là dei mari e degli oceani.

SOCRATE – E' una premessa accattivante questa tua, John, però consentimi di intervenire subito con una precisazione come già prima ho fatto interrompendo bruscamente l'eloquio di Tiberio. Sussiste, infatti, una differenza essenziale fra Roma e Stati Uniti nelle vostre rispettive epoche.
Un assetto imperiale fu completo per Roma, dopo le due guerre puniche, mentre per gli Stati Uniti, dopo le due guerre mondiali, esso si configurò solo a metà, condiviso come fu con l'Unione Sovietica, seppure un'evoluzione compiuta dagli anni sessanta a fine ventesimo secolo abbia neutralizzato il dualismo in seguito allo sfascio del mondo dell'Est comunista, sancendo l'egemonia globale degli Stati Uniti d'America.

JOHN – Sì, Socrate, anche se non vidi tale sviluppo. D'altronde constato che sussiste un'altra difformità tra Roma e Stati Uniti, destinata però anch'essa ad essere annullata nel tempo futuro.
Roma antica ha concluso il ciclo storico già da oltre 1500 anni, mentre quello degli Stati Uniti è tuttora aperto.
Ineluttabilmente la fine perverrà anche per noi americani, il che potrebbe avvenire nei prossimi 750 anni, qualora si intendesse presagire per gli Stati Uniti la stessa longevità di Roma (mille anni dalla nascita della Repubblica all'ultimo imperatore).
Ma è illusorio invero auspicare che gli Stati Uniti uguaglieranno Roma mantenendo l'egemonia mondiale sino ad un termine così lungo. Se infatti, dall'epoca di Roma antica a quella degli attuali Stati Uniti d'America, la vita media di un individuo è progredita al raddoppio ed oltre, al

contrario la durata media di uno stato è andata manifestando la tendenza opposta.

Dalla nascita degli Stati Uniti ai giorni nostri l'avvento dei lumi della ragione ha alimentato l'evoluzione scientifica con un tale moltiplicatore esponenziale da cogliere un punto di potenzialità distruttiva che non promette nulla di buono nel settore degli armamenti, in ecologia e conservazione delle risorse planetarie.

Per tale ragione quindi, collegata alla frenesia dello sviluppo, non è verosimile pensare che gli Stati Uniti saranno in grado di reggere con Roma un confronto temporale sino a mille anni.

SOCRATE – Probabilmente no, John, però chi potrebbe affermarlo per obiettive considerazioni? In relazione alla consequenzialità tra le guerre puniche e guerre mondiali, ad esempio, è plausibile forse immaginare che dopo la seconda guerra mondiale ne verrà una terza? Così come una terza guerra punica concluse il tratto bellico romano? Ed in tale evenienza la terza guerra comporterà un'apoteosi per gli Stati Uniti? Come avvenne per Roma dopo la terza guerra punica?

JOHN – Hai ragione, Socrate, è impossibile al giorno d'oggi presagire gli scenari futuri. E d'altronde neppure è detto che la decadenza degli Stati Uniti debba dipendere più da una guerra perduta che da un disastroso tracollo economico.

Non mi azzarderei a fare previsioni e pertanto, come già Tiberio ha preferito, propongo di tornare alle origini.

La Grecia dunque, hai rilevato con Tiberio, non ebbe alcunché da spartire con la fondazione di Roma mentre le tredici colonie fondatrici degli Stati Uniti erano per l'appunto inglesi.

Non si poneva neppure un'ipotesi di autonomia culturale, né del resto esisteva un fermento di indipendenza, e chissà se sarebbe mai nato un sentimento di unità nazionale americano senza le ingerenze della madre patria in campo fiscale e commerciale cui le colonie non riconoscevano legittimità.

Il colono americano si sentiva fondamentalmente inglese, come tale orgoglioso di appartenere all'impero, ma la tirannia del re d'Inghilterra fomentò una rivolta che solo due secoli più tardi, in tutt'altro contesto geo politico mondiale, investì i protettorati *Commonwealth* in Asia e Africa in anelito universale di libertà dal vincolo coloniale.

Invero furono gli Stati Uniti gli ispiratori della decolonizzazione giacchè per primi e da soli avevano iniziato i motti proclamando la propria indipendenza e consacrandola sul campo di battaglia.

SOCRATE – D'accordo, John, ma trascuriamo per il momento gli arcinoti passaggi storici degli Stati Uniti e focalizziamo l'analisi sulle vicende successive alla seconda guerra mondiale.

Soltanto da allora infatti può determinarsi una supremazia inter continentale degli Stati Uniti sulla vecchia Europa, non da ciò che si realizzò dopo la Grande Guerra, sebbene alcune posizioni ne costituiscano una significativa premessa.

JOHN – Immagino, Socrate, che tu alludi al fatto per cui gli Stati Uniti stipularono trattati di pace separati con gli Imperi Centrali sconfitti, rispetto a Francia e Inghilterra. Allora invero un cieco afflato di vendetta prevalse nella vecchia Europa contro Austria e Germania, mentre le aspirazioni più aperte alla tolleranza del Presidente americano, Woodrow Wilson, vennero ignorate.

Inevitabilmente, vent'anni dopo, scoppiò l'altra guerra in cui il nostro apporto fu decisivo e tale per cui gli Stati Uniti assunsero in linea pressoché esclusiva la gestione post bellica in Europa, declassando le alleate Francia e Inghilterra a ruoli comprimari.

SOCRATE – Esatto, John, questo intendevo: la forza militare degli Stati Uniti alla fine del conflitto fu per alcuni anni il fulcro del nuovo ordine intercontinentale opposto alla crescita dell'Unione Sovietica, mentre l'eccellenza economica e tecnologica vennero di conseguenza. Tuttavia ai tuoi tempi John, cioè negli anni '60, la situazione era cambiata rispetto agli anni '40.

JOHN – Vediamo Socrate, non toccò a me per primo in quanto Presidente degli Stati Uniti, sperimentare la fine del monopolio nucleare che, quanto meno sino ai primi anni cinquanta, diede a noi americani facoltà di contenere l'aspirazione espansionistica sovietica ed al tempo stesso garantire la difesa degli alleati al di qua della cosiddetta cortina di ferro.

In questa sudditanza psicologica dettata dal timore di invasione dall'Est consisteva allora il nostro potere sulla vecchia Europa ed invero noi lo esercitammo con modalità diverse nei confronti delle singole nazioni.

Nel 1953, però, dovemmo prendere atto che l'Unione Sovietica aveva ormai conseguito successi considerevoli nei test atomici, già a partire dal 1949, e così, come dicevi Socrate, la situazione mutò radicalmente. La città di Berlino divenne punto nevralgico del contrasto fra Est e Ovest: l'Unione Sovietica pose in assedio Berlino Est chiudendo tutte le vie di comunicazione terrestri al transito degli alleati occidentali.

Francia e Inghilterra si videro costrette a cedere i propri settori cittadini in favore degli Stati Uniti e contestualmente nacque la NATO, ente di difesa militare in Europa governato in virtuale esclusiva da noi americani.

La "guerra fredda" era in pieno corso e non c'è dubbio sul fatto per cui agli Stati Uniti competeva la completa gestione militare e diplomatica del conflitto, escludendo così ogni partecipazione delle nazioni europee affiliate alla NATO, se non per una mera consulenza, peraltro assai poco tenuta in considerazione.

31

La supremazia statunitense sulla vecchia Europa si estese, più o meno nello stesso periodo, anche al settore economico mediante il piano Marshall, una nostra iniziativa di aiuti finanziari per le nazioni stremate dalla guerra appena conclusa.

E' inutile tentare di nasconderlo: non fu certo un atto dettato da uno spirito di liberalità degli Stati Uniti. Le nazioni destinatarie infatti avrebbero pagato in dollari le risorse ricevute nel rispetto dei patti di Bretton Wood, con cui fu consolidata la parità oro dollaro e annullata la funzione guida della sterlina inglese.

La nostra economia acquisì notevoli vantaggi, ma sopra tutto gli Stati Uniti esportarono in una forma propagandistica la propria cultura dell'economia orientata in senso capitalista, sistema non altrettanto diffuso e recepito in Europa.

Per un altro verso d'altronde non penso che gli Stati Uniti siano meritevoli delle acrimoniose critiche di ingerenza imperialista volta ad accentuare le divisione europea fra Est e Ovest.

Invero fu l'Unione Sovietica che rifiutò la mano tesa con il piano Marshall e indusse i suoi satelliti a fare altrettanto.

Orbene, se mai occorresse conferma della decaduta supremazia nel mondo da parte delle potenza europee in favore degli Stati Uniti, è sufficiente rammentare in breve la crisi di Suez 1957. Francia, Inghilterra, Israele, decise a riappropriarsi del canale di Suez dopo la nazionalizzazione da parte dell'Egitto, sbarcarono in forze sul territorio ma furono poi costrette a ritrarsi a seguito della pressione statunitense.

Il Presidente Eisenhover impiegò diversi strumenti persuasivi di carattere economico/militare né si fece scrupolo di abbandonare la tradizionale politica di alleanza con i *partners* europei.

Si preoccupò piuttosto di evitare il reale pericolo di terza guerra mondiale che certo si sarebbe realizzato in seguito alla reazione sovietica, già amica dell'Egitto.

Il premier inglese, Eden, dovette dimettersi e persino De Gaulle, il fondatore della V° repubblica francese, si trovò in imbarazzo nonostante il suo indiscusso carisma.

SOCRATE – E così dunque, John, come Atene e Sparta soggiogate a Roma, anche Francia e Inghilterra cedettero agli Stati Uniti. Ma veniamo ora ai tuoi tempi e parliamo un po' dell'esperienza che la sorte ti riservò, giovane Presidente della Nuova Frontiera.

JOHN – Se desideri paragonare in qualche modo Atene e Sparta a Francia e Inghilterra, Socrate, sarà opportuno rammentare che le due πόλεις furono trattate con rispetto dai romani all'epoca in cui Corinto venne distrutta, così come noi americani tenemmo sempre atteggiamenti amichevoli con le nazioni europee.

Sessant'anni dopo, però, Atene subì l'assedio dei romani guidati da Lucio Cornelio Silla per essersi schierata con Mitridate, il re del Ponto aggressore della provincia dell'Ellade, ritenendolo un liberatore: il seguente saccheggio fu spietato e Roma assunse da allora ben altro regime di gestione nei confronti di Atene mentre la città di Sparta fu risparmiata, salvo requisizioni di beni entro il territorio dell'Acaia e del Peloponneso.

Considerando dunque Francia e Inghilterra come rappresentanti significative della vecchia Europa, la mia amministrazione vide da parte loro una serie di comportamenti in radicale contrasto, benché entrambe fossero nostre alleate.

Il mio primo viaggio in Europa da Presidente fu significativo in quel senso. Prima infatti incontrai a Parigi Charles De Gaulle, personaggio imponente non solo per statura fisica, e poi, dopo il cruciale impatto con Nikita Chruščëv a Vienna, mi intrattenni in breve con il premier inglese Harold MacMillan, a Londra.

Proprio dall'approccio con l'indole dei soggetti scaturisce il tipo di rapporto fra Stati Uniti e rispettive nazioni di appartenenza.

De Gaulle fu cordiale e generoso nel trattamento formale, ma la fama di uomo superbo e litigioso, già sperimentata da Presidenti predecessori, Eisenhover, Truman, Roosevelt, non venne meno.

Percepii sì un senso di simpatia da parte sua, ma non scevra da un'accentuata consapevolezza di superiorità nei confronti di un presunto apprendista in politica.

Né io fui in grado di sottrarmene poiché la leggenda di un uomo salvatore della Francia mi affascinava.

Nei colloqui riservati, infatti, egli fu tutt'altro che accomodante, anzi decisamente arrogante, e non perse il tratto di ostentare la tipica grandeur francese.

La Francia allora coltivava un'ambizione di sostituire la nostra influenza sull'Europa con il primato del proprio governo.

Mal tollerava la posizione subordinata degli alleati nella NATO, tant'è che se ne uscì sbattendo la porta cinque anni dopo quella mia visita per ragioni di "sovranità nazionale", e intraprese una politica di armamento nucleare autonomo alla faccia di noi, che in effetti non intendemmo mai condividere con gli alleati risorse e tecnologia nel settore bellico atomico.

Per quanto De Gaulle fosse venuto in persona ad accogliermi in aeroporto, ed al primo approccio mi avesse chiesto in inglese se avevo fatto buon viaggio (con gli stranieri non rinunciava mai al francese), in privato non ottenni altro che consigli da professore a studente sul modo in cui atteggiarmi quando, di lì a poco, mi sarei imbattuto nel *leader* dell'Unione Sovietica.

Le inquietanti problematiche di Berlino, della bomba atomica, del Vietnam (l'ex colonia francese oggetto di attenzione per gli Stati Uniti) furono da lui scacciate via come un insetto molesto, essendo consapevole che io, un novizio ai suoi occhi, non avrei potuto mai cedere di un millimetro alle pretese francesi.

SOCRATE – Davvero tutt'altra musica, John, rispetto alla guerra di indipendenza americana, quando i francesi tifavano per voi e de La Fayette combattè al comando di Washington (volevi forse commuovere De Gaulle quando nel viaggio a Parigi gli donasti una lettera autografa del Generale al Marchese?).

JOHN – Oh sì certo, ingenuamente ci contavo un po', comunque De Gaulle mostrò di apprezzare moltissimo l'omaggio.

Ma in Inghilterra, dopo le faticose giornate a Vienna al cospetto di Chruščëv, mi sentii quasi a casa mia.

Nessuna cerimonia del genere già organizzato a Parigi mi fu riservata ed il colloquio con il premier, MacMillan, si svolse a quattr'occhi, in assenza persino del capo del *Foreign Office*.

Rispetto alla supponenza ed ai modi autoritari di De Gaulle, il quale usava parlare di sé in terza persona, neanche fosse Cesare, Lord Harold MacMillan, conte di Stockton, era uomo tutt'altro che superbo, anzi, dotato di umorismo e autoironia tipicamente inglese. Egli mi ricevette da solo nella zona privata di Downing Street ove parlammo per ore di fronte al caminetto.

Lo avevo già incontrato a Washington e, verso la fine dell'anno successivo, sottoscrissi con lui un trattato bilaterale che pose fine a un'imbarazzante vicenda: il Pentagono aveva annullato il progetto comune del missile Skybolt e così gli Stati Uniti, per compensare tale sgarbo, offrirono la fornitura di missili Polaris all'Inghilterra, in gestione NATO sì, ma con la facoltà di farne uso esclusivo in caso di grave emergenza.

Questa fu una concessione enorme sulla nostra rigida politica di mantenere in casa la risorsa nucleare, che l'Inghilterra peraltro possedeva, ma era obsoleta in quanto impiegabile soltanto con i bombardieri a lungo raggio e non coi missili in partenza da agili sommergibili (De Gaulle naturalmente respinse la proposta di estendere il patto alla Francia e, contestualmente, pose il veto all'ingresso nel MEC da parte dell'Inghilterra).

In questa direzione dunque, e non solo dalla mia epoca, furono da sempre impostate le relazioni tra Stati Uniti e Inghilterra: un rapporto privilegiato rispetto a quello esistente con gli altri stati europei nell'interesse di entrambi gli interlocutori.

L'Inghilterra invero non aveva mai inteso dismettere un senso di affettuosa e tollerante superiorità verso una realtà identificata come null'altro che una delle tante ex colonie, mentre gli Stati Uniti ridevano di quella snobistica alterigia che mascherava la patetica decadenza dell'impero.

Comunque sia, l'intesa maturata già tra Roosevelt e Churchill in seconda guerra mondiale, si consolidò tra me e MacMillan, tra Reagan e Tatcher, tra Clinton e Blair, almeno sino al culmine in cui l'Inghilterra rimase infine l'unico alleato degli Stati Uniti in una sventata avventura di Bush jr. nell'Irak.

SOCRATE – Certo John, la sintonia tra Stati Uniti e Inghilterra è a tutt'oggi solida nella lotta contro il terrorismo, staremo a vedere però come si metterà tra Obama e Cameron in Siria. Già contro la Libia è stata la Francia a fare la parte del leone.

JOHN – La mia intuizione non giunge a tanto, Socrate, lasciami piuttosto concludere in prospettiva anni sessanta.

Non ho citato ancora la Germania, ex nemica in guerra, laddove il suo ruolo nello scenario europeo fu di cruciale rilevanza nella contrapposizione tra Stati Uniti e Unione Sovietica.

All'incontro al vertice di Vienna, dicevo, mi trovai in difficoltà notevole nei confronti di Nikita Chruščëv.

Desideravo instaurare un dialogo costruttivo seppur antagonista, e invece dovetti soccombere alla coriacea determinazione di un leader che subordinò le questioni in corso alla matrice di stampo ideologico teso a esaltare il sistema comunista rispetto al mondo occidentale pervaso da una presunta fragilità capitalista.

Berlino, soprattutto, fu oggetto della disputa.

Chruščëv in effetti puntava a incamerare l'intera città in orbita sovietica mentre io non avrei potuto mai accettare la rottura del trattato intercorso alla fine della guerra.

Mezza Berlino doveva, secondo noi americani, restare enclave occidentale nel cuore del dominio comunista, il che era fonte di un pesante imbarazzo per i sovietici a causa dello stillicidio di fughe individuali e collettive dal settore Est.

SOCRATE – Un'ostica vertenza invero, John, qualunque negoziato era fuori portata per un esperto diplomatico, non soltanto per te, giovane Presidente alle prime armi. Per fortuna Chruščëv chiuse in via unilaterale la controversia e fece costruire il muro infame che salvò la faccia a lui e donò a te l'aura dell'eroe della libertà quando due anni dopo proclamasti davanti al pubblico berlinese "Ich bin ein Berliner".

JOHN – Ricorda, Socrate, nella medesima occasione dissi anche "civis romanus sum". Quindi abbi pazienza se mi soffermo per un po' sull'alleato italiano.

Dell'Italia rammento con nostalgia i miei viaggi da studente in epoca fascista, oppure da neo Senatore nei successivi anni '50, i cordiali contatti con comunità italo/americane negli Stati Uniti, la presunta nobiliare ascendenza toscana di mia mamma Rose, e soprattutto il rammarico di non avere incontrato papa Giovanni. Venni a Roma in visita ufficiale ai primi di luglio del 1963. Da pochi giorni era stato eletto papa Paolo VI° e si era insediato un nuovo governo Leone, dopo la fine del più longevo precedente alla guida di Amintore Fanfani.

Lo conoscevo, era stato ospite alla Casa Bianca, ma non avevo francamente un grande *feeling* con lui, sebbene risponda al vero che fui attratto da un suo saggio politico religioso e che, in veste di senatore, lo invitai sul palco alla convenzione di partito in Chicago nel 1956 per presentarlo al pubblico affermando che avevo appreso da lui l'aspirazione alla politica. Mi spiace averlo dovuto constatare all'epoca della mia gestione, ma l'Italia contava poco nello scenario strategico europeo.

I timori di un'invasione comunista, che negli anni cinquanta mi avevano persuaso a occuparmi di Trieste, allora territorio libero, erano svaniti nel 1963, al punto che sostenni Fanfani nella sua velleità di inaugurare un'amministrazione governativa di centro sinistra, assetto auspicabile nell'Italia di allora, considerata la presenza del più massiccio partito comunista occidentale.

SOCRATE – Va bene, John, l'Italia sarà anche stata l'ultima ruota del carro nell'arcipelago delle più importanti nazioni europee. Ma, se consideriamo ora l'altro aspetto trascurato sinora, cioè la più accentuata prevalenza culturale della vecchia Europa sugli Stati Uniti, l'Italia balza immediatamente in primo piano.

JOHN – Non c'è dubbio in merito, Socrate, di tale evidenza del resto io trovai la conferma entro le mura domestiche da parte di Jackie, profonda cultrice d'arte e letteratura italiana e francese, oltre che della moda, naturalmente.

La *way of life* americana sarà anche stata passivamente recepita nell'Europa devastata dalla guerra, ma qualunque americano di media cultura non potrebbe accostarsi alla monumentale storia dell'Europa senza subire un riverente sentore di inferiorità.

SOCRATE – Non esageriamo, John, quanto mai può importare al cittadino medio americano lo splendore del passato rispetto al primato militare, economico, e quant'altro?

Comunque sia, consentimi una breve rassegna, analoga a quella svolta da Tiberio Gracco in riferimento a Roma.

Letteratura: chi fra i vostri massimi autori potreste citare, salvi forse

Hemingway, Faulkner, Fitzgerald, in confronto a Tolstoj, Dostoevskij, Puskin, Flaubert, Proust, Hugo, Manzoni, Verga, D'annunzio, per menzionare i soli russi, francesi, italiani, coevi all'epoca della vostra esistenza? La sproporzione è clamorosa.

E non pensi, John, che in un'uguale sequenza potrei procedere a lungo ancora sulla poesia, le arti, l'architettura?

Ma non è questo il punto in realtà. Ciò che vorrei sottolineare è l'evidenza visiva della superiorità europea sugli Stati Uniti data dall'assenza di qualsivoglia vestigia storica nelle vostre città.

Che cosa mai dovrebbe attirare il turista straniero in visita negli Stati Uniti d'America, eccettuati alcuni straordinari panorami di natura selvaggia in qualche anfratto del Sud Ovest, o il fascino di città unica al mondo per florilegio etnico e sociale come New York a Nord Est?

Quanto a cultura però le cose migliori sono di origine europea. Ed è sufficiente citare Boston a riprova: se la tua città, John, ostenta un primato eccellente in America grazie alla prestigiosa Università di Harvard, alla presenza di teatri e biblioteche per architettura raffinata, guarda caso Boston è nota al mondo come la città più europea negli Stati Uniti.

JOHN – Non umiliarmi oltre, ti prego Socrate. Io ho viaggiato in ogni anfratto del mondo e quindi comprendo bene il tuo dire.

Non è possibile ritrovare in America neppure la parvenza vaga della magica aura che si respira a Parigi, Roma, Firenze, Siena, Venezia, Vienna, Praga, ed anche a Londra, a modo suo.

Tutt'al più ne abbiamo copiato in forma grottesca i simboli nel circo rutilante in mezzo al deserto che si chiama Las Vegas, una tipica attrazione turistica degli Stati Uniti.

Se Tiberio Gracco tuttavia ha saputo rilevare l'impronta romana originale rispetto alla Grecia, intendo fare altrettanto per la mia parte in questo confronto a distanza millenaria.

SOCRATE – Sentiamo, John, ci sarà pure qualcosa di interessante.

JOHN – Mi sovviene in mente il cinema, innanzitutto: la decima musa non è per certo arte minore. Il premio Oscar, tipicamente americano, costituisce da sempre il più prestigioso obiettivo per registi, attori, sceneggiatori, in tutto il mondo.
La musica in secondo luogo: noi americani possiamo vantarne il monopolio attuale, a parte i Beatles naturalmente, i quali però hanno tratto da modelli statunitensi l'ispirazione iniziale.
Francamente però non saprei che altro aggiungere di rilevante.

SOCRATE – Piuttosto poco, John, per confutare l'assunto oggetto del quesito. *Mutatis mutandis* dunque, Orazio ha colto nel segno anche nel confronto fra Europa e Stati Uniti d'America.
Ma dimmi qualcosa al riguardo, Robert Kennedy, così come già Caio Gracco ha concluso nel precedente colloquio.

ROBERT – Grazie Socrate, ora non intendo confutare qualcosa, anzi, non soltanto confermo nella sua integrità l'assunto oggetto del quesito, ma ti ricordo che più volte ebbi occasione di rifarmi nei miei discorsi alla cultura greca antica, più che alla tradizione europea, come alla fonte della nostra civiltà americana.
Un salto di qualità, invero, quasi un corto circuito che unisce fra loro Grecia e Stati Uniti rispetto ai termini del raffronto iniziale. Fu mia cognata, Jacqueline Bouvier, l'ispiratrice degli interessi culturali in comune tra John e me.
A John fece intendere che lo stile estetico di una nazione deve essere conforme alle iniziative politiche e, come Pericle concepì l'acropoli di Atene, Jackie diresse i piani di Jack nel preservare gli edifici neo classici di Washington in piazza LaFayette.
A me Jackie trasmise una profonda ammirazione per la Grecia classica

della quale feci ampio e frequente utilizzo nei discorsi menzionando te, Socrate, con Platone e Aristotele: modelli da fare rivivere nel nostro tempo per creare una funzione guida nel mondo in capo agli Stati Uniti d'America.

SOCRATE – Purtroppo la missione è rimasta incompiuta per tutti voi, Gracchi Kennedy, ma vi siano comunque propizi gli dei a perpetuarne la memoria.

II *Atto*

Ideologia — Il simposio

PREMESSA

Schierati dalla parte dei diseredati, essi agirono sempre come autentici democratici e audaci riformatori.

> Quale fu l'ideale di Gracchi e Kennedy? Cercarono davvero il bene della collettività talché non sussistessero eccessi di povertà e di ricchezza idonei a fomentare odio e conflitti? Perseguirono davvero la giustizia e l'equità in solidarietà sociale?

Insigni presenze si riuniscono in simposio per disquisire sul quesito. Gracchi e Kennedy assumono il ruolo di anfitrioni e padroni di casa onorati dagli illustri ospiti, autori di opere eccellenti:

l'ateniese Platone - Πολιτεία

lo stagirita Aristotele - Politica

il romano Marco Tullio Cicerone - De Republica

l'africano Santo Agostino - De Civitate Dei

43

l'italico Dante Alighieri - De Monàrchia

il fiorentino Niccolò Machiavelli - Il Principe

lo svizzero Jean Jacques Rousseau - Il Contratto Sociale

il tedesco Karl Heinrich Marx - Il Capitale

l'apolide Friedrich Wilhelm Nietzsche - Zarathustra

lo statunitense Thomas Jefferson - Dichiarazione di Indipendenza

Interverranno Plutarco di Cheronea e Jacqueline Bouvier Kennedy.

Scena

L'abbigliamento dei convitati è conforme alle epoche di provenienza ma l'ambiente è onirico, irreale.
Una cupola di cristallo puro, divisa da leggere nervature argentee, sovrasta la sala in cui campeggia una massiccia tavola rotonda di noce. La luce dal cielo limpido è intensa e diffusa al tempo stesso. In un angolo cinque poltrone bianche disposte in circolo.

Scena 1 — I convitati al simposio

Dopo il brindisi e i convenevoli di rito, si procede all'elezione del re del simposio che, per l'acclamazione al più anziano ed autorevole, è unanime ma non condivisa nell'animo da tutti.

Platone assume l'onore come il più anziano nella compagnia poiché non soltanto nacque prima di tutti gli altri ma visse sino a ottanta anni, più a lungo di ciascuno, salvo Thomas Jefferson, il quale morì all'età di ottantatre anni. Ottant'anni d'altronde è età ragguardevole in riferimento alla vita umana media all'età di Platone, superiore in termini relativi rispetto a Jefferson, vissuto duemila anni dopo.

Aristotele, il secondo nel tempo, fu contemporaneo a Platone nonché allievo, e in seguito antagonista principe nella filosofia antica.

Cicerone visse trecento anni dopo Platone e anticipò Dante Alighieri e Niccolò Machiavelli rispettivamente di 1300 e 1500 anni.

Questi personaggi costituiscono il gruppo appartenente all'epoca più antica, greco romana, medioevale, rinascimentale, rispetto agli altri ascrivibili all'era moderna (Santo Agostino esige un tratto a parte), ma rappresentano periodi assai diversi e lontani fra loro.

Platone e Aristotele vissero nell'Atene post periclea, colpita dalla guerra del Peloponneso che preluse all'epilogo della Grecia classica. Cicerone transitò in Roma Repubblica ormai prossima all'impero.

Dante e Machiavelli ornarono Firenze, il primo nel regime del libero comune medioevale ed il secondo nel mitico periodo dello splendore rinascimentale mediceo.

Attraverso costoro, e le rispettive età, intercorrono due millenni (dal 400 avanti Cristo al 1400 dopo Cristo) che comprendono il primo segmento della civiltà occidentale, segnato in parte prevalente dalla cultura greco romana e medioevale, sino agli albori di età moderna.

I periodi delle loro vite sono eterogenei ma i personaggi identificano comunque momenti di rinnovo simili e rilevanti entro i millenni nel complesso della civiltà occidentale, salvo Dante che risale piuttosto a un passaggio di immobilismo, eppure fecondo in arte e cultura.

Platone e Aristotele assistettero alla decadenza dell'impero ateniese. Cicerone vide Roma prossima allo spartiacque universale cristiano, e transitò nel periodo più affascinante della sua storia.

Machiavelli esercitò il genio politico e lo trasfuse in opere eccellenti subito dopo l'estinzione del trascendentalismo medioevale.

Di quest'ultimo Dante Alighieri, astro in poesia e letteratura, seppure non estraneo alla politica, assurge a massimo esponente, posto com'è in un'articolata e complessa età di mezzo entro una particolare fase storica: la più critica e creativa al tempo stesso (basso Medio Evo).

Degli altri personaggi, appartenenti all'epoca moderna, Jean Jacques Rousseau incarna un *trait d'union* rispetto agli antichi e caratterizza un tratto che chiude all'inizio di età contemporanea nel XIX° secolo, con Jefferson, Marx, Nietzsche.

Le distanze cronologiche si rendono meno accentuate nell'ambito di questo secondo gruppo. Tra Machiavelli e Rousseau trascorrono non i millenni bensì due secoli, molto intensi per insanabili contrasti di natura politica e religiosa, sfociati in una serie infinita di guerre.

Rousseau, peraltro, condivide con Thomas Jefferson un arco di vita pari a venticinque anni e inaugura un'epoca connessa in linea diretta ai giorni nostri, mentre Marx, già coevo di Jefferson, morì venti anni dopo la nascita di Nietzche, il più giovane in assoluto nel gruppo.

Anche costoro attraversarono tempi diversi ma, nel complesso, fra la nascita di Rousseau e la morte di Nietzche, corre un arco di tempo compreso tra il 1712 e il 1900, vale a dire un breve periodo di due secoli che unisce idealmente le vite in tratto fugace ma determinante per la Storia: duecento anni di eventi rivoluzionari e di cambiamenti radicali, strettamente concatenati tra loro, dai quali scaturì la genesi e lo sviluppo delle moderne ideologie.

Da Rousseau, precursore e antesignano di tempi moderni, come da Platone e Aristotele, rappresentanti dell'antichità, attinsero studiosi del pensiero politico ispirati sia al socialismo che al nazionalismo.

Dalla rivoluzione francese, emanazione concreta delle teorie di Jean Jacques di Rousseau sull'Uomo e sullo Stato, emersero in notevole configurazione i principi dell'occidente europeo, elaborati peraltro ancora prima dai Padri dell'Indipendenza degli Stati Uniti, dei quali Thomas Jefferson fu l'estensore ed il principale ispiratore.

Karl Heinrich Marx e Friedrich Wilhelm Nietzsche infine, ultimi in ordine di tempo entro il gruppo, recitano nel simposio il ruolo degli *enfants terribles*.

Si vedono coatti, per un rispetto atavico unito a timore riverenziale, a digerire l'acclamazione di Platone a re del simposio, ma il percorso speculativo, ancorché opposto fra i due, fu comunque radicalmente in conflitto con la Grecia classica.

Infatti, sia per un'autentica ispirazione propria o per manipolazioni e travisamenti altrui, Nietzsche e Marx si contraddistinguono di fronte ai posteri come ideologi del nazismo e dello stalinismo, mostri della ragione germogliati da estremi enunciati di concezioni per le quali è ormai sancito il tramonto definitivo.

Considerato dunque l'intero gruppo di ospiti intervenuti al simposio, sussistono similitudini e contraddizioni profonde tra i convitati, ma, per un aspetto essenziale, si configura il denominatore comune.

Studio profondo e applicazione veemente indirizzata alla ricerca del Bene per l'uomo cittadino in campo politico, sociale, economico.

Ouverture. Io, Platone, e tu Aristotele, siamo fra i convitati gli unici precursori nel tempo per entrambe le coppie degli anfitrioni.

Già tu Cicerone infatti, il più antico dopo di noi, conoscesti l'opera dei Gracchi e avesti l'opportunità di parlarne in retrospettiva storica, ma invero quasi in termini di attualità.

Nessuno di noi invece venne dopo voi Kennedy. Noi greci pertanto, proprio in quanto predecessori di tutti, dobbiamo mettere in esordio una considerazione fondamentale sul nostro essere qui rappresentanti primi della comune civiltà occidentale.

Rammento infatti come, nell'epoca che all'inizio del quinto secolo avanti Cristo precedette di cento anni il nostro contributo filosofico in Atene, la civiltà occidentale avesse visto incombente, mai quanto allora, lo sfacelo di fronte all'Oriente armato, prima che cominciasse a concretizzarsi in qualche modo una sua presenza significativa nel mondo conosciuto.

Avvenne allora, grazie all'indomabile coraggio dei nostri progenitori immediati, che una stupefacente magia strategica e militare, unita a invincibile forza d'animo, consentirono alla straordinaria resistenza di Atene l'occasione di sconfiggere l'immane apparato di conquista collocato in campo da Dario, l'imperatore e re dei re persiano.

Senza l'indomita tenacia ateniese e di pochi altri alleati sulla pianura di Maratona, sul mare a Salamina, ed a Platea, imbocco terrestre del Peloponneso, la civiltà occidentale forse non sarebbe mai venuta alla luce e alla Storia.

Il conflitto tra Est e Ovest d'altronde si era già delineato almeno 700 anni prima con la leggendaria guerra di Troia, quando un'alleanza di città e regni occidentali ebbe infine ragione sulla potenza orientale. Atene tuttavia partecipò con esiguo contributo di navi e di uomini. Comunque sia, il primato della civiltà occidentale, protetto da Atene, non corse più pericoli di sopravvivenza.

Alessandro lo rinnovò, duecento anni dopo, e Roma prevalse infine, alimentando con la lingua latina, le istituzioni e la cultura, la crescita e lo sviluppo della vecchia Europa cristiana.

Oriente e Islam, nei secoli successivi alla fine dell'impero romano, fagocitarono Bisanzio, la seconda Roma, e imperversarono su rotte marittime del Mediterraneo arrecando distruzione e stragi, ed anche squisita civiltà in Iberia, e in altre terre della Magna Grecia.

Ma l'Occidente vinse definitivamente nel corso dei secoli, a partire dalla battaglia navale di Lepanto, salvo qualche sporadica incursione sino alle porte di Vienna.

Oggi i discendenti dei bellicosi guerrieri turchi implorano l'ingresso nell'Unione Europea mentre altri epigoni della progenie persiana meditano vendetta in nome di Allah.

Siffatta premessa d'esordio sulla civiltà occidentale sembra a me una necessaria base di disputa sulla nostra cultura comune, nonostante a tutti noi non venga consentito di conoscere gli eventi del mondo al di là dei primi vagiti di questo terzo millennio dopo Cristo, un'epoca in cui la recrudescenza della guerra tra Occidente e Oriente affligge di nuovo l'intera umanità.

Noi qui riuniti dunque rappresentiamo l'intero Occidente, inteso sì in termini storici e geografici, ma soprattutto culturali, vale a dire noi, due greci, quattro romani, cinque europei, tre statunitensi.

Occidente cristiano peraltro, grazie al contributo di Santo Agostino.

Osservate d'altronde che Aristotele ed io ci siamo appena chiamati greci, secondo la dicitura latina, ed abbiamo adottato la misura del tempo cristiana, estranea a noi, come a Cicerone.

Ho inteso così agevolare una parametro convenzionale, un metodo di scansione cronologica intelligibile fra noi tutti appartenenti a diversi tempi e luoghi. Se d'altronde nella Storia sopravvennero altri sistemi di datazione, per giungere a quelli, posteriori a Gesù Cristo, della rivoluzione francese o dell'era fascista, questi invero durarono assai poco, mentre i duemila anni cristiani, al limite dei quali si arresta la nostra conoscenza degli eventi, dimostrano che il computo cristiano, universale nel mondo, è fondato su basi molto più solide.

Ciò affermo per una tormentata intuizione atavica sul monoteismo, della quale compare una traccia in diverse mie opere.

Nel Critone mi domandai se "dobbiamo curarci dell'opinione dei più o solo dell'Uno che intende e sovraintende?" E nel Timeo, mito del Demiurgo, scrissi che "tutto il generato si genera necessariamente per una causa". Il cristianesimo tuttavia è un tema troppo complesso per me, non cristiano, seppure ne abbia percepito i valori e trattato in alcuni dei miei dialoghi.

Io mi sento sovrastato, al punto che preferisco non addentrarmi oltre.

Desidero piuttosto attribuire a te, santo Agostino, l'impegno per un approfondimento indispensabile se vogliamo procedere nel contesto comune di cultura occidentale.

Di buon grado quindi ti riconosco una prerogativa di autorevolezza come re del simposio onorario e *super partes*.

In ordine altresì alla provenienza geografica, io non ritengo adeguata per noi la dicitura "greci", poiché si tratta di una creazione coniata dai nostri discepoli conquistatori romani.

E neppure accetto la versione, che in genere si ritiene appropriata, Ελλένι, già individuata da Tucidide, giacchè ritengo che soltanto la città di Atene rappresenti il mondo greco a partire dalla breve età di intenso splendore culturale e artistico sino all'incipiente decadenza, di cui vissi il principio e adottai la critica socratica.

Suppongo che tanto valga non soltanto per me, in quanto ateniese di nascita, ma anche per te Aristotele, ateniese di adozione.

Sembra assai curioso, peraltro, constatare incidentalmente come nel quinto secolo, quando la città di Atene prevaleva in politica, in arte, in

51

cultura, facesse difetto proprio il primato nella nostra caratteristica disciplina, la filosofia.

Quest'ultima infatti costituiva l'eccellente patrimonio esclusivo delle isole ioniche, e delle colonie occidentali, salvo poi, verso la fine del secolo, il realizzarsi dell'ascesa incontrastata in Atene dei sofisti, che peraltro reputo indegni seguaci della filosofia.

Di loro comunque fece giustizia Socrate, intriso come fu dell'amore per la sapienza incontaminata e rivolta allo studio dell'uomo, del suo immenso universo interiore, non dell'universo esterno e dell'ordine delle cose. Avvenne proprio in virtù del suo carisma che io fondai in seguito l'Accademia di Atene, la quale prosperò per alcuni secoli.

Ma, torniamo all'argomento di questa serata che ci porterà a valutare l'opera dei nostri anfitrioni, e lasciatemi introdurre quanto ci preme: quello che in tutte le nostre epoche diverse tra loro, per idea di stato e di uomo cittadino, rappresenta il fondamento della teoria politica.

Intendo riferirmi alla Città Ideale, alla trasfigurazione metafisica o, se volete utopistica, delle realtà politico sociali che noi tutti abbiamo conosciuto nelle rispettive epoche di appartenenza. In qualunque via ciascuno sia propenso a concepire i modi di aggregazione sociale, è indubbio che almeno uno scopo comune ci unisce, nell'azione di voi Gracchi e Kennedy come nel pensiero di noi studiosi e teorici.

Consentitemi pertanto l'esposizione di una premessa con la quale desidero introdurre la mia riflessione politica se davvero vogliamo identificare in ideologia la giustizia e l'equità sociale.

La politica è dialettica fra le parti, ma i partiti, più o meno evoluti in quanto realtà organizzate, non sono in alcun caso organi istituzionali. Essi rappresentano i raggruppamenti essenziali, tuttavia rimangono enti non pubblici in cui i cittadini accomunati dal sentire ideologico e pratico si uniscono per realizzare la gestione della cosa pubblica.

Non è importante che si tratti di strutture organizzative e disciplinate su base giuridica, o di fazioni scaturite da genesi spontanea. Quello che rileva soprattutto è il fatto per cui i sistemi partitici esprimono, a grandi linee, pur sempre una configurazione bipolare.

Invero siffatta formula antagonista non è esclusiva degli Stati Uniti o di Roma antica, per soffermarvi a voi, Gracchi e Kennedy.

Si tratta piuttosto della contrapposizione, evoluta o latente, presente ovunque come espressione delle opzioni base in pubblica gestione. E' plausibile quindi affermare che il dualismo identifica una summa divisio universale tra le forze in campo, come tale presente già nel primo modello di democrazia ateniese, affermatasi nel quinto secolo avanti Cristo, e riprodotto in innumerevoli modelli diversi attraverso i continenti e i secoli. L'antagonismo bipolare infatti esiste ovunque e conduce all'analisi fondata su un dato incontrovertibile: le risorse naturali, necessarie alla vita non sono illimitate.

Nelle società primitive la distribuzione avvenne soltanto per forza brutale e avidità congenita, attuandosi così un'irriducibile selezione naturale in favore della specie dominante.

Nelle società intermedie subentrarono altre forme di superiorità più evolute, e non meno prevaricatrici, come ad esempio l'intelligenza, guidata comunque dall'avidità e brama di ricchezza. Nelle società mature infine prevale la consapevolezza sul dovere di garantire un benessere adeguato a tutti i componenti della società, in conformità ad un anelito universale di giustizia ed equità nella ricerca di sistemi atti a garantire la pacifica convivenza sociale.

A parte lo stadio primitivo tra quelli descritti, pressoché scomparso nel terzo millennio, permane in merito a siffatto excursus temporale un dilemma: esiste oggi una realtà sulla quale sia lecito affermare che lo stadio più evoluto di maturità è ormai completo?

Al dilemma retorico non può darsi che risposta negativa. Per quanto infatti si contino numerosi gli assetti progressivi conseguiti dagli Stati attraverso metodi diversi, non esiste un modello identificabile con la città ideale dello stoicismo, la scuola filosofica dalla quale tu, Tiberio Gracco, traesti l'insegnamento e tentasti di attuarlo.

Se dunque non esiste la Città Ideale in senso lato, senz'altro esiste l'intento e la condivisione universale per un simile obiettivo.

Quello che diverge tuttavia tra i partiti sta principalmente sul piano economico. Il dubbio fondamentale al riguardo implica un quesito di ardua soluzione: appare preferibile ammettere che la società funzioni in modo automatico nell'alimentare la ricchezza necessaria alla vita di tutti i cittadini? Oppure è doveroso che la società stessa intervenga in modo attivo, attraverso i propri organi di governo, per definire le direzioni migliori?

Deve essere privilegiata la libera iniziativa dell'autonomia privata, talché l'intraprendenza individuale garantisca il benessere comune, ancorché per gradazioni diverse fra cittadini, comunque collegate ai meriti di ciascuno, dando vita alla diversità delle classi per reddito e ricchezza patrimoniale?

Oppure è auspicabile un sistema in grado di assicurare equità di trattamento per tutti agendo in forma centralizzata, talché il più forte e dotato in natura non prevarichi sul più debole e lo Stato se ne renda garante e realizzatore primario?

Il quesito è chiaro ma una risposta drastica immediata in termini di alternativa precludente non è valida. Occorre invece un'opzione di dosaggio fra le possibilità.

Escluse pertanto le due soluzioni estreme, ecco l'essenza del tema che ora vi propongo: quanto in proporzione dell'intervento di Stato e quanto di iniziativa privata è bene che guidi la pubblica gestione?

In Roma Repubblica prevalsero per alcuni secoli gli individui nella veste degli aristocratici, i cosiddetti migliori per nascita illustre e per ricchezze accumulate. Quindi nelle scelte economiche, segnatamente in agricoltura, si mantennero le tendenze conservatrici.

In seguito però avvenne proprio grazie alle vostre iniziative, fratelli Gracchi, che forze contrapposte comparvero sulla scena politica e si costituirono via via in compagini organizzate allo scopo di stabilire norme di Stato per la disciplina economico sociale.

Anche nei vostri Stati Uniti, fratelli Kennedy, il punto di maggiore contrasto fra i due partiti consiste in parte considerevole nel modo di concepire l'intensità dell'intervento statale da esercitare attivamente nell'economia.

Tuttavia la base economica negli Stati Uniti è influenzata in modo preponderante dall'ideologia liberista più spinta, laddove l'influenza dello Stato in economia è ammissibile soltanto entro il ridotto limite di un minimo assolutamente irrinunciabile.

Siffatto orientamento, con i democratici o i repubblicani al potere, rappresenta negli Stati Uniti quasi un credo religioso in tutti i settori di vita pubblica e privata, talché la crescita che ha condotto gli Stati Uniti all'egemonia mondiale di fine secondo millennio dopo Cristo potrebbe ritenersi dovuta proprio al sistema economico che pervade la società a tutti i livelli.

In effetti la posizione dominante degli Stati Uniti deve attribuirsi non solo alla presenza entro il proprio territorio di tutte le materie prime essenziali alla vita, non solo alla sofisticata tecnologia applicata nei settori industriali, nell'agricoltura e nel terziario, ma soprattutto ad un dato per cui negli Stati Uniti vige da sempre il tipo più avanzato dell'economia liberista: un sistema applicato nel quale il culto per la libera iniziativa è elevato al massimo livello.

Se pertanto appare conseguente ritenere che il primato statunitense si fondi sul tipo di sistema economico, la risposta al dubbio delineato (quanto di Stato? quanto di privato?) dovrebbe rivelarsi lapalissiana: fra le opzioni è preferibile il sistema fondato sulla libera iniziativa rispetto a quello di economia programmata.

In ordine a tale considerazione sembra altresì possibile affiancare a supporto dialettico un duplice argomento.

A) Come ha potuto l'impero sovietico sfasciarsi rovinosamente dopo appena ottanta anni di economia programmata dallo Stato avendo a disposizione un territorio ancora più vasto e ricco, in quanto dotato di ogni risorsa naturale necessaria alla vita, rispetto agli Stati Uniti? E anche in presenza di un popolo numeroso, intelligente e laborioso, quanto quello degli Stati Uniti?

B) Come ha potuto la Germania Est sfasciarsi rovinosamente dopo appena cinquanta anni di economia programmata al livello statale, laddove invece la Germania Ovest, fondata sulla libera iniziativa e mercato, si trasformò dopo una catastrofica guerra nella locomotiva dell'economia europea?

Una manifestazione immediatamente percepibile dei fenomeni così descritti, relativi all'Unione Sovietica e alla Germania Est, sconvolse quasi contemporaneamente il mondo intero.

In ordine all'Unione Sovietica, si palesò in tutto il suo squallore la miseria del popolo di Mosca, nei primi anni novanta, in fila come in tempo di guerra per acquistare derrate alimentari razionate, mentre in Germania Est apparve evidente il contrasto fra il medio tenore di vita diffuso nei settori di Berlino, palesato dall'entusiasmo e dagli esodi in massa dall'una all'altra parte dopo la caduta del muro.

Questo aspetto relativo alle Germanie si presenta ancor più eclatante alla luce di un'altra considerazione: l'artefice della Grande Germania in fine ottocento fu l'uomo dell'Est: il prussiano, il brandeburghese, immiserito nella vigenza del sistema di economia programmata, e non l'uomo dell'Ovest, arricchitosi nell'ultimo dopoguerra.

Orbene, lungi dall'avere inteso scoprire una verità assoluta, ritenuto inoltre che, seppure a fronte dei brillanti ed incontrovertibili successi conseguiti in Occidente allo scadere del ventesimo secolo, gli aspetti etici dell'economia non devono essere trascurati.

La digressione che qui concludo, per cui parrebbe doversi pervenire alla celebrazione del sistema economico neo liberista occidentale, in realtà, esige ancora una revisione critica proprio in ottica del vostro operato politico, fratelli Gracchi e Kennedy: l'autonomia del sistema economico rispetto all'intervento statale comporta rischi formidabili di squilibrio sociale e disuguaglianza fra le persone. Proprio voi ne faceste particolare oggetto di attenzione, Gracchi e Kennedy.

Per parte mia, nell'analisi della Città Ideale, mi avvalsi di molteplici e variegate esperienze che ebbi occasione di trovare a Sparta e Creta, per un aspetto, e la monarchia persiana, da un altro.

Iniziai così elaborando l'indagine sulla forma di governo che potesse ritenersi primigenia e migliore in assoluto, quindi la individuai nella costituzione aristocratica che denominai "timocrazia".

Con tale termine intendevo proprio il governo dei migliori, nel senso autentico della parola, volendo al tempo stesso enucleare anche altre costituzioni poste in parallelo con il carattere degli individui.

Il timocratico, come mi pareva allora, avrebbe impersonato l'uomo buono, giusto e, perché no, ambizioso.

Mi riproposi, quindi, di immaginare le degenerazioni che potrebbero guastare le più solide forme di governo, per casualità numerica o per prevalenza di caratteri umani deteriori.

In luogo dell'aristocrazia presi in considerazione l'oligarchia, come struttura costituzionale conseguente, analoga peraltro all'aristocrazia in quanto governo esercitato da un limitato numero di persone, ma dissimile poi giacchè nell'oligarchia la scelta dei governanti avviene non proprio per un titolo di virtù, confacente alla giustizia, bensì di ricchezza patrimoniale, così che l'uomo ricco e avido subentra nella gestione all'uomo giusto.

Ritenni ancora che lo scopo di accumulare la ricchezza nell'uomo oligarchico non potrebbe essere collegato al desiderio di coltivare la virtù dei governati, giacchè l'avido governante propende piuttosto a mantenere e perpetuare la scelleratezza del governato al solo scopo implicito di incrementare a danno del popolo la propria ricchezza.

Mi sembrò pertanto naturale immaginare che nella massa, non tutta di animo gretto e ignobile, una consapevolezza retta avrebbe fatto breccia e così, debellata l'oligarchia, debole per eccesso nella ricerca di denaro e beni voluttuari, sarebbe poi subentrata la democrazia, il governo non di pochi uomini ma di tutti gli uomini, e questa sarebbe diventata la costituzione più desiderabile per libertà e tolleranza fra cittadini e stranieri, genitori e figli, liberi e schiavi, uomini e donne.

Una libertà effimera, peraltro, che fatalmente si sarebbe convertita in completa anarchia, per la sovrabbondanza di normative e leggi che il cittadino si sarebbe sentito in diritto di non rispettare.

E quindi un capo popolo sarebbe emerso dalla massa, lusingando dapprima la libertà dei governati, per poi farsi tiranno, sovrano nel potere ma, in definitiva, ingiusto e infelice.

Non fu questa tuttavia la conclusione giacchè in una riflessione più matura elaborata in opere successive alla Πολιτεία modificai la mia percezione. Vagheggiai cioè la costituzione mista comprensiva delle manifestazioni apprezzabili in ogni assetto base e quindi, smentendo la predilezione per Atene, ne individuai l'essenza in quella di Sparta. In essa il metodo di governo si compattò in una mirabile coerenza: la monarchia, impersonata nella figura dei due re, l'aristocrazia, nel Consiglio degli anziani, la democrazia, nell'eforato.

A questo punto mi sembra opportuno arrestare il monologo e quindi interrompo, per il momento, la rassegna e mi rivolgo a ciascuno di voi. Sono impaziente di conoscere anche le vostre esperienze, talché noi, traendo giovamento dai modelli sperimentati alle nostre epoche, possiamo dibattere sulla giustizia ed equità e constatarne gli effetti ed i risultati in voi, Gracchi e Kennedy.

Comincia pure tu, Thomas Jefferson, giacchè rappresenti tra tutte la realtà politica più giovane.

THOMAS JEFFERSON – Grazie Platone per il privilegio che mi accordi di parlare per primo in questo simposio. Noi d'altronde dobbiamo un omaggio riverente a te, precursore e antesignano della teoria politica.

Io, per esempio, feci tesoro del tuo prezioso insegnamento quando, in veste di Presidente degli Stati Uniti, mi trovai coartato a prendere una controversa decisione.

Il Congresso degli Stati Uniti già da tempo dibatteva sull'istituzione dell'Accademia Militare di West Point, e così, in mancanza di un accordo, l'istanza fu infine inoltrata a me, Presidente, talché, anche rifacendomi al tuo pensiero, accettai quell'onere e diedi il benestare, sebbene mi fossi sempre opposto nel litigioso dibattito parlamentare.

Io non vedevo di buon occhio l'iniziativa promossa dai colleghi del Congresso, sia per un rifiuto viscerale alla guerra, sia perché temevo che dalla gloriosa milizia cittadina, protagonista della rivoluzione, si generasse una superba casta militare permanente.

Aborrivo la creazione negli Stati Uniti di un principio emulativo nei confronti di una tradizione militare tipica nella vecchia Europa, che avrebbe ispirato sogni di gloria e di potere votato al conflitto armato.

Era d'altronde tutt'altro che illogico presagire uno sviluppo simile, considerato che, in quei primi anni del milleottocento, concomitanti alla mia presidenza, un giovane generale francese si era incoronato imperatore e finanziava le sue continue guerre di aggressione anche con nostro denaro, consegnato per acquistare la città di New Orleans ed il suo sterminato territorio fluviale.

Ma riflettei a lungo sulla classe dei guardiani, che tu avevi delineato come essenziale per la difesa del popolo, e per la quale avevi fissato i princìpi generali di educazione e formazione, di frugale e temperato sistema di vita, affinché fosse acquisito dagli aspiranti guardiani un atteggiamento forte con i nemici e amabile con i cittadini.

Mi risolsi allora a condividere il progetto e dare il mio *imprimatur*, tuttavia, seguendo il solco delle linee guida tracciate in Repubblica, auspicai che l'accademia di West Point assumesse il marchio di una Università, più che di austero ed esclusivo collegio militare, idonea a formare ingegneri specialisti nel genio e nell'artiglieria, in uniforme certo, ma eruditi e sensibili per cultura umanistica.

E grazie anche a te, John Fitzgerald Kennedy, per la vena umoristica con cui mi celebrasti al cospetto di un pregiato pubblico convenuto. Mi è stato riferito infatti che in esordio ad un banchetto, in presenza di tutti gli insigni americani già destinatari di un Premio Nobel, così proclamasti "questa è la più straordinaria raccolta di talenti che sia mai stata unita qui in Casa Bianca, con l'unica eccezione di Thomas Jefferson quando pranzava da solo".

Credo che la tua facezia esprimesse un'autentica devozione, ma non merito tanto. Certo, a titolo personale, e senza falsa modestia, posso ricordare che fui anche avvocato, diplomatico, architetto, botanico, geografo, inventore, e infine rettore dell'Università della Virginia.

Ma di fronte alla squisita offerta di stima da parte tua, John, mi vedo costretto a declinare almeno in parte il tuo sincero impulso a causa di una proterva contraddizione nella mia condotta politica, sulla quale mi intratterrò privo di pudore alla vostra presenza.

Come rappresentante degli Stati Uniti invece, devo menzionare quei cinquantaquattro sottoscrittori della Dichiarazione di Indipendenza, che presentai il 4 Luglio 1776 al Congresso di Filadelfia. E tra questi Benjamin Franklin, ambasciatore statunitense a Parigi prima di me, nonché scienziato, inventore, scrittore, fervente democratico.

We hold these truths to be felt evident that all men are created Equal, and that they are endowed by some unalienable rights, that among these are Life, Liberty, and the pursuit of Happiness.

Uguaglianza, Vita, Libertà, Felicità: gli inalienabili diritti dell'uomo. Scrissi siffatte parole a trentatre anni e poi, dopo altri ventiquattro, divenni Presidente degli Stati Uniti per due mandati consecutivi.

Tutti gli uomini sono creati uguali, io ritenevo in buona fede, eppure mai, in tutta la vita, adeguai la mia azione al pensiero nei confronti del popolo afro americano, anzi, mi opposi con assurda e pervicace ostinazione a qualunque tentativo di abolire la schiavitù.

Io possedevo centinaia di schiavi negri e, seppure conscio della mia condotta paradossale, tentai almeno di giustificarmi affermando che, come altri proprietari terrieri, inclusi Franklin e Washington, tenevo un feroce lupo per le orecchie e, sebbene fossi desideroso di farlo nel mio intimo, non avrei potuto tentare di renderlo libero senza essere divorato all'istante.

Neppure ora saprei che cosa altro dire sulla schiavitù se non che, eccettuata la missione intrapresa da voi Kennedy contro i perduranti segnali di violenta ostilità in tempi moderni, alcuni di noi convitati per nulla se ne occuparono nella loro speculazione, ponendo anzi per scontata l'esistenza del fenomeno stesso come connaturato al tessuto sociale di appartenenza, mentre altri non ne ebbero percezione se non in forme analoghe di sfruttamento della risorsa umana in guerra e nel lavoro.

E d'altronde, quella tua geniale intuizione, Jean Jacques Rousseau, riverito maestro illuminista per noi, Padri dell'Indipendenza (l'uomo nasce libero ma ovunque è in catene), per quanto vera e significativa agli occhi di chiunque crede nella democrazia, esige in questa sede un approfondimento adeguato da parte tua.

In ordine poi al tema religioso, collaterale a quello imperniato sulla schiavitù, non potrei disconoscerne tutta l'importanza entro la genesi e lo sviluppo di una nuova comunità, mi dichiaro tuttavia indegno di parlarne se non in termini politici.

Ho già confessato infatti che io non mi opposi alla schiavitù, però mi battei per la tolleranza nei confronti dei numerosi culti già presenti all'atto di nascita degli Stati Uniti.

In religione mi considerarono ateo ma non è vero: io credevo nel dio orologiaio, come il creatore della macchina, seppure non propenso a intervenire nel funzionamento.

Venendo ora alla tua richiesta, Platone, mi sembra di capire che la Città Ideale non fu da te concepita come aggregazione molto estesa. Per come la intuimmo noi Padri fondatori dell'Indipendenza, invece, essa non sarebbe germogliata da un nucleo ristretto di persone su un piccolo territorio, come si verificò in Atene, Roma, Firenze.

Noi americani infatti, nel congegnare la prima struttura istituzionale adatta a una numerosa comunità distribuita su una vastissima distesa di costa atlantica, cercammo l'unione di nuclei cospicui ed affini per origine, e la realizzammo con le armi e con la dialettica.

Considerato il contesto generale in cui la pura fede democratica non fu mai posta in discussione, rafforzata peraltro dal condiviso senso di opposizione all'Inghilterra, non mancarono i contrasti politici nelle nostre assemblee ed io appartenni in veste di *leader* alla corrente che oserei definire più aperta alla libertà ed alla tutela dei diritti civili.

Mi schierai pertanto per l'autonomia legislativa delle componenti la Federazione, gli Stati, e quindi fui sempre pacifista, quanto meno in teoria, giacchè inevitabilmente la guerra mi coinvolse durante i due mandati presidenziali, però agii sempre da liberista ed epigono della rivoluzione francese in politica e in economia.

E' vero peraltro, come voi Gracchi avevate capito nella vostra città, che la proprietà di terra distribuita con equità tra la gente realizza la libertà vera, al di là delle più altisonanti affermazioni di principio.

Anch'io, come voi, credetti in tale via di applicazione concreta della democrazia e così sostenni nelle più appropriate sedi, impegnandomi affinché ogni cittadino americano avesse un pezzo di terra per vivere da libero agricoltore, sebbene appartenessi al gruppo sociale ristretto dei più benestanti proprietari.

Se peraltro ho ricordato che mai sostenni l'abolizione della schiavitù per il lavoro nelle piantagioni, forse voi Gracchi potete scagionarmi convenendo sul pericolo di liberare il lupo, poiché foste testimoni di rivolte servili che impegnarono non solo esigui manipoli bensì interi eserciti consolari. Mi rincuora comunque sapere che la schiavitù fu abolita negli Stati Uniti, grazie anche a voi Kennedy.

All'epoca in cui i tredici Stati Uniti iniziarono l'avventura all'ombra della possente vecchia Europa insorse, prima della Costituzione, il bipolarismo fra repubblicani e federalisti, gli uni guidati da me e gli altri dall'antagonista, Alexander Hamilton.

Noi due, sempre leali avversari, fummo i principali collaboratori del primo Presidente, io Segretario di Stato e Alexander all'Economia.

Si rammenti altresì che i repubblicani erano allora i progenitori del partito democratico a cui appartennero, tra gli altri, Franklin Delano Roosevelt, Bill Clinton, Barack Obama (e naturalmente voi John e Robert Fitzgerald Kennedy) mentre la linea federalista di Hamilton, aderente al tuo prototipo dell'oligarchia, eminente Platone, generò i Presidenti Abramo Lincoln e Theodore Roosevelt, repubblicani, nonché Eisenhover, Reagan, Nixon, i Bush padre e figlio.

Stimavo Hamilton, e sono propenso a pensare che non fu Presidente degli Stati Uniti solo perché perì in duello contro il Vice Presidente in carica (Aaron Burr) per le ingiurie proferite durante un dibattito pubblico (e mi preme ricordare, contro la sua immeritata reputazione di guerrafondaio, che Alexander rinunciò a sparare sull'avversario, il quale non ricambiò la cortesia e lo ferì a morte).

A George Washington successe un degnissimo personaggio, seppure meno influente di Hamilton tra i federalisti, ovvero il primo e ultimo Presidente in forza al partito medesimo: John Adams, padre di John

Quincy, il sesto Presidente, che tu John Kennedy commemorasti per primo, ispiratore tra i tuoi straordinari otto ritratti del coraggio.

Dopo Adams fu assegnato a me l'onore della carica nei primi anni del XIX° secolo e ora sto in compagnia di Washington, Lincoln e Roosevelt, scolpito sul monte Rushmore a dimensione colossale.

Era questa la mia America, quella che Tocqueville riconobbe nel suo viaggio di ricerca sociale alcuni anni dopo la mia presidenza e toccò con mano: la Città Ideale ove trionfava un principio di eguaglianza e nessun cittadino era troppo ricco o troppo povero per coltivare livore ed invidia o velleità di conflitto. Condizione simile alla democrazia delineata nella tua Πολιτεία, Platone.

Ma purtroppo l'equilibrio si ruppe, quando la ricchezza cominciò a concentrarsi in prevalenza nel Nord Est industriale, mentre le ondate di immigrazione portarono con sé una corrispondente povertà.

Confermo dunque l'aspirazione a sfondo sociale che hai sottolineato in noi tutti, Platone, tesa alla giustizia e all'equità, ma noi americani crescemmo a dismisura in democrazia per due secoli, trascurando la giustizia intesa come equità sociale, e spesso sino al punto di portare la guerra nel mondo per salvare la pace. Nobili intenti iniziali via via mistificati secondo una certa visione retrospettiva.

Gli Stati Uniti intervennero due volte nell'Europa in guerra dilaniata dagli orgogliosi e contrapposti nazionalismi. E in seguito tu, John, ti buttasti a Cuba e ponesti le condizioni per la guerra in Vietnam.

George Bush infine, in Irak, abbatté la dittatura. Ma forse, con il latente pretesto di cautelare il mondo da una minaccia di distruzione atomica, che si rivelò inconsistente, perseguì l'obiettivo imperialista di fissare una testa di ponte in un'area geopolitica assai sensibile.

Avevi previsto, Platone, il degenerare della democrazia, e sembra al riguardo che gli Stati Uniti in evoluzione abbiano reso evidenti quei sintomi che avevi prefigurato, eppure devi ammettere che mai, tra di noi, si insinuò neppure il più pallido fantasma di tirannide.

PLATONE – Sì, indubbiamente Thomas, gli Stati Uniti possono vantare una democrazia scevra da ipotesi di forme oligarchiche o tiranniche. Dirò la mia comunque soltanto dopo avere ascoltato tutti gli ospiti. Per ora mi unisco alla tua autocritica, giacché anch'io non presi mai posizione contro la schiavitù, ed anzi, menzionai come disdicevole il figlio ribelle al padre, oppure lo schiavo al padrone.

Prima di procedere tuttavia, espongo una precisazione. Ho accennato in esordio come la fama dei nostri anfitrioni sia dovuta all'azione in politica come gestori pragmatici, in contrasto con noi invitati, puri teorici e privi in quanto tali di esperienza esecutiva diretta.

A te, Thomas, voglio riconoscere la stessa qualifica, e non perché tu abbia dedicato l'intelletto a elaborazione dottrinale, poiché il ricordo storico ti è dovuto per le tue cariche di alto livello (di Ambasciatore, Ministro e Presidente) bensì perché tu invero rappresenti qui l'intera classe americana indipendentista.

La maggior parte di noi dunque si occupò di politica non avendo mai assunto alcuna importante carica di governo.

Solo tu, Cicerone, transitasti nel *cursus honorum* e lasciasti ai posteri opere dottrinali. Per questo incarni una posizione intermedia tra voi, Gracchi e Kennedy, e noi, accademici. Questa esperienza è preziosa, Cicerone, e quindi, non solo perché rispecchi al pari degli Stati Uniti un picco di eccellenza nella civiltà occidentale, ti cedo la parola.

MARCO TULLIO CICERONE – "Chi al mondo fu mai più fecondo di te, Platone, in eloquenza? Giove, così dicono i filosofi, si esprimerebbe al pari tuo se utilizzasse la lingua greca".

Non è per vanagloria che comincio a parlare citando il mio Brutus, un trattato sull'arte oratoria di cui, per riconoscimento unanime, io dovrei essere degno di formulare un'opinione attendibile.

Mi preme infatti soprattutto onorare te, Platone, re non solo di questo simposio ma della filosofia in generale.

Sin dalla giovane età io appresi e assimilai i tuoi inossidabili principi da Filone di Larissa, eminente direttore dell'Accademia di Atene che avevi fondato trecento anni prima.

In effetti, in periodi alterni della vita, mi interessai di filosofia entro termini tutt'altro che residuali rispetto all'avvocatura, mia primaria disciplina, ora però, al fine di tracciare la realtà politica della matura repubblica, che vissi sia da spettatore che da attivo partecipante, mi riallaccerò, come già hai ritenuto di procedere tu, Thomas Jefferson, alle esperienze di pubblica gestione.

Rispetto alla tua militanza politica, tuttavia, rilevo la discrepanza che mi distingue. Se, infatti, negli Stati Uniti d'America mai si costituì la prevalenza dell'aristocrazia, né il tipo di oligarchia federalista trovò una via di crescita, la democrazia si plasmò in imprescindibile forma di governo, senza tirannia, laddove io vidi l'esatto contrario a Roma, in cui l'aristocrazia dominò dal principio, mentre la democrazia, per mancate istanze, non esistette mai.

Il tuo modello, Platone, si riproduce in questa mia esposizione, ma in realtà esiterei ad affermare con certezza che Roma antica sperimentò uno schema aristocratico, così come tu lo intendi nel senso migliore, o se piuttosto non si fosse manifestata l'oligarchia nella forma della tua visione deteriore già nei primi secoli della Repubblica.

Comunque sia io sono costretto a constatare che la democrazia non è mai esistita a Roma e che il passaggio alla tirannia, da te ipotizzato successivo al transito da aristocrazia / oligarchia alla democrazia, in Roma avvenne invece per linea diretta.

Invero la denominazione "ufficiale" di impero per Roma intervenne cento anni dopo voi Gracchi, con il consolidamento delle aspirazioni di Giulio Cesare, realizzato da Ottaviano Augusto.

Non vi è dubbio però che, di fatto, un impero si era costituito già alla fine delle tre guerre puniche, il preludio della vostra azione, quando,

66

all'espansionismo terrestre reso completo in penisola italica nel terzo secolo avanti Cristo, fece seguito l'egemonia sul Mediterraneo.

Tra l'aristocrazia e impero, dicevo, si interpose un drammatico tratto di cent'anni, contraddistinto da guerra civile permanente, un cruento interludio che coincide più o meno con la mia vita.

Io venivo da famiglia non patrizia, seppure appartenente al ceto dei cavalieri, e mi dedicai da giovane allo studio intenso della retorica e della filosofia, con l'intento di lanciarmi in politica, dopo una fugace esperienza militare durante le guerre contro i ribelli alleati italici, per la quale comunque non ero affatto portato.

Mi accinsi poi al *cursus honorum* da questore e divenni ancora edile, pretore, console.

Riferisco il *curriculum* non per superbia ma soltanto per attestare la mia devota inclinazione alla causa della Repubblica, guidata dalla categoria dei migliori alla quale non avrei potuto ambire per nascita. Ero persuaso comunque che, rispetto alla nobiltà di nascita, anche il merito rappresentasse requisito importante per il successo in politica, come altri *homines novi* avevano già dimostrato.

E d'altronde qualche merito al cospetto della Repubblica dovrebbe sì essermi riconosciuto per avere sventato la bieca congiura di Catilina, un nobile facoltoso e frustrato dalla bocciatura alla carica di console, il quale reagì rivolgendosi al popolo per arraffare il potere assoluto.

Io feci fuori lui e altri facinorosi accoliti, ma la Repubblica, ingrata, ricambiò decretando contro me l'esilio per avere chiesto ed ottenuto la condanna a morte dei nemici senza *provocatio ad populum*.

Esattamente quello che un altro console, Popilio Lenate, subì per avere presieduto una sequela di processi a cascata contro i seguaci tuoi, Tiberio, dopo quella che definirei la restaurazione aristocratica. Di effimera durata peraltro a causa tua Caio Gracco, sino all'avvento di Lucio Cornelio Silla, sanguinario dittatore.

Dopo Silla dunque si concluse l'inizio della fine, promosso da voi Gracchi, e si mise in movimento il perverso processo storico entro il quale io fui costretto a destreggiarmi, per quanto possibile, e sia pure consapevole che il tramonto della Repubblica, era ormai segnato.

Non vi amo, fratelli Gracchi, per avere introdotto in Roma il germe della rivolta tra il popolo, però vi ammiro per coraggio e ambizione, come ho stima di voi, Kennedy, e soprattutto di te, John.

Una scrittrice della tua epoca che vantò l'ambìto onore di conoscerti, Taylor Caldwell, immaginò una somiglianza fra noi e concepì la mia biografia romanzata carica di riferimenti alla tua vita.

Ne sono lusingato, ma non mi riconosco nell'analogia, se non per lo spirito ironico e pungente che ci contraddistinse, ed a causa del quale mi procurai così tanti nemici, giacchè non possedevo la tua mitigante grazia dialettica che disarmava e ingentiliva gli avversari.

Anzi, ero piuttosto aggressivo a parole. Plutarco, sensibile e attento alla vena ludica dei suoi personaggi, menziona numerosi aneddoti su di me, come quello in cui, non resistendo alla tentazione, mi alienai il favore del possente Marco Licinio Crasso servendomi di un gioco di parole sulla rassomiglianza di suo figlio con un certo Assio. E lo feci in pubblico, talché tutti i senatori riuniti si scompisciarono dalle risate e Crasso se la legò al dito.

Voi Gracchi, comunque, dovete assumervi tutta la responsabilità per avere stracciato in mille pezzettini il contratto sociale che da tanto tempo reggeva i complessi equilibri consolidati della Repubblica, ma questo è un tema su cui non intendo ancora disputare.

Perdonami altresì, Jean Jacques Rousseau, se al riguardo utilizzo una tua espressione *contratto sociale*, ma è congeniale nel simposio, seppure io non condivida l'origine contrattuale dello Stato.

E allora Platone, veniamo al tema principale.

Sulla Città Ideale, colta a mio vedere nella struttura costituzionale di Roma, concepii in imitazione esteriore della tua Πολιτεία, un'opera che intitolai *De Republica* e, come usavi tu, la realizzai in forma di dialogo. Collocai però, in luogo di Socrate come interlocutore guida, un altro grande personaggio: Scipione Emiliano, cugino adottivo per voi Gracchi, cognato ed amico, e poi fatale avversario.

Mi avvalsi peraltro anche del tuo insegnamento, Aristotele, illustre allievo di tanto Maestro e rievocai il tema prediletto che identifica l'uomo nell'animale politico, prendendo a prestito dalla tua acuta analisi le forme di governo (monarchia, aristocrazia, democrazia) e le rispettive degenerazioni (tirannide, oligarchia, demagogia).

Mi spiace che il lavoro sia andato perduto per oltre due terzi, o anche di più se fosse mancato il tuo pregiato commento, Sant'Agostino.

Cercherò in ogni caso di esporne i punti essenziali a beneficio della nostra disputa e delle considerazioni che tutti vorrete trarne.

Consentite pertanto che inizi dalla fine narrando il sogno di Scipione Emiliano, giunto a coronare un'intensa giornata che aveva trascorso. In essa si era intrattenuto a conversare del nonno adottivo, Publio Cornelio Scipione l'Africano, con l'ormai vecchio re Massinissa, già prezioso alleato per i romani in seconda guerra punica.

L'Emiliano era allora sbarcato in Africa in carica di tribuno militare all'inizio di quella che sarebbe stata la terza guerra punica, massacro crudelmente preordinato dei cartaginesi.

E' importante siffatto epilogo dell'opera poiché in esso si attesta che, seppure non vissi la nascita di Gesù Cristo, né tanto meno vidi la sua affermazione, comunque intuii l'immortalità dell'anima e l'esistenza di un Supremo Governatore.

Mi rammarico poi se dispiacerà a te, Tiberio, che io nell'opera abbia presunto la disapprovazione dell'Africano nei tuoi confronti.

Infatti, incitando Scipione Emiliano ad assumere l'onere di dittatore per risollevare Roma da un deleterio stato di disordine sociale, egli dichiara: "troverai la Repubblica sconvolta dai piani di mio nipote". Oppure che, addirittura, io stesso abbia anche immaginato una sorta di maledizione atavica pronunciata dal nonno di sangue contro la sua famiglia: "Tu Emiliano dovrai rendere stabile lo Stato nella carica di dittatore, a patto che riesca a sottrarti alle empie mani dei parenti".

CAIO SEMPRONIO GRACCO – Io non desidero per nessuna ragione, e sia pure plausibile, ledere l'impegno sacro dell'ospitalità, Cicerone, intangibile per noi romani, ma mi sento coartato nell'oppressione e non posso esimermi dalla replica all'ingiuria rivolta a mio fratello.

Tu, per certo, potrai anche scrivere tutto quello che ti pare in un vago libello di arte creativa, specialmente narrando un sogno, ma ricorda bene che fu l'Emiliano parente acquisito in seno alla *gens* Cornelia e che mai l'Africano l'avrebbe tradita.

Quanto alle "empie mani", guardati bene da accuse infondate di vile assassinio che già in vita mi furono rivolte.

MARCO TULLIO CICERONE – Non per arroganza ora lascio cadere il tuo intervento, Caio, poiché di cuore desidero confrontarmi in seguito con voi, ma sarebbe scortese imporre agli illustri convenuti la nostra polemica in questa fase espositiva del simposio.

E torniamo a noi, Platone. Nel proemio dell'opera dissento da te sul ruolo da assegnare al filosofo, ritenuto da te essere l'uomo che più di chiunque altro può garantire il migliore governo della comunità.

Reputo piuttosto, senza disconoscere la sublimazione a cui conduce una vita contemplativa, che le burrasche politiche esigano l'azione di uomini portati alla prassi, più che alla teoria.

E' proprio per questa ragione che scelsi Scipione Emiliano, in luogo di Socrate, come figura centrale del dialogo *De Republica*: un uomo sobrio, acculturato, generoso, sensibile, amante della sapienza, però anche valoroso guerriero e accorto politico.

Quella mi parve allora l'opzione preferibile, in epoca di crisi delle istituzioni. Scelsi infatti di collocare l'opera in un tempo anteriore di ottanta anni rispetto alla mia presenza attiva in politica, vale a dire quando l'oligarchia senatoria prevaleva ancora sull'urto violento dei populares, mosso da voi Gracchi e quindi sfruttato da Cesare per le sue ambizioni imperiali.

Forse, attraverso siffatto nostalgico ritorno al passato, mi illudevo di assolvere me stesso dall'imbelle incertezza che mi assillava in ordine a una doverosa scelta di campo.

Pompeo e Cesare si contendevano il primato nella Repubblica ed io mi decisi infine puntando su Pompeo.

Mal me ne incolse, purtroppo. Pompeo si rivelò un cavallo perdente, ma Cesare mi perdonò, mentre i suoi epigoni non furono altrettanto generosi. Marco Antonio chiese a gran voce la mia testa e Ottaviano Augusto se ne lavò le mani.

Lo sfacelo della Repubblica avvenne pochi anni dopo con percorso diretto dall'aristocrazia al principato, come dicevo, altresì anticipato dalla meteora di voi Gracchi sino alle cruente guerre civili, il che comunque non precluse la crescita territoriale di Roma, prima e dopo il consolidamento dell'impero.

Mentre scrivevo il *De Republica* vissi periodi alterni di entusiasmo e di profonda depressione.

Giunsi persino al punto di immaginare me stesso alla guida della Città Ideale che sarebbe scaturita, nella mia ipotesi, dalla miscela di costituzioni base: monarchia, aristocrazia, democrazia.

Condividevo però soltanto in parte la teoria ciclica di Polibio, da lui espressa in sottile speculazione sulla Roma scipionica nel senso che: "esiste un cerchio vizioso nel quale si avvicendano le costituzioni, e le forme di governo cambiano ma tonano uguali a se stesse".

Polibio d'altronde riteneva che la fusione fosse stata conseguita nella Roma in cui brillava di prima grandezza il genio politico militare del suo pupillo, Scipione Emiliano.

Era persuaso che un saldo equilibrio si fosse consolidato fra il potere dei consoli, magistrati transeunti ma rappresentanti della monarchia, il Senato, la sede dell'aristocrazia, le assemblee popolari, il luogo di esercizio della democrazia.

Io invece, riferendomi alla stessa epoca e situazione, pensavo che il potere non fosse ancora equamente distribuito, talché altre sequele di degenerazione si sarebbero compiute.

Rifacendomi a Polibio, così ne scrissi a mia volta: "come una palla passa il governo dello Stato: i tiranni la sottraggono ai re, quindi i nobili ai tiranni, il popolo ai nobili, e le fazioni al popolo, talché mai si mantiene lo stesso governo".

In definitiva, Platone, pur confermandosi da parte mia l'assioma per cui tutti sono senz'altro partecipi di natura divina, reputavo tuttavia che ognuno dovesse tenere nell'ordinamento gerarchico una propria corretta collocazione. Così come, nell'antico sistema centuriato, era previsto che tutti godessero del diritto di voto, ma che all'esito del voto medesimo prevalessero infine coloro che più di altri avevano a cuore la stabilità dello Stato.

Ed intendevo in questa categoria gli *optimates*, i nobili e i cavalieri, la classe dirigente composta da uomini capaci di realizzare, per un ordine di cultura, ma anche di censo, ricchezza, estrazione sociale, la concordia tra popolo e gruppo dei migliori.

Quindi temevo, oltre alla tirannide, le degenerazioni democratiche e mi diedi a criticare le fosche tendenze prevalenti tra i *populares*.

La riforma agraria voluta da te, Tiberio, e i progetti di riassetto della struttura costituzionale perseguiti da te Caio, ne furono devastanti espressioni che, nell'ipotesi di togliere il proprio a chi lo possedeva *ab antiquo*, ritenevo avrebbero abbattuto le basi dello Stato.

Non volermene, Thomas Jefferson, se ora concludo in antitesi con la tua stessa fede alla democrazia, giacché altri pareri influenzeranno il dibattito, consentimi però di esprimermi sulla schiavitù.

E' ben vero che io la diedi per scontata, ma rammenta che gli schiavi in Roma erano prigionieri di guerra, catturati sul campo di battaglia ad alto rischio di soccombenza, mentre i vostri, razziati per una vile superiorità tecnologica, lo erano solo per il colore della pelle.

PLATONE – *In cauda venenum* proferì Fedro, già approdato a Roma da schiavo, recitando la morale della favola sulla volpe e il corvo.
Non le mandavi a dire, Cicerone! Ma dicevi il vero.
Cominciamo quindi a riconoscere qualche spunto caratteriale su te, quanto spero su tutti quanti noi nel seguito, come uomini.
E' emersa dunque perentoria quella *vis polemica* che ti procurò tanti nemici, Cicerone. Ed abbiamo pure subìto il tuo scroscio di irruenza, Caio, con cui in modo maleducato hai interrotto l'eloquio in corso.
Ebbene, illustri convitati, con Jefferson e Cicerone si è delineato un palese contrasto tra democrazia e aristocrazia, dicotomia basilare su cui ci soffermeremo nel seguito.
Ma ora, nel procedere in sequenza storica, introduco un personaggio che potrebbe apparire male assortito nel simposio, considerati i titoli di eccellenza da lui acquisiti in letteratura e poesia, arte delle Muse Erato ed Euterpe.
Nessun altro fra di noi rivelò alcuna inclinazione in tali discipline e pertanto, a nome di tutti, io porgo omaggio a te, sommo poeta Dante Alighieri da Firenze.
La politica, tuttavia, non ti fu estranea giacché in effetti attraversasti in vita un'epoca agguerrita nella quale ferveva la contesa secolare tra il Papa e l'Imperatore.
D'altronde la tua militanza civile nel comune di Firenze e la sublime opera, che realizzasti in massima parte nell'amaro esilio, contengono in allegoria tante lampanti intuizioni sulla natura giuridica e religiosa dei poteri temporale e spirituale, al di là della pedestre antitesi italica tra guelfi e ghibellini.

Il basso Medio Evo infatti, dall'anno mille alla tua epoca ed oltre, fu caratterizzato dalla diarchia tra Papato e Impero, istituzioni giunte a maturità rispetto alle origini carolinge e del vescovato di Roma.

Ti prego di parlarcene, Dante, illustrando la Città Ideale attraverso le trame del millenario Medio Evo che iniziò dalla caduta dell'impero romano e si concluse, a mio parere, con l'invenzione della stampa.

Quella geniale invenzione comportò l'estensione dello studio e della cultura a strati di popolazione sempre più estesi, ed è per questo che il Medio Evo, privo di tale risorsa, si trascina nel giudizio storico il marchio di infamia oscurantista.

Io comunque non posso comprendere come sia possibile tacciare di secoli bui quelli che diedero i natali al tuo genio.

DANTE ALIGHIERI – Sono io, eccellentissimo Platone, che riconosco a te, come pure al tuo ìnclito allievo Aristotele, maestro di coloro che sanno, il genio supremo della filosofia, mia consolazione nella vita e nella creazione poetica, di cui peraltro tu non fosti affatto digiuno in opere giovanili.

Ricambio anche con onore dovuto e profonda gratitudine la stima di cui mi hai fatto oggetto al cospetto di voi, illustri personaggi uniti in questo simposio: tavola sublime, senza tempo e luogo, di mirabili ingegni dalla quale io intendo raccogliere le briciole di sapienza, che cadono copiose, per donarle al popolo, talché si ponga rimedio infine alla mancata conclusione di un altro e più modesto simposio, ovvero il mio, che intitolai Convivio.

Avrei in effetti desiderato, nel progetto di quell'opera incompiuta, condividere l'amore per il sapere con l'intera umanità, o almeno con la parte adatta a coltivarla essendo dotata di nobile temperamento, e come tale non grazie alla nascita bensì al sentimento morale e civile. E invece decisi di trascurare il Convivio, con il quale mi illudevo di contribuire alla formazione di una nuova classe politica dirigente, e preferii dedicarmi alla stesura della Commedia, un'opera di tutt'altra fattura, assai più impegnativa, poiché il tema sulla sorte dell'umanità oltre alla vita sovrasta qualunque problematica immanente, politica, sociale, economica.

Ma la tua presenza, Sant'Agostino, mi induce a fermarmi su siffatto argomento, quindi abbandono l'ignoto e riprendo i sentieri dialettici che portano alla Città Ideale, per quanto io possa offrire.

Sia chiaro tuttavia che, con un accenno al popolo, vorrei porgere in realtà un omaggio a voi, squisiti anfitrioni Gracchi e Kennedy, dediti alla promozione sociale della gente umile e meritevole, ben al di là dei privilegi e delle consorterie su cui avreste potuto fondare i diritti di estrazione sociale derivati a voi dalla nascita.

Di simili aberrazioni potremmo affermare che si tratta di istituzioni medioevali, intese nel senso deteriore del termine, legate in origine a epoche in cui la forza unificatrice dell'impero romano si era nei fatti dissolta con la deposizione dell'ultimo imperatore.

Non rileva, peraltro, dilungarsi su vicende che nei secoli successivi videro feroci scorrerie barbariche portare il terrore fra i popoli della penisola italica e delle province ex romane, per un puro ed esclusivo scopo di rapina, né appare degno di particolare attenzione un periodo ulteriore in cui gli stessi invasori si soffermarono in pianta stabile nei territori instaurando modelli di governo primitivi in collaborazione con la più evoluta comunità latina.

E' importante tenere presente invece come dallo stato di anarchia nel periodo dell'Alto Medio Evo fossero emersi gli antichi sintomi della diarchia fra Papato e Impero.

Da allora, sino ai miei tempi in Firenze e in altre italiche contrade, la posizione dominante della Chiesa sull'Impero si trasfigurò in alterno divenire tra la sudditanza alle armi imperiali e la rinascita per le lotte delle investiture, e quindi la nuova decadenza seguita da orgoglioso sussulto contro gli imperatori svevi.

La Storia dell'Occidente medioevale fu segnata in modo pregnante dall'insanabile conflitto tra i poteri, nel senso che non esistettero mai allora strutture politiche autonome, esenti dal vincolo di schierarsi con l'uno o l'altro dei due Soli contrapposti.

E d'altronde non vedete pure voi, fratelli Kennedy, che allora si creò una congiuntura simile a quella in cui foste coinvolti nel XX° secolo dopo Cristo? Quando il mondo era coartato tra istanze contrapposte dell'Est e Ovest, e tu stesso, John, assumesti il ruolo di uno dei due Soli, con Nikita Chruščëv. Chi fra voi fu il Papa e chi l'Imperatore?

A prescindere da ogni giudizio morale, appare indubbio almeno per quanto riguarda l'Alto Medio Evo, che nessun beneficio pervenne al popolo minuto dalla diarchia costituita tra Papato e Impero.

Il feudalesimo si affermò incontrastato come un fenomeno politico e sociale spontaneo alle cui gerarchie consolidate parteciparono in pari misura l'Impero e la Chiesa, per il primato di duchi o vescovi.

Si formò così una catena di comando e prevaricazione a scapito della gente bisognosa di protezione, sia per la sopravvivenza quotidiana, sia per tutela da aggressioni esterne.

In siffatto contesto, e scomparse le istituzioni statali incontrovertibili dei tempi antichi, ogni legittimazione di governo non avrebbe potuto rifarsi che a Dio, con attribuzione del potere all'Imperatore, in linea diretta, o mediata attraverso il delegato in terra, il Sommo Pontefice. E così via attraverso conti, marchesi, baroni, principi ecclesiastici.

In seguito però si frappose in quella dinamica l'elemento politico del libero comune con l'insorgere di una nuova classe mercantile sempre più ricca e desiderosa di emancipazione politica.

Istituzioni democratiche accentuate iniziarono a concretizzarsi, come ad esempio negli ordinamenti di giustizia promulgati fra i primi nella mia amata Firenze dal Podestà Giano della Bella.

Ebbene, tutte queste mie riflessioni sul Papato e l'Impero, formulate nel *De Monàrchia*, si fondarono sugli stati di fatto che ho descritto e, da tali premesse, tenterò di adempiere alla tua richiesta, Platone, tesa all'analisi dell'importante periodo quale fu il basso Medio Evo.

Ne parlerò in riferimento alla mia Firenze, una realtà rappresentativa nel pulviscolo economico sociale italico, per quanto ritenga che poco ne ricaveremo in termini di vera giustizia ed equità sociale.

Hai menzionato, Platone, la contesa tra le fazioni guelfa e ghibellina con un'ombra di disprezzo per la proterva litigiosità di marca italica, segnatamente toscana aggiungo io, che poi tradusse in acri discordie cittadine le controversie dinastiche sorte fra le casate germaniche di Baviera e di Svevia (Welfen e Weiblingen).

A Firenze infatti l'animosità cittadina giunse a conseguenze estreme, persino risibili se non fossero mutate in funeste e drammatiche.

Sconfitta e bandita dalla città la fazione ghibellina, non parve vero ai guelfi vincenti di suddividersi tra bianchi e neri per poi, fatti fuori i bianchi, ai quali io appartenni, generarsi entro i neri il conflitto tra i seguaci dei Della Tosa e dei Donati.

La spuntarono i Della Tosa, e persino Corso Donati, *leader* dei neri, fuggì da Firenze e cercò, per un ritorno alla grande, l'alleanza con i ghibellini esiliati pochi anni prima a Siena, Pisa, Arezzo.

Così d'altronde avevano tentato prima senza successo i bianchi, né Corso, assassinato dai tosinghi, ebbe migliore fortuna.

Le fazioni bianca e nera erano entrambe partigiane del Papato contro l'Impero, impersonati da Bonifacio VIII° e da Alberto I° d'Asburgo, casa prevalsa dopo l'estinzione degli svevi: un periodo in cui, anche per la cronica debolezza imperiale, sorgeva autonoma la potenza del regno di Francia con Filippo IV° il Bello.

Ma la contesa partitica, rivolta all'egemonia cittadina, verteva allora sul piano pragmatico economico piuttosto che ideologico e religioso.

I bianchi, appartenenti a facoltose famiglie, tendevano a coinvolgere al potere le pressioni democratiche incardinate nelle arti maggiori e non ammettevano ingerenza dal Papa.

I neri, aristocratici, banchieri e mercanti, stavano arroccati su posture reazionarie e accettavano l'interferenza papale con il quale, peraltro, intrattenevano lucrosissimi affari.

E d'altronde non vedete anche voi, fratelli Gracchi, che allora si creò una congiuntura simile a quella romana in cui vi ritrovaste coinvolti nel II° secolo avanti Cristo? Quando la nobiltà iniziò a spartirsi tra *optimates*, ultra reazionari del famoso circolo di Scipione Emiliano, e *populares*, progressisti per la causa del popolo.

Ordunque Platone, nel concepire la Città Ideale io mi affidai al tuo allievo Aristotele e sostenni la necessità che a ogni comunità si desse una disciplina generale secondo regole predisposte, così come ogni uomo dedito alla ricerca della felicità deve comportarsi seguendo le linee guida che l'intelletto suggerisce.

Un ordine particolare appare indispensabile per ogni componente di società umana, ma necessita poi un ordine universale la cui reggenza non può essere affidata che a un solo monarca o imperatore il quale, per un unico principio trascendente, governa le comunità, in veste di garante della giustizia e della pace, rispondendo solo a Dio, il primo attore origine delle cose.

Se così avviene, la generazione umana sovrasta persino il monarca o l'imperatore, e pertanto la libertà eccelle, né alcun governo ingiusto, sia popolare che oligarchico o tirannico, potrà più sussistere.

Questo però è uno status che si realizzò solo con il primo imperatore romano Augusto. Nessun'altro, se non il popolo romano, Gracchi, raggiunse una simile condizione di eccellenza: non gli assiri, né i babilonesi, gli egiziani, né Ciro, Dario o Serse, re dei re persiani, né Alessandro di Macedonia.

E' palese dunque dalla mia esposizione quante tempeste e rovine la generazione umana fu costretta a subire dopo la caduta dell'impero romano, e del resto mi sembra che Dio, per tutto il Medio Evo, non abbia mai lasciato conoscere altre epoche di fortuna.

Solo Papa Leone XIII° si accinse a restaurare il nuovo imperatore in Carlo Magno, ma nell'animo intese sancire sudditanza indiscutibile dell'Imperatore al Papa. Una teoria sostenuta con raffinati argomenti dialettici tratti dalle Sacre Scritture e svolti in allegoria: Dio creò due lumi, il maggiore (Sole), fu deputato al giorno, il minore (Luna), fu deputato alla notte. Il minore non possiede la luce bensì la riceve dal maggiore (cioè l'Imperatore riceve dal Papa l'autorità).

Fallace interpretazione, affermo io, giacchè i lumi vennero creati nel quarto giorno laddove l'uomo fu creato nel sesto giorno. Non è dato pertanto sostenere che i lumi, guida dell'uomo, fossero stati creati prima del soggetto a cui erano destinati.

Quel che desidero sostenere, quindi, non ammette sudditanza fra un lume maggiore ed uno minore, Sole e Luna, bensì parità tra due Soli: uno delegato da Dio alla ricerca della felicità terrena, l'Imperatore, l'altro al raggiungimento della beatitudine eterna, il Papa.

Ne fui a tale punto persuaso che nella Commedia celebrai l'impero, pure contraddicendo alla pregressa militanza guelfa. Riservai infatti all'imperatore Arrigo di Lussemburgo succeduto ad Alberto un trono ornato di rose in Paradiso, per avere raddrizzato l'Italia, mentre, per un'indefettibile contrappasso, vaticinai a papa Bonifacio VIII°, preso da aberrante cupidigia, un'orrida buca in Inferno tra i simoniaci.

Ora non posso porre voi in Paradiso, Gracchi, poiché in questo caso dovrei riformulare la Commedia ammettendo alla beatitudine eterna anche la mia guida, Virgilio. Né per voi, Kennedy, il Paradiso si apre senza un preventivo transito in Purgatorio.

PLATONE – Un sorriso traspare sul tuo volto, John Kennedy. Nessuno meglio di te può apprezzare il gentile umorismo di cui tu, Dante, hai offerto un delizioso esempio.

Ordunque Dante, se auspichi il potere di un reggente universale per il governo della Città Ideale, identificando un monarca imperatore in grado di rinnovare la grandezza dell'impero romano, al tempo stesso dici poco rilevante l'antitesi tra democrazia e aristocrazia, così come è emersa dagli eloqui di Jefferson e Cicerone.

In realtà, sino alla tua epoca e dopo di te, nessun imperatore romano, nella versione riveduta e corretta di Sacro, godette mai dell'autorità sufficiente ad eguagliare il potere universale di Ottaviano Augusto e dei suoi epigoni.

Alcuni successori di Carlo Magno si distinsero in potere e saggezza, mentre dell'intera serie posteriore rimane assai poco degno di elogio. Ma proseguiamo ancora in ordine di tempo e ascoltiamo quel che hai da narrarci tu, Niccolò Machiavelli.

Con te ebbe fine il Medio Evo. Tu assistevi tra il popolo, schierato in piazza della Signoria, al rogo dell'ultimo rappresentativo esponente: Girolamo Savonarola, fanatico demagogo nemico dei Medici.

Sappiamo che il profondo pensiero politico ti deriva da esperienze di alta diplomazia, seppure le tue opere più significative, come avvenne anche per te, Dante, furono redatte in esilio da Firenze.

Esilio amaro che i Medici ti imposero, rientrati vittoriosi in Firenze, dopo averti rimosso dall'ufficio e negato a lungo la reintegra solenne che avresti meritato.

NICCOLÒ MACHIAVELLI – Sì, Platone, purtroppo proprio così andarono le cose, e fu per me una sofferenza inenarrabile trovarmi disoccupato a trascorrere le mie giornate in osteria tra bestemmie, strepito e lazzi scurrili, che peraltro non disdegnavo affatto ai bei tempi fiorentini.

Potete constatare tuttavia, ottimi amici, come io mi presenti in questa serata al vostro cospetto paludato degli abiti più eleganti, così come al tempo in cui nell'amaro esilio tornavo a casa al tramonto e, smessi sulla soglia i panni contadini infangati, indossavo quelli regali per incontrare gli antichi uomini nelle loro antiche corti.

Parlavo con loro, e mi rispondevano. Dimenticavo così gli affanni, la noia, la povertà. Grazie pertanto a tutti voi per questa straordinaria serata che mi riporta in un tratto a quelle ore rasserenanti.

Ricevo quindi onorato il testimone della disputa dopo avere ascoltato con la dovuta deferenza e con piacere due uomini lontani nel tempo, seppure vicini per l'evoluzione dei rispettivi Stati, ma non altrettanto per l'esperienza vissuta come individui.

Mi associo poi all'omaggio tributato all'illustre concittadino Dante Alighieri, nel nome dell'amata Firenze, ingrata per entrambi.

Tu, Cicerone, rimani per certo un Principe del Foro in ogni tempo e luogo, ma, come onestamente hai riconosciuto, ti illudesti invano di diventare un Principe come io lo concepisco e identificai in Lorenzo, da me detto il Magnifico, nipote di quello vero passato alla Storia.

Tu invece, Jefferson, sei un Principe, senza precisazione ulteriore e poco importa se nella forma consolidata ti spetta il più democratico titolo di "Presidente degli Stati Uniti d'America".

Se d'altronde il Presidente George Washington l'avesse spuntata sul Congresso, anche tu saresti stato insignito di un appellativo degno di un autentico Principe, ovvero "Sua Altezza, il Presidente degli Stati Uniti, Protettore della loro Libertà".

Ma forse lo avresti rifiutato, considerata l'avversione al cerimoniale monarchico che ti condusse persino a rinunciare con disprezzo alla carrozza nel tratto che percorresti dal Campidoglio alla Casa Bianca dopo il tuo solenne giuramento di fedeltà alla Costituzione.

Mi separano poco più di due secoli da te Jefferson e ben quindici da te Cicerone, ma non è questo un buon parametro di riferimento, anzi, proprio perché il tempo è flessibile per noi, desidero ricordare che, in effetti, mi sento molto più affine a te Cicerone, rappresentante della romanità e della Repubblica, che non a te Thomas Jefferson, fautore di democrazia sì, ma di un tipo che secondo un mio parere non vanta il precedente storico di pregio, bensì di mera imitazione.

81

Né d'altronde potrebbe rivelarsi altrimenti, considerato l'imponente contributo che trassi per la mia opera dalla tradizione di Roma.

La degenerazione di Roma nell'impero e la caduta progressiva dopo l'egemonia di Augusto, mi portano a ritenere che anche per gli Stati Uniti il tempo migliore sia ormai trascorso e che l'egemonia stessa raggiunta alla fine del XX° secolo non durerà a lungo.

Per tale via richiamo i cicli storici che tu hai menzionato, Cicerone, giacchè anch'io, in discordia rispetto a te e Polibio, scrissi qualcosa sull'argomento: "questo è il cerchio nel quale girando le repubbliche si sono governate nei tempi, ma di rado esse ritornano nei governi medesimi, perché quasi nessuna repubblica può essere di tanta vita".

La potenza di Roma, e non solo nel valore delle armi, mi affascinava e allo stesso tempo mi rattristava, essendo io costretto ad appurare in stridente raffronto la posizione dell'Italia e di Firenze, splendide sì in arte e cultura, eppure succubi di sovrani stranieri.

Uno stato generalizzato in penisola italica, d'altronde, da cui soltanto Venezia, da me disprezzata per il deteriore opportunismo mercantile, si tenne fuori, sino all'avvento di Napoleone Bonaparte.

Ritorno a Firenze, dunque, per rifarmi alla Città Ideale di cui stiamo parlando. La più elegante città d'Italia, dopo i tratti medioevali già narrati da Dante, percorse le medesime fasi di aristocrazia accennati da Cicerone, seppure in presenza dei due Soli, il Papato e l'Impero, retta come fu a lungo da consorterie di illustri famiglie.

Una breve parentesi di fervore democratico fu poi introdotta dopo il tumulto dei Ciompi, i lavoranti della lana, ed imperversarono allora violente rivendicazioni proletarie che conducono a voi Gracchi.

Nella vostra Roma voi tentaste un'impresa ammirevole per coraggio, tendendo a trasfigurare un antagonismo politico del tribunato in vasti conflitti diretti all'equa distruzione di ricchezza terriera.

Finiste male, ma non c'è da meravigliarsene.

Avreste dovuto agire con maggiore prudenza, in un comportamento confacente alla volpe piuttosto che al leone.

Dopo la vostra illusoria meteora, infatti, l'aristocrazia prese di nuovo il sopravvento e spianò la strada al principato ed all'impero.

Così avvenne anche a Firenze, giacchè dopo i Ciompi ritornarono gli Albizzi, i Ricci, gli Alberti, sino a che Cosimo de Medici instaurò la signoria e Lorenzo il Magnifico la consolidò.

Ecco dunque, guardando agli eventi che precedettero il mio ingresso in politica, nel regime repubblicano post comunale che venne sancito dopo l'espulsione dei Medici e l'insediamento del Savonarola, come analizzai le varie manifestazioni dell'aristocrazia, della democrazia e del principato, degenerabili in oligarchia, anarchia, tirannide.

Utilizzando parole diverse copiai senza pudore da Polibio, e quindi da voi Platone e Aristotele, ma, come nell'esordio alla riflessione io buttai anche farina del mio sacco, trattando del troglodita, pervenni infine a conclusioni originali e quindi tacciai da pestifere tutte le tre forme primarie.

In prima istanza affermai la prevalenza della costituzione mista fra gli schemi basilari, ma non tanto allo scopo di decantarne gli aspetti migliori, quanto per fuggire quelli peggiori di ciascuno, assicurando così il controllo reciproco delle forze e, naturalmente, lo individuai in Roma Repubblica.

Mi ispirai nell'occasione per l'appunto a Polibio anche in ordine agli esempi di Sparta e Roma, in cui risulta che Sparta trasse beneficio dall'opera eccellente di un solo legislatore, Licurgo, mentre Roma fu baciata dalla fortuna.

Aggiunsi del mio, peraltro, con l'esempio della tua Atene, Platone, che si avvalse di Solone, un sapiente legislatore al pari di Licurgo a Sparta, e sperimentò ancora la bieca tirannide di Pisistrato sino alla trentennale democrazia periclea, per decadere alla tua epoca.

In un secondo tempo subentrò nella mia visuale una valutazione più ampia degli eventi fiorentini successivi, vale dire quelli compresi nel contesto globale degli accadimenti italici europei, coevi più o meno al mio servizio pubblico.

Siffatta visione estesa trasformò in termini radicali la prospettiva di speculazione politica, talché mi vidi indotto a restringere lo scenario costituzionale per concentrarmi soltanto sul principato. Mi accostai a un'opzione assai sofferta, ma giustificata dalla vena patriottica.

Vedevo, infatti, rinnovarsi le minacce passate di invasione esterna, e non solo in prevalenza imperiale ma anche da parte di nuove realtà politiche in formazione.

E ne fui infausto profeta, purtroppo, giacché l'Italia dovette subire la presenza armata dello straniero per ancora trecento anni a venire.

Sul passaggio dal XV° al XVI° secolo, coevo alla mia maturità, in luogo della diarchia dominante tra Papato e Impero, comparvero sul palcoscenico europeo le monarchie nazionali di Francia e di Spagna, imperiale al tempo stesso, e d'Inghilterra.

Quest'ultima invero, cruciale sì nelle fasi guerresche del continente, non fu mai interessata nelle avventure italiche, ma Francia e Spagna, con la potenza militare non mercenaria, progettarono in vari modi di mettere piede in Italia, incombendo formidabili sui potentati locali, presenti nella penisola (Milano, Venezia, Firenze, Bologna, Ferrara, Verona, Napoli, e Roma stessa nella sua espressione temporale).

In tale panorama sospesi la stesura dei Discorsi sulla prima Decade di Tito Livio, in cui avevo cantato il valore di una costituzione mista, e mi impegnai a scrivere il Principe, dedicandolo poi a Lorenzo.

Costui, da me appellato Magnifico, era il figlio di Piero e nipote del vero Magnifico. Credevo in lui come principe condottiero pronto ad unificare l'Italia e opporsi all'incalzante forza delle armi francesi e spagnole, sperando al tempo stesso che apprezzasse il prodotto della mia esperienza e mi richiamasse in carica attiva.

Ma Lorenzo non degnò di uno sguardo il mio libriccino, che gli diedi personalmente durante un'udienza a corte.

Si dimostrò invece assai più interessato a una coppia di leggiadri levrieri donatigli da un nobile locale.

In seguito i Medici mi riabilitarono in carica pubblica, ma vennero di nuovo cacciati da Firenze, per intervento di Carlo Quinto imperatore e re di Spagna, dopo il sacco di Roma inflitto dai lanzichenecchi, e la risorta repubblica fiorentina mi riconfinò in diffidenza.

Morii avendo assistito alla misera decadenza italica sino allo sfacelo.

Ecco, pertanto, che cosa io penso della Città Ideale, esimio Platone: no, grazie! Non credo di poterne descrivere una formula adeguata.

Nel contesto delineato, infatti, preferii respingere l'utopia come pure ogni forma di teorizzazione politica guidata dall'ideale di giustizia e di virtù, concepii anzi un mio modello di virtù plasmato sulla verità effettuale fatta di necessità contingenti: "Essendo il puro intento mio scrivere qualcosa di utile a chi potrebbe comprenderla, mi parve cosa migliore cercare la verità effettuale piuttosto che l'immaginazione".

Mi rivolsi quindi al Principe, senza fronzoli o abbellimenti letterari, e lo subissai di consigli pragmatici sul modo sicuro di acquistare, di gestire e mantenere il potere in prima esclusiva persona, pur sempre in vista del bene comune, e non del tornaconto, senza cedimento di carattere democratico, con buona pace dei diritti del cittadino.

Comprendo, amici, che queste mie appaiono affermazioni crude da assimilare. E soprattutto a voi, Gracchi e Kennedy, proprio a voi che, non preoccupati nei vostri invincibili Stati dei pericoli di aggressione esterna, poteste permettervi di profondere alla tutela dei diritti civili e alla solidarietà sociale tutta la vostra idealistica energia.

Sappiate, peraltro, che la mia accezione di virtù coincide proprio con questa parola: energia.

E allora! Non per becera provocazione, ma allo scopo di animare la disputa, desidero rincarare la dose sulla mia radicale distinzione fra politica e morale citando una frase del Principe. Forse spregiudicata, ma idonea a rendere in sintesi tutto il mio insegnamento:

"Essere buono può causare la rovina del principe. Mancare di parola, ingannare e assassinare, può salvare lo Stato".

Nella mia prospettiva storica quindi, trascurando *in toto* democrazia e aristocrazia, individuai nel Principe la forma auspicabile della Città Ideale ma non tessei affatto le lodi. Cercai piuttosto di immaginare un tipo di governo affidato a personalità dominante, atta a conciliare la verità effettuale con la pura accidentalità nelle vicende umana.

Non è detto, comunque, che tale debba essere intesa come forma di governo permanente, e meno che mai migliore in assoluto.

In ordine all'argomento religioso poi, neppur io possiedo la sapienza necessaria per pontificare su verità e salvezza dell'anima.

In merito, invece, asserisco che la religione è un utile strumento, importante per la disciplina del popolo, ma subordinato alla ragione di Stato, cioè all'esigenza del principe.

Cinico, falso, immorale, subdolo, disonesto, opportunista, intrigante. Questi sono gli aggettivi che mi affibbiarono, in tradizione storica, talché il nome mio fu traslato in termine da appiccicare, ad essenza di malizia politica, a statisti astuti e furbastri di ogni tempo e paese.

Giudicatemi voi, insigni convitati. Per la parte mia, ancorché tentato di conservare intatta la suggestione connessa al mio nome, preferisco aprirmi in sincerità, e quindi rammento quanto ebbe a scrivere, con sarcastico spirito toscano, il compatriota Indro Montanelli.

"Quanto machiavellico fosse stato mai Niccolò Machiavelli, in vita e nella politica, è attestato dal puro e semplice fatto per cui ben pochi personaggi riuscirono, come lui, a farsi epurare sia dal totalitarismo che dalla democrazia".

Desidero peraltro ringraziare, per avermi vagliato con atteggiamento critico, rispetto alla *vulgata*, il grande poeta Ugo Foscolo, che anche a te, Dante, riconobbe l'autentica inclinazione ghibellina.

Egli, al cospetto del mio sepolcro in Santa Croce, capì che per nulla volevo lodare la politica del Principe, bensì mi proponevo di svelare al popolo tutte le sue arti malefiche e apportatrici di sofferenza.

E, infine, sono riconoscente a te, Jean Jacques Rousseau, per l'avere tentato un'ipotesi suggestiva, tale per cui avrei soffuso il Principe di una sottile vena umoristica, affine allo spirito della mia Mandragola, volta a colpire la tirannide più di quanto potrebbero le rivolte.

PLATONE – Lasciamo pure incompiuta, per il momento, un'indagine sulla tua autentica disposizione di pensiero, Niccolò, poiché ad onta del marchio d'infamia che i critici impressero su te e sulla presunta infida progenie italica, non dubito che in seguito saprai smentire i detrattori.

Il tuo lucido intervento immette la figura del Principe fra aristocrazia e democrazia, assai diversa peraltro da quella del sublime imperatore dantesco, poiché il tuo Principe incarna null'altro che la tirannide.

Si conclude così questo primo tratto di Storia che ci pregiamo qui di rappresentare in presenza di Gracchi e Kennedy.

Ha prevalso sinora l'impronta classica greco romana, rispetto ad altri accenni emersi sul Medio Evo barbarico, latino, imperiale, papale, e sono comparsi altresì i sentori di altre potenze nazionali.

Nel corso della tua vita, magnifico Niccolò, avvennero però due fatti importanti dei quali tu, per la loro embrionale parvenza, non capisti la colossale portata che avrebbero assunto in altri secoli, segnando in maniera pregnante la Storia.

Mi riferisco alla scoperta del nuovo mondo di là dell'Oceano ed alla riforma luterana di là delle Alpi.

Dal primo, per evoluzione complessa, scaturirono gli Stati Uniti, che nella democrazia divennero antagonisti della vecchia Europa, ma dei quali non è dato conoscere l'epilogo.

Dal secondo conseguì l'origine, dopo il concilio di Trento e la contro riforma, di un infinito logorio bellico religioso che infine condusse, al rigetto della Fede e alla crisi dei regimi assoluti.

Si manifestò allora un fenomeno analogo all'evoluzione della plebe in Roma antica: la comparsa del ceto borghese, titolare di un enorme potere mercantile, che rifiutò le guerre e persecuzioni legate al culto prevalente negli Stati. Si consolidò quindi la marcata aspirazione in tolleranza nei confronti di ogni credo religioso grazie all'insorgere di una corrente di pensiero fondata sui lumi della ragione.

Sia data quindi la parola a te Jean Jacques Rousseau, rappresentante di quella innovativa fase storica e culturale che, insieme a tanti altri uomini, tu contribuisti a realizzare nei tratti che inseristi in premessa all'opera tua più significativa: il Contratto Sociale.

"Se fossi principe o legislatore, non perderei il mio tempo a dire ciò che bisogna fare, lo farei, e starei zitto".

JEAN JACQUES ROUSSEAU – Sarà perché tra gli illuministi io, isolato, mi ispirai alla tua opera, Platone, che mi accrediti un posto d'onore tra i pensatori politici del diciottesimo secolo.

Il tuo mondo delle idee in effetti non sarebbe stato affatto congeniale per uomini di studio, miei colleghi, votati al progresso delle scienze e della ragione, e perciò riscuotesti scarso successo tra loro.

In ogni caso ti sono grato per la predilezione, però nel contempo mi sento in dovere di condividere il tuo prezioso encomio, se non con altri che hai ricordato, e che almeno in parte vorrei citare per nome (Montesquieu, Diderot, D'Alembert), sicuramente con uno che per me fu un acerrimo nemico: Francois Marie Arouet, detto Voltaire.

Egli, per parte sua, si proclamò un fiero avversario della Scolastica e della Metafisica nostre contemporanee, vale a dire di voi, eminenti Platone e Aristotele. "Ammirato Platone! Invero tu hai raccontato un mucchio di favole" così scrisse Voltaire.

Noi due ci scambiammo colpi bassi a iosa, in vita, ed in questa serata cedo alla meschina tentazione di renderlo odioso a te, Platone. Ma mi trovo costretto a riconoscere e rendere sinceri omaggi alla sua ciclopica statura, soprattutto considerando che oggi riposiamo vicini, in sepolcri attigui nel Pantheon di Parigi.

Menziono pertanto anche lui in questa rassegna, affinché l'essenza dell'Illuminismo possa essere compresa nella sintesi della sua vastità culturale attraverso un metodo fondato sulla stima e su un confronto costruttivo, poiché è indubbio che la parola d'ordine coniata durante la rivoluzione francese (liberté, egalité, fraternité) altro non è se non un concentrato del mio e del suo pensiero.

Devo precisare inoltre, e non per falsa modestia, che io in realtà non sono in grado di rappresentare da solo un secolo di studio politico e filosofico poiché fui un illuminista piuttosto atipico, o quanto meno non della prima ora, bensì almeno di seconda generazione.

Noi convitati d'altronde neppure possiamo esaminare in questa sede la ramificata articolazione di dottrina illuminista che fiorì rigogliosa in campo scientifico, filosofico, religioso.

Si tratta di un insieme enorme, enciclopedico, ricco di elaboratissimi addentellati intercorsi dalla travagliata origine seicentesca, talché noi dovremo per forza limitare e circoscrivere il settore di analisi.

Per quanto riguarda noi convitati dunque, ci atterremo ai soli aspetti volti all'uomo cittadino, vale a dire quelli di natura politica, sociale, economica. Temi che, riveduti in attenzione storica sino dalla remota antichità, ci condurranno infine a comprendere la vostra presenza ed azione politica, splendidi anfitrioni Gracchi e Kennedy.

Su voi Gracchi rammento l'ammirazione di Maximilien Robespierre, mio illustre estimatore, e su voi Kennedy, Thomas Jefferson si è già espresso con tutto il riguardo dovuto.

Ma vorrei anche ricordare che Plutarco, con le sue memorabili Vite Parallele, l'opera guida nell'assimilazione dei vostri caratteri politici ed umani, costituirono la fonte più importante per la mia formazione sino dalla prima gioventù, in subordine alle Sacre Scritture.

Ordunque, considerato che per tre volte sono stato chiamato in causa nei precedenti discorsi, proseguo con l'intento di tributare a ciascuno degli interlocutori un particolare tratto di attenzione.

A te, Jefferson, sull'esordio al mio contratto sociale che gentilmente hai citato; a te, Cicerone, sulla natura contrattuale dello Stato che tu dici di non condividere; a te, Machiavelli, una digressione peculiare poiché non sono sicuro di avere inteso quanto la tua idea sul Principe differisca dalla mia.

L'uomo nasce libero, ma ovunque è in catene. Ebbene: un adeguato chiarimento è ricavabile dalla lettura del seguito *colui che si ritiene padrone degli altri non è meno schiavo di loro stessi.*

Persino un re, l'espressione dei singoli individui che compongono la sovranità, non ha né può avere un interesse contrario al loro.

Senza dubbio esiste, infatti, una catena indissolubile, finalizzata alla pacifica convivenza, la quale presuppone una convenzione base che all'origine deve essersi manifestata in una forma unanime dallo stato di natura, tale per cui il tema conduce al contratto sociale in vincolo reciproco fra popolo e sovrano.

Il che equivale, Cicerone, all'antitesi corrispondente di quelle teorie spontaneistiche o giusnaturalistiche che facesti proprie mutuando dal pensiero di Platone ed Aristotele. Però anche dal tuo insegnamento, Platone, sembra profilarsi una contraddizione nell'atteggiamento di Socrate, il quale rifiutò di sottrarsi alla pena di morte in obbedienza al vincolo pattuito dal contratto sociale, come narrasti nel Critone.

Quanto a te, Machiavelli, è vero che io volli intuire nel Principe una direttiva conforme alla natura di appartenente al rinascimento italico, intelligente e pragmatico, ma potrei anche essermi sbagliato.

In ordine alla Città Ideale, dunque, che prefigurai sulla comunità da cui trassi i miei natali ed alla quale mi vanto di appartenere (la città di Ginevra), desidero argomentare per similitudine.

Come nella famiglia, il prototipo nello stato di natura in cui il padre rappresenta il sovrano e i figli il popolo, il vincolo ancestrale viene meno quando i figli ottengono l'autonomia e quindi subentra un altro legame fondato su una convenzione, che mantiene intatta la famiglia, allo stessa modo in società, evoluta dallo stato di natura primordiale, si perpetua ancora la forza di una convenzione posta alla base della volontà generale.

Si tratta di un "contratto sociale", vero e proprio, che ogni cittadino stipula con la comunità, e pertanto con se stesso, in quanto membro, secondo un principio di uguaglianza per cui nessuno debba risultare alla fine troppo ricco oppure troppo povero.

In tale contesto il sovrano non può essere re, né despota illuminato, bensì rimane null'altro che espressione di un ente collettivo, seppure uni-personale. Egli è comunque *in primis* deputato a realizzare quella volontà generale, inalienabile e indivisibile.

Così l'atto istantaneo della stipula del contratto porta alla genesi del cor-po sociale nel senso statico del termine. Per l'aspetto dinamico, invece, la continuità esige l'emissione di regole dotate di generalità ed astrattezza, alla quale solo un uomo straordinario, o un consiglio ristretto di più uo-mini del genere, è in grado di provvedere, purché egli, o essi, siano asso-lutamente privi di potere e cedano poi ad altri l'esercizio della funzione.

Nella mia Ginevra, ad esempio, Giovanni Calvino non fu titolare di au-torità, eppure produsse un sistema di leggi meraviglioso laddove invece, in Roma monarchica, legislatore e sovrano coincisero nella stessa per-sona, con il buon esito di Numa Pompilio e Servio Tullio, rovinoso in Tarquinio.

Non è sufficiente ancora tuttavia l'esistenza di un corpo sociale ben re-golato da leggi affinché la volontà espressa in libertà sia eseguita.

Già Montesquieu, prima di me, aveva teorizzato una tripartizione del potere nelle componenti legislativa, esecutiva, giudiziaria, e io me ne appropriai per individuare nel governo il titolare di potere esecutivo. Il governo è dunque, fra sovrano e popolo, l'ente intermedio che, per delega regia, rende efficace la volontà popolare dichiarata in legge e ne applica le determinazioni.

Attento però, Machiavelli, è proprio a tale corpo intermedio che io intesi attribuire l'appellativo di Principe, e non al re, il quale rimane il domiciliatario della volontà generale.

Ma che cosa succede? Mi pare di cogliere un segnale di entusiasmo da parte degli amici americani presenti, Jefferson e Kennedy.

Certo. La tripartizione del potere è una parte irrinunciabile del vostro DNA e mi sembra doveroso che da parte vostra venga riconosciuto il cospicuo debito nei confronti dell'Europa e del pensiero illuminista che in essa si innescò, per avere inventato qualcosa che risultò a voi una nozione di scontata evidenza.

D'altronde proprio voi foste, nelle vostre realtà, i titolari del potere esecutivo e quindi Principi, secondo la mia concezione.

Ma ascoltate ancora, vi prego, e qui mi rivolgo pure a te Cicerone ed a voi Gracchi, se sarà possibile trovarvi consenzienti sino in fondo.

Le forme di governo, dunque, sono diversificate in riferimento alle dimensioni di uno Stato, ed a una pletora di altre varianti politiche, sociali, economiche. In merito però non penso di apportare alcunché di nuovo, quindi riassumo le forme base possibili.

Democrazia? Si Platone! Con qualche essenziale riserva, tuttavia. Se infatti potrebbe anche manifestarsi auspicabile un'unione del potere legislativo con l'esecutivo, talché la volontà generale si realizzi in linea diretta dal popolo, questo in realtà è un sistema troppo perfetto e pertanto la democrazia non è mai esistita.

Così, quindi, devo respingere tale forma di democrazia ideale poiché io penso che il popolo non potrebbe mai trascorrere il proprio tempo in adunate e comizi per occuparsi degli affari pubblici, privilegio che soltanto a un popolo di dei è consentito.

Persino Montesquieu, a mio parere, avrebbe preso un abbaglio, per quanto avesse bene intuito il valore della democrazia fiduciaria, o rappresentativa.

La democrazia poi, tra le varie forme di governo, è la più soggetta a guerre civili dal momento che, suscettibile di cambiamenti repentini, richiede vigilanza eccessiva per essere mantenuta in veste ottimale.

Aristocrazia? Forse sì, Platone! Se non altro perché appare stupido fare con ventimila uomini ciò che cento uomini scelti possono fare di meglio nel governo della comunità.

E' necessario però premettere una classificazione atta a suddividere l'aristocrazia in forme minori, in origine e consistenza, vale a dire aristocrazia naturale, ereditaria, elettiva.

L'aristocrazia naturale è esistita sì in passato ma non esisterà più nel futuro. Funzionò egregiamente tra i popoli dell'antichità, laddove gli anziani si riunivano per deliberare sul fondamento dell'esperienza ed intrinseca saggezza, prerogative che i più giovani erano propensi a riconoscere senza difficoltà.

Ma sulla lungimiranza disinteressata degli anziani prevalsero poi il potere e la ricchezza, talché entrarono nell'enclave legislativa anche i giovani tutt'altro che saggi, cioè l'aristocrazia ereditaria.

L'aristocrazia elettiva peraltro, quella posta al governo per scelta dei componenti da parte di tutti i cittadini, è indubbiamente la migliore tra le forme poiché riconduce all'aristocrazia naturale.

In tal caso comunque è necessario che il candidato si distingua per nobiltà morale e mente illuminata, non per ricchezza materiale.

Ma anche i migliori intenti sono destinati a soccombere poiché in siffatto genere di aristocrazia il fattore della disuguaglianza risulterà infine assai accentuato.

Monarchia? Ne dubito, Platone! Essa si trova in stridente contrasto rispetto alle altre forme, né esiste in monarchia equilibrio tra popolo, sovrano, governo. In monarchia tutto è nelle mani del re e, a dispetto della massima saggia e vera per cui al re medesimo conviene essere sempre benvoluto e rispettato dal popolo, egli tenderà comunque alla sovranità assoluta, sino a pretendere l'identificazione completa della persona nello Stato.

E questo è in effetti il tuo Principe, Machiavelli, al di là di letture superficiali che ne diedero tutti coloro che non seppero comprendere il tuo talento.

Ma se fosse ammissibile monarchia per stati di grandi dimensioni, la capacità al buon governo del re non è per nulla garantita e, meno che mai, quella dei suoi ministri. I re infatti nascono figli di re, vengono indottrinati a diventare re, e non sussiste all'interno del corpo sociale alcuna possibilità di selezione elettiva. La visuale dei propri interessi pertanto, e la corruzione, finiranno sempre con il prevalere nel ciclo delle generazioni.

Non intendo dilungarmi oltre sulle mie preferenze, per quanto esse appaiano facilmente intuibili in aristocrazia elettiva al confine con la democrazia imperfetta, ma torno, per concludere, al nemico Voltaire.

Egli affermò che soltanto un dispotismo illuminato, temperato, colto, avrebbe garantito il progresso dei lumi, laddove io pensavo che non uno solo ma alcuni uomini di governo, conciliando il raziocinio più rigoroso con umana e saggia sensibilità, si sarebbero infine rivelati i migliori delegati del popolo.

Voltaire però, nella sua infinita presunzione, non credeva nel popolo, né nel Dio cristiano. Si convertì soltanto in punto di morte, e così arrecando grave imbarazzo ai suoi seguaci deisti. Sul tema religioso quindi menziono ancora lui per rendere unitaria la linea prevalente nell'Illuminismo.

Voltaire credeva in Dio come al grande architetto dell'Universo ma al tempo stesso negava il suo interesse per il mondo sensibile.

Rifiutava la Parola rivelata del Cristianesimo come pure dell'Islam ed altre religioni orientali, ritenendole ingannatrici, apportatrici di infelicità. Fu sempre viscerale e polemico antagonista delle religioni, e soprattutto della chiesa cattolica, di cui auspicava l'annientamento, tuttavia riconosceva i principi cristiani della tolleranza e della carità. Desidero fermarmi per il momento e rinvio altre considerazioni sul legame tra Illuminismo e rivoluzione francese: evento cruciale come pochi altri sull'evoluzione della civiltà occidentale.

PLATONE – Temo, Jean Jacques, che tu abbia conseguito l'obiettivo di suggestionare la mia percezione su Voltaire se ora mi balza in mente quel suo sorriso beffardo con il quale egli sembra prendersi gioco del mondo intero.

La sua presenza avrebbe onorato il simposio, ma una forza polemica di tale portata si sarebbe alimentata in modo eccessivo nella nostra cerchia, mentre ritengo che già così non mancheranno posizioni in contrasto quando ascolteremo gli altri convitati. Lasciamo perdere Voltaire, dunque, che a mio parere è assai lontano dal principio della democrazia che tu hai lodato, seppure con riserva, e manteniamo te, Jean Jacques, come rappresentante insigne dell'Illuminismo, di cui ci offri un'interpretazione attraverso l'ardua sintesi tra l'aristocrazia e la democrazia, escludendosi peraltro da parte tua qualsivoglia tipo di principato.

Procediamo quindi con altri eventi della Storia occidentale coevi e posteriori ai tuoi tempi, giacchè nella cornice di cultura illuminista trovarono sviluppo non solo la scienza e tecnica, filosofia e politica, ma in particolare l'economia, che andò poi a costituire la genesi di innovative correnti di pensiero confluite nel liberismo.

Ebbene, illustri convitati, un altro fenomeno rilevante si manifestò in economia verso la fine del XVIII° secolo ed io sono convinto che tu, Karl Heinrich Marx, avrai molto da dire sulla rivoluzione industriale avendone vissuto le ramificazioni europee dall'Inghilterra.

Siamo tutti molto interessati a cominciare da me e Rousseau, giacchè non pochi studiosi intravidero in noi due tendenze proto comuniste. Immagino poi che anche i Gracchi ed i Kennedy ti ascolteranno con attenzione, gli uni perché presunti precursori e gli altri come nemici del comunismo, in quanto puri patrioti statunitensi, ancorché non in un'espressione radicale, ma quanto meno per gli aspetti connessi alla loro politica di pace mondiale e di difesa per le classi più disagiate negli opulenti Stati Uniti d'America.

KARL HEINRICH MARX – Democrazia, aristocrazia, principato, impero e quant'altro è stato utilizzato sin qui per definire le possibili forme di governo, sono tutte parole prive di senso alcuno nell'ambito della mia personale visione della Città Ideale.

Per quanto mi riguarda, infatti, io mai concepii null'altro in merito se non la dittatura del proletariato ordinata al trionfo del comunismo, da intendersi come l'ultimo ed il più evoluto metodo di organizzazione dell'intero genere umano. Ma andiamo con ordine.

Indubbiamente, Platone, l'evento motore più recente che portò alla nascita del comunismo fu la rivoluzione industriale inglese, verso la fine del XVIII°, però altri archetipi gestionali del genere comunista proliferarono nel volgere anteriore della Storia.

Cominciamo per esempio dagli agganci contenuti nella tua Πολιτεία, e continuiamo con una specie di comunismo protocristiano sul quale non mancarono coloro che ne ricercarono una fonte nei Vangeli, per chiudere infine, con divario notevole nel tempo, rispolverando certe tue criptiche teorie sull'uguaglianza, Jean Jacques Rousseau, che in qualche modo sembrerebbero renderci vicini.

Tutte balle!!! Platone.

Ai miei tempi, il tuo idealismo era stato già ampiamente riveduto e corretto da Friedrich Hegel, grande maestro all'Università di Berlino epigono della Πολιτεία. Ma il pensiero subì poi altre interpretazioni, per non dire manomissioni, per cui Hegel venne sponsorizzato con incredibile superficialità dai conservatori fedeli allo stato imperiale prussiano e dai progressisti liberali del 1848.

Comunque sia, da entrambe simili posizioni io finii con il prendere le distanze e mi rivolsi incontro ad un indirizzo affatto opposto al tuo idealismo, perpetuato in Hegel, cioè al mio materialismo storico.

Sull'analogia fra il comunismo ed il cristianesimo, malgrado la cura che essi nutrono nei confronti dei poveri e dei derelitti, respingo ogni attendibilità. Una cosa, infatti, è ambire al il primato del proletariato nell'àmbito della realtà immanente attraverso la lotta di classe, in periodi contingenti della Storia con obiettivo di annientare il nemico, e tutt'altro invece è perseguire e assicurare la salvezza dell'anima in un mondo trascendente, avulso dalla Storia per tutta la specie umana, ricchi e poveri, in ogni tempo e luogo.

A siffatti dogmi di fede io non credetti mai ed al contrario sostenni l'ateismo a fondamento del pensiero, ma devo rispettarli e perciò qui mi fermo, in ordine all'argomento religioso, e rimango in rispettosa attesa di rivelazioni che noi tutti ci attendiamo da te, Sant'Agostino, sulla dottrina cristiana.

Quanto a te Jean Jacques Rousseau, è ben vero che esiste una tenace tendenza ermeneutica a ravvisare un principio di comunismo nei tuoi scritti, soprattutto nel discorso sull'origine della disuguaglianza, ma io sono persuaso che tu non approveresti per nulla l'etichetta di proto comunista, né io, nelle mie opere, trovai mai l'occasione per citarti a sostegno di quanto affermavo.

Se dunque ho menzionato sinora altri modelli di tipo comunista, con l'intento di contestarne l'essenza, in realtà è solo perché io desidero evidenziare a voi tutti come l'aggettivo *comune*, opposto a *privato*, non presenti alcun contenuto di valenza specifica e quindi facilmente diventi oggetto di appropriazione da parte di chi, nel teorizzare sulle forme di governo adatte in una qualunque organizzazione, ipotizzi metodi fondati sull'uguaglianza e sulla solidarietà.

Un quid di comunista si rinviene ovunque entro le strutture politico sociali antiche e moderne, sia formulando valutazioni empiriche, sia utilizzando accentuate forzature dialettiche, ma il Comunismo vero, vale a dire quello con l'iniziale maiuscola, è soltanto il mio.

Devo tuttavia, e con amarezza, constatare che ancor oggi, agli albori del terzo millennio, quel Comunismo puro non ha raggiunto la fedele applicazione pratica, né in Unione Sovietica, né in Cina, né a Cuba, né in Sud Est asiatico o Africa, e chissà se ciò avverrà in futuro, per quanto sia propenso a sperare.

Paradossalmente, fratelli Gracchi, giungo ad affermare che forse voi agiste entro una vaga intenzione di ciò che io avrei prefigurato come comunismo, laddove voi, fratelli Kennedy, avversari del comunismo, seppure non conforme alla mia dottrina, per certi aspetti percorreste il mio stesso sentiero.

ROBERT KENNEDY – Perdona l'intemperanza, Karl Heinrich Marx, ma come posso accettare una simile affermazione, sebbene in tante occasioni sia stata rivolta a me ed a John con intento denigratorio e offensivo. A parte infatti alcune mie discutibili esperienze politiche, noi Kennedy non meritiamo insinuazioni che sanno di tradimento.

KARL HEINRICH MARX – Datti una calmata, Robert Kennedy, e non fermarti alle parole. So che la qualifica di comunista corrisponde per molti a un insulto, ma attendi per favore.

Ecco pertanto, Platone, come espongo il mio percorso di pensiero filosofico attraverso un'analisi dei fenomeni più recenti rispetto alla mia epoca, piuttosto che in riferimento alla squinternata sequela di speculazioni teoriche, quanto inutili, su precedenti antichi.

fo non del popolo bensì della borghesia più fine ed evoluta, che sino ad allora era rimasta sottomessa all'assolutismo regio, per un consolidato privilegio erede del feudalesimo.

Il terrore giacobino, nell'intenzione democratica, costituì un breve quanto folle passaggio alla tirannia napoleonica, per sfociare infine nella restaurazione monarchica e quindi in nuove forme di rivolta (1848), questa volta però non più limitate alla Francia bensì estese all'intero scacchiere europeo.

In tale burrascoso contesto vissi da giovane la realtà prussiana di una nazione retriva e militaresca, entro la quale peraltro emergevano già i flebili sentori di una coscienza sociale da parte di una classe muta, numerosa sì, ma nullatenente, salvo che dell'energia lavorativa come unico bene disponibile.

Cominciai così a percepire sotto un profilo strettamente economico l'iniquità della forza che si generava dalla proprietà dei mezzi di produzione, dal capitale, resa dominante dalla rivoluzione industriale sorta in Inghilterra, ma esportata poi in altri Stati europei.

Fra una concezione egalitaria, di possesso collettivo della ricchezza, intesa a sfondo spirituale religioso, come avviene nel cristianesimo, oppure soltanto terreno materialistico, io mi accostai senza dubbio a tale ultima opzione e quindi, insieme al mio amico Friedrich Engels, coniai per primo il termine di Comunismo e ne redassi il Manifesto nei capisaldi base, esponendo in dettaglio la teoria nel *Capitale*, che misi insieme con grande fatica.

Io credevo nella lotta di classe del proletariato unito, senza barriere nazionali, e contro la borghesia, nell'annientamento del capitalismo, mediante abolizione della proprietà privata e istituzione transitoria di una dittatura del proletariato: il tutto finalizzato alla creazione di una società senza classi, entro la quale ogni individuo potesse realizzarsi.

Francamente, non penso che tale orientamento, determinato com'era all'apocalittica distruzione della comunità borghese, avesse ispirato la vostra azione, fratelli Gracchi, eppure insisto nel ritenere che un denominatore comune sussiste tra me e voi.

Non fu infatti un atteggiamento critico e radicalmente devastante a guidare la vostra condotta, come avrei concepito in una prospettiva ottocentesca, ma a me sembra comunque palese che proprio voi, per primi nella Storia, vedeste il richiamo di un'azione rivoluzionaria.

In quella Roma aristocratica senatoriale si era consolidata da tempo, attraverso una lenta quanto irresistibile coesione, la stretta simbiosi tra plebe e nobiltà, l'una monopolista del commercio e della finanza, l'altra del latifondo terriero, a scapito del vero proletariato.

Io non so in quale grado di consapevolezza voi andaste a cacciarvi in quel vespaio, gravido di insidiose contraddizioni e di rancori pronti a esplodere al primo innesco, ma di fatto avvenne che non solo osaste legiferare per un'equa distribuzione di terra, sottraendola ai biechi latifondisti, ma addirittura tentaste, con scarso successo, di limitare le prerogative del potere posseduto dalle classi sociali dominanti allo scopo di ristrutturare gli equilibri in favore del popolo minuto.

Chi, o che cosa, vi indusse a questa missione?

Voi Gracchi avreste potuto lanciarvi in politica seguendo la brillante carriera di marca aristocratica volta al consolato e al Senato, peraltro prodiga di onori e ricchezze. E del resto essa sarebbe stata l'opzione scontata da parte vostra, agevolata dall'ascendenza scipionica.

Sceglieste invece la via popolare, accedendo al tribunato della plebe, ufficio poco remunerativo, giacchè non avreste potuto ambire ad un governo provinciale, e per altri aspetti irto di impegni sociali ben più ardui. Perché mai dunque?

Agiste secondo l'anelito ideale, o adottaste un progetto premeditato di cavalcare la furia dell'anonimo agglomerato assembleare con un intento demagogico di conquistare la più ampia fama e potere?

Evidentemente quei tempi di Roma non erano maturi per creare la mia dittatura del proletariato.

Eppure, anche indipendentemente dai motivi, ritengo comunque di formularvi i complimenti per l'avere concepito e tentato un motto di sovvertimento delle istituzioni di cui io stesso avrei voluto rendermi ispiratore e artefice alla mia epoca.

Mi rivolgo a voi ora, fratelli Kennedy, e vi pongo la stessa domanda, però in termini diversi, ed incentrati in parte sul tema della schiavitù già precedentemente intercorso.

Nella vecchia Europa cosiddetta illuminista o post illuminista, i turni massacranti di lavoro che non risparmiavano donne e bambini nelle fabbriche d'Inghilterra, le malsane e disumane condizioni di vita nei ghetti di periferia ed i salari da fame nera, rappresentarono nel loro insieme uno status di poco migliore rispetto alla schiavitù.

Così, anche negli Stati Uniti del XX° secolo, superata la sussistenza stessa della schiavitù, permanevano intatte condizioni di vita grame e precarie per i negri, discendenti degli schiavi liberati nella guerra di secessione, evento che io seguii dall'Europa con grande interesse.

A me sembra invero che proprio voi Kennedy, più di qualunque altro Presidente o aspirante tale, prendeste a cuore le disagiate condizioni del proletariato negro americano, il cui malessere pervadeva l'intera società ricca e prospera, e nel quale un genere di super capitalismo delirante pilotava le sorti economiche del paese e del mondo, non dalla Casa Bianca, ma dalla cattedrale di Wall Street.

Sono assolutamente certo, peraltro, che anche nelle austere e solenni sale del potere al Kremlino, l'unico centro nevralgico della politica e dell'economia a Mosca, non si parlasse di me, o in generale di teorie realizzate in ortodossia da Lenin, piuttosto che da Stalin o Trockj, da Mao o Che Guevara, ma solo dell'egemonia prevaricatrice sedicente comunista, attraverso i grafici e le statistiche, titoli rappresentativi di rubli, sterline, dollari, petrolio, piani quinquennali.

Mi risulta inoltre, egregi Kennedy, che proprio il patriarca del vostro clan divenne, autodidatta dal nulla dell'immigrazione irlandese, un invincibile maestro in tale cultura materialistica, ieratico sacerdote di un credo fondato sul *business*, sul denaro, sul potere finanziario.

Ed è noto infatti come papà Joseph, ricambiato appieno dalla vostra devozione filiale e da un encomiabile e profondo rispetto, vi avesse allevato in amore e ferrea disciplina, circondandovi senza risparmi di abbondanza, trasmettendovi ambizione, resistenza, forza di volontà, impulso al successo.

Doti eccellenti sì, che peraltro assunsero in voi tutt'altra direzione, cioè ponendosi in controtendenza rispetto all'impronta familiare di stampo plutocratico, dominante nella vostra infanzia e gioventù.

Talenti che voi impiegaste, in parte considerevole, opponendovi con impeto agli squali famelici della finanza, dell'acciaio, del petrolio, dell'industria bellica, delle multinazionali, ma anche contro la fame, la criminalità, la povertà e, soprattutto, contro la schiavitù ancora latente nella discriminazione razziale del Sud, sotterranea ed infida quanto aperta e violenta, ai vostri tempi.

Ebbene no!!! Kennedy, voi per certo non foste comunisti, meno che mai nel tipo realizzato ai vostri tempi, tuttavia non posso trattenermi dall'esprimere, con entusiastica inclinazione, la stima incondizionata che già ho tributato ai Gracchi.

Ditemi allora: che cosa influenzò la vostra condotta così in contrasto all'ambiente d'origine, nobile romano o plutocratico statunitense?

PLATONE – Indisciplinato e ribelle Karl Heinrich Marx! Hai tentato di forzare la scena anticipando un tema non ammesso in questo tratto.

Gracchi e Kennedy saranno anche lusingati del tuo elogio, ma non risponderanno adesso, è chiaro?

Desidero, tuttavia, stemperare questa mia irritazione, disdicevole e transitoria, riconoscendo senza dubbio l'importanza del contributo con il quale hai illustrato le incombenti istanze politico sociali di fine diciannovesimo secolo nella vecchia Europa.

Movimenti che condussero nella Storia all'ultima rivoluzione degna di siffatto appellativo, e quindi alla fondazione del blocco monolitico Unione Sovietica, vale a dire significativa concretizzazione del tuo pensiero, ancorché rinnegata da te.

Nel nostro procedere per periodi storici di civiltà occidentale, e per forme di governo alternative e concomitanti, siamo pervenuti infine al ventesimo secolo, in cui la tua opera si rivelò determinante, Marx. Che cosa rappresentò quel periodo di settant'anni, dalla rivoluzione bolscevica alla demolizione del muro? Quali furono in tale parentesi temporale le fasi di crescita assimilabili al tuo ipotetico concatenarsi di eventi indirizzato a creare l'Eldorado di società senza più classi come uno *status* di felicità terrena?

Se tu affermi che il mondo non vide mai il vero Comunismo, potresti altresì sostenere che il tuo Comunismo si fonda sull'amore umano e che l'impronta distruttiva da te prefigurata ne costituisca soltanto un passaggio storico? Transeunte e rivolto ad annientare il capitalismo in quanto malevolo ostacolo al dispiegamento della persona umana in un Città ideale insostituibile?

Non è piuttosto un odio inestinguibile, presente nelle fasi letali del terrore bolscevico e nelle più spaventose purghe staliniane? Non è la violenza fisica e morale il motore permanente anche del Comunismo ideale con l'iniziale maiuscola? Il dilemma rimane aperto...

Quello che invero caratterizzò il ventesimo secolo si identifica in un estremo nazionalismo, nelle guerre sfociate in contesti mondiali, in ideologie confliggenti, in immani catastrofi di città rase al suolo, nei campi di sterminio, nei gulag, nella repressione delle libertà, nella guerra fredda, nella minaccia dell'olocausto nucleare.

Questi furono gli eventi cruciali che segnarono il secolo ventesimo e tu non puoi non sentirtene coinvolto, Karl Marx.

Ma non da solo fra noi convitati. Qualcun altro infatti, il più giovane fra tutti, è tenuto ora ad esprimersi.

Friedrich Wilhelm Nietzsche, tedesco ed apolide per elezione, tu da ragazzo vedesti la nascita del Secondo Reich, un epigono lontano del Primo Reich, fondato nel Medio Evo dagli imperatori germanici.

Il Kaiser Guglielmo II° e il Cancelliere di ferro Ottone Bismarck, nel 1870, umiliarono in guerra e politica la Francia, già entità imperiale trasformata nella terza di cinque repubbliche succedute nel tempo.

Che cosa ci potrai narrare sul Terzo Reich? L'espressione ideologica nazionale socialista antitetica al comunismo, sorta trenta anni dopo la tua uscita di scena all'alba del ventesimo secolo.

FRIEDRICH WILHELM NIETZSCHE – Mi accingo a rispondere con una domanda, Platone, e la estendo a voi, anfitrioni Gracchi e Kennedy, come in un concorso a premi.

Quale fu il baffo più caratteristico e peculiare del ventesimo secolo? Il mio forse? Imponente, teutonico, cavalleresco. O di Franz Joseph, l'imperatore d'Austria e Ungheria? Asburgico, quanti altri mai. O di Adolf Hitler? Operettistico e, in fine dei conti, piuttosto ridicolo. O di Giuseppe Stalin? Ordinario quanto agghiacciante.

Vi vedo perplessi, convitati, per questo mio bizzarro esordio.

Ebbene, poco importa, Platone, perché io me ne faccio un baffo della provocazione con cui in modo acritico attribuisci a me il monopolio ideologico del Terzo Reich.

D'altronde, quand'anche corrispondesse al vero quel che tu vorresti lasciare intendere, anche a maggiore ragione io manifesterei nei tuoi confronti il mio disprezzo, grande Cagliostro dell'antichità, nella tua vanagloriosa pretesa di insegnare come verità assoluta qualcosa che tu stesso non ritenevi verità, ovvero l'immortalità dell'anima.

Dovrebbe esserti già noto, del resto, che io non potrei condividere la stima e l'ammirazione accreditata a te dai convitati poiché, se in vita rimasi affascinato dalla cultura greca antica, non fu per certo Atene, malata di democrazia, l'archetipo, e neppure apprezzai il tuo ridicolo maestro,

Socrate, un dialettico ambulante condannato a bighellonare in città da mane a sera in chiacchiere futili e oziose dall'inflessibile tirannica consorte che rese per lui inabitabile la casa e il focolare.

Certo, è vero che molti aspetti della mia produzione si prestano in visione retrospettiva a superficiali interpretazioni tali da imprimere un marchio di ratifica preventiva alla cosiddetta "destra" in politica. Ma si tratta invero di valutazioni sommarie, degne di te, sconsiderato Platone, come di tutti voi, convitati.

Io potrei anche riconoscere la vostra eccellenza, ma francamente non saprei con chi trovarmi in sintonia.

Per quanto concerne in particolare il Terzo Reich, il mito della razza, dell'egemonia ariana sul mondo intero, l'antisemitismo esasperato, l'eugenetica, l'avversione radicale al comunismo o ad altre tendenze più blande di democrazia liberale, io mi sarei lanciato anche oltre rispetto all'opzione di distruzione più accesa, tuttavia non avrei mai approvato gli insani procedimenti di soppressione umana collettiva. Prendiamo la schiavitù, ad esempio, ma non quella imposta ai negri d'America, per cui ti sei cosparso il capo di cenere, illustre Thomas Jefferson, o in generale quella dei popoli sconfitti in guerra, barattata con il vincitore come fosse merce comune per assicurarsi la penosa sopravvivenza, tipica della tua società romana, Cicerone.

Grecia e Roma se ne procacciarono fonte di ricchezza inesauribile, non solo per il lavoro faticoso ed estremo nei campi, o nei cantieri e nelle miniere, ma anche nel più lieve ambiente domestico, spesso nel contesto intellettuale di insegnamento.

Quello è pur sempre un genere di schiavitù disciplinata dal diritto, in America come a Roma, e che peraltro anche il Terzo Reich avrebbe inteso perpetuare negli immensi territori dell'Unione Sovietica.

Per siffatto vincolo, instaurato da uomini su altri uomini, il dibattito ferveva articolato durante il periodo medio e tardo ottocentesco, sia in corso della guerra di secessione americana, sia in riferimento alle regioni del mondo ancora soggette al colonialismo europeo inglese e francese, del quale si registrò il tramonto definitivo pochi anni prima di voi, fratelli Kennedy.

Io assistetti alla prevalenza sempre più accentuata dell'abolizionismo insorto sull'onda dei principi nati dalla rivoluzione francese, o della disinvolta ipocrisia britannica imperiale e colonialista, come pure del riformismo liberale in embrione nella Germania dominata dalla casta degli Junkers latifondisti, per non parlare poi di movimenti popolari contro la servitù della gleba nello sterminato impero zarista e delle battaglie intraprese dal sindacalismo primitivo contro la proliferante miseria nelle squallide periferie urbane di Inghilterra, di Francia e Germania, in corso di rivoluzione industriale ormai diffusa.

Non di quella schiavitù consolidata da tanti secoli di sopruso intendo parlare, bensì di tutt'altro modello, diffuso in linea consuetudinaria, giacché non fondato su norme legali tali per cui il soggetto perde la prerogativa di persona e si trasforma in un mero oggetto, suscettibile di proprietà esclusiva e di utilizzo sino alla distruzione.

In tale mia concezione la schiavitù si conforma in soggezione della massa umana anonima ed incolta, tenuta a sobbarcarsi i lavori umili, esecutivi, e tutt'altro che nobilitanti, per nutrire ed assistere nei loro bisogni elementari pochi eletti, onde possano dedicarsi, liberi dagli assilli volgari, alla scienza e all'arte, alla cultura e alla politica.

La schiavitù legalizzata che io ho inteso ignorare non esiste nel terzo millennio dopo Cristo, è stata abolita ovunque, tuttavia, e nessuno si illuda, un altro genere di schiavitù occulta, del tipo che ho descritto, è attuale ed esisterà sempre.

Lungi peraltro dal farne oggetto di disapprovazione, io non ho dubbi nel considerarla un bene per tutte le civiltà passate e future.

Ora non adontarti, Platone, se anch'io mi permetto di fare un salto in avanti ponendo questa convinzione a fondamento della disputa che, condurrò in opposizione all'operato dei fratelli Gracchi e Kennedy.

Sulla Città Ideale poi, non voglio perdermi nel disquisire in forme di governo e costituzioni più o meno desiderabili, come già è avvenuto sinora, poiché la vera Città Ideale, secondo me, andrebbe inquadrata in più vaste elucubrazioni nel contesto del mio pensiero globale.

Mi dedicai infatti ad elaborare, alla fine del secolo diciannovesimo secolo, una dottrina assolutamente originale e solitaria, indirizzata come tale alla rinascita possente dell'uomo nuovo nel mondo nuovo, considerando prossimo all'epilogo l'attuale alla mia epoca, affogato com'era in una profonda crisi di identità.

Però sgombriamo il campo dagli equivoci e lasciamo perdere tutte le fallaci interpretazioni che intervennero sul mio Superuomo, soggetto libero, promotore della volontà di potenza.

Da D'Annunzio in poi, ma solo a causa di traduzioni fuorvianti dei miei scritti, le teorie condussero, attraverso il culto di vita pericolosa, al fascismo, al mito della supremazia razziale, perpetrata durante il Terzo Reich, per approdare alla risibile ricostruzione fumettistica di Superman negli anni cinquanta, proveniente dagli Stati Uniti.

Orbene, quello che mi introdusse al puro pensiero, e in particolare al credo politico, si concretizzò dopo la guerra franco prussiana 1870.

Salutai allora con entusiasmo la genesi del Secondo Reich nel quale mi parve di intravvedere una nuova identità della grande Germania con la splendida Grecia antica.

Realtà da me individuata non certo con la trentennale democrazia periclea, bensì con il periodo di poco tempo anteriore celebrato dai grandi tragici Eschilo e Sofocle.

Auspicai quindi il primato della Germania guglielmina, non soltanto entro il campo militare ma soprattutto in quello culturale ed artistico, in opposizione all'indiscutibile prevalenza francese, già illuminista e rivoluzionaria, come sino ad allora si era affermata nell'Europa, così simile all'inarrestabile espansione di Roma antica nel mondo greco post alessandrino ed orientale. Fu allora che il coacervo di piccoli principati tedeschi si consolidò nell'impero germanico.

Cocente tuttavia fu la delusione ed il disgusto che provai quando, nel volgere di pochi anni, assistetti ad una strana rivoluzione, perpetrata dal vertice attraverso l'introduzione di malsani atti demagogici, quali l'estensione dell'età per l'obbligo scolastico, l'adozione del malefico suffragio universale e l'esperimento dei primi provvedimenti in tema di sicurezza sociale su pensione e malattia.

Mi sembrava che nulla di buono ne sarebbe derivato per una saggia e forte aristocrazia governante, la mia ideale forma di governo.

E infatti da allora, con la sua numerosa e agguerrita classe operaia, la Germania cominciò in Europa a rappresentare il punto di riferimento più solido e compatto per il movimento comunista internazionale e per la rivoluzione proletaria che tu, Karl Marx, andavi predicando.

Mi illudevo che almeno nella musica la Germania conservasse le più fulgide tradizioni, ma infine persino Richard Wagner decadde nella mia stima ed io rifiutai la sua amicizia.

Morii nel 1900, incapace di intendere, e nulla vidi del nuovo secolo: non la rivincita francese concretizzata dalla Grande Guerra, non la fine ingloriosa dell'impero guglielmino, non l'umiliante costituzione dell'effimera Repubblica di Weimar, non la rinascita dell'orgoglio tedesco attraverso l'ascesa del nazional socialismo.

E non fui d'altronde uomo di pensiero politico, come voi dogmatici, Platone, Aristotele, Cicerone, Machiavelli, Rousseau. Né mi dedicai al pensiero economico come te, Karl Marx.

Meno che mai mi diedi alla pubblica gestione, come voi, Gracchi e Kennedy, né di certo intendo rivendicare in mio nome la prerogativa di superuomo, o meglio, oltre uomo, in dicitura corretta.

Credevo comunque in un'aggregazione sociale di tipo aristocratico, in cui una classe di eletti avrebbe dominato masse incolte e, perché no? Inferiori. Tuttavia non avrei mai inteso mescolarmi con la becera ispirazione populista del nazismo, nel cui credo gerarchico dominava la malvagità e il piacere dionisiaco di arrecare sofferenza.

Lo sterminio, o qualunque altro tipo di soluzione radicale, non trova riconoscimento nel mio pensiero e, soprattutto, sia chiaro che non fui antisemita. Al contrario semmai. Ammiravo il popolo ebreo, pur avendo nutrito sempre una pervicace ostilità verso l'antica tradizione giudaico cristiana.

Sull'argomento religioso voglio confrontarmi con te, Sant'Agostino, ma pure con te, Platone, per essere stato corresponsabile più o meno consapevole di un danno colossale arrecato all'umanità, e desidero qui sputarti in faccia le mie ragioni.

Il biblico Dio, che assistette gli ebrei nell'esodo dall'Egitto, in veste antropomorfica di iracondo quanto possente e vendicativo padrone, si trasformò, dopo la venuta di Gesù, in un padre buono, ma soltanto in apparenza. In realtà Dio divenne un moralizzatore inappellabile il quale inoculò con perfidia nell'animo umano il principio della colpa, del peccato, lo spettro terribile della punizione eterna.

L'uomo d'altronde, oppresso nei secoli dall'irrinunciabile bisogno di certezze di fronte all'ignoto, ne venne sopraffatto, e tale rimase sino ai giorni miei. Cominciò a subire i divieti arbitrari, i giudizi e i valori in contrasto agli impulsi spontanei, le minacce portatrici di profonda inquietudine, e si ammalò di debolezza, di inettitudine, di paura.

In religione però io non fui ateo, come te Marx, piuttosto sostenni la morte di Dio realizzata per opera dell'uomo, e quindi mi diressi alla ricerca di una scala di valori sostitutiva e idonea a riabilitare l'uomo perso nella disperazione di fronte al nulla esistenziale compiuto con l'uccisione di Dio.

Fu proprio in tale ottica che concepii la teoria dell'eterno ritorno e ne lasciai l'ermetico sentore in varie opere, salvo parlarne apertamente in Also sprach Zarathustra:

"La verità è ricurva, il tempo è un circolo. Che cosa mai accadrebbe se un giorno, o una notte, un demonietto strisciasse furtivo nella più solitaria solitudine e quindi dicesse a te: la vita, come la vivi e l'hai vissuta sinora, dovrai viverla ancora innumerevoli volte, né alcunchè di nuovo verrà, ma ogni dolore, piacere, pensiero, sospiro, piccola e grande cosa, dovrà fare ritorno, tutti nella stessa successione.

L'eterna clessidra dell'esistenza viene continuamente capovolta e tu con essa, misero granello di sabbia!".

Difficile definire i dettagli, ma se percorrendo quella tortuosa strada vogliamo accedere ad una sintesi dell'eterno ritorno nel senso vero, elaborato dai filosofi stoici, proprio voi, fratelli Gracchi e Kennedy, siete un esempio lampante di reviviscenza nel tempo.

Also sprach Zarathustra. In prefazione all'opera lasciai intendere al volgo che non era nato colui che avrebbe afferrato, nei miei criptici aforismi, le trame profonde. Che cosa ne pensi, Platone?

PLATONE – Non penso nulla, e comunque sia preferisco delegare a te, fedele discepolo Aristotele, la replica opportuna alle frecce velenose del superbo Friedrich Wilhelm Nietzsche.

Per la parte mia desidero solo menzionare un pensiero che Nietzsche affidò a un amico, emblematico di immensa supponenza sua e della totale assenza di rispetto per chicchessia:

"Infine sarei rimasto volentieri l'anonimo docente a Basilea piuttosto che essere Dio, ma ripensandoci non ho osato spingermi ad un tale punto di egoismo da omettere la creazione del nuovo mondo".

Torniamo quindi al mondo antico ateniese, con l'esposizione che tu vorrai dedicarci, Aristotele, e in particolare sulla giustizia, così come nelle tue eccellenti opere, Etica e Politica, ritenesti di divulgare in forma di insegnamento i principi.

Se la definizione della giustizia costituisce nella Πολιτεία il tema dominante, sono persuaso che un tuo intervento sull'indagine rivolta alla sostanza delle cose nel mondo sensibile, piuttosto che alle idee astratte, si rivelerà senza dubbio assai prezioso.

ARISTOTELE – E' per certo assolutamente attendibile la tua avversione alla perversa crudeltà nazional socialista tedesca, Friedrich Wilhelm Nietzsche, se è vero che, nel tuo lungo peregrinare in Italia, una sera a Torino ti ritrovasti di fronte alla spietata fustigazione di un misero cavallo da traino in piazza e, preso dalla pietà, abbracciasti l'animale piangendo sconsolato.

Fu un atto ammirevole e, senza dubbio, incompatibile con l'adesione postuma all'infamia del Terzo Reich, a meno che già da allora non si fosse trattato dei primi sintomi di incipiente infermità mentale.

Comunque sia, non posso credere che Platone intendesse provocanti con il ritenerti coinvolto, senza appello, nell'orgia di follia collettiva che ammorbò la Germania per un intero decennio di sradicamento da ogni valore morale e civile, come del resto attesta il fatto per cui egli ha posto in evidenza i trent'anni trascorsi fra la tua morte e l'ascesa al potere di Adolf Hitler.

Puoi manifestare tutto il tuo disprezzo nei confronti di Platone, per libertà di pensiero, o nutrire l'infondato sospetto di irrisione, ma devi pure ammettere che la ragguardevole presenza storica di Platone non fu indifferente nel concepire la tua opera...

Ed eccomi a te, Maestro, ti incontro finalmente di nuovo con piacere e commozione da quando lasciai l'Accademia ed Atene, dopo la tua morte, però mi spiace contraddirti in ordine al vanto di sentirmi un cittadino ateniese di adozione.

E' vero che in due distinte occasioni io decisi di stabilirmi in quella splendida città, ravvedendo il centro di cultura eccellente nel mondo conosciuto: una prima volta per accedere alla prestigiosa Accademia da te fondata e una seconda per fondarvi il mio Liceo.

Ma la città non ricambiò con pari moneta, giacchè rimasi sempre un meteco non cittadino. Atene stessa mi respinse in seguito con ostilità pregiudiziale quando, dopo la morte di Alessandro, il mio più illustre discepolo, si ritrovò libera di esprimere, senza remore, un sentimento di vendetta per la frustrazione che il magnifico condottiero le aveva riservato unificandola sotto l'impero alla pari con altre πόλεις.

Mi trovai costretto all'esilio per non subire il trattamento inflitto a Socrate, e tu stesso fosti deluso da un'Atene ombra di se stessa.

Ti sono grato comunque per tutto quello che appresi da te, Platone, e dalla tua sapienza incommensurabile.

Io mi avvalsi, infatti, nella più ampia misura, dell'esperienza e del carismatico intelletto che instillasti nella mia formazione, sebbene, per una diversa inclinazione, mi sia infine indotto a percorrere una linea diametralmente opposta al tuo fulgido pensiero, respingendo il concetto di idea astratta che caratterizza la tua filosofia.

Preferii dedicarmi allo studio del mondo sensibile, occupandomi di scienze naturali, di fisica, medicina e zoologia, matematica, e puntai sulla ricerca dei princìpi che governano il tangibile dell'uomo ed il suo eterno divenire.

Raffaello rappresentò il contrasto dipingendo un enorme affresco in sala della Segnatura Apostolica nei palazzi vaticani laddove tu ed io, figure centrali, procediamo vicini tra una schiera di colleghi. Tu con l'indice puntato in alto ed io con la mano stesa sulla Terra.

In politica, tuttavia, non fummo altrettanto dissenzienti, per quanto potrebbe sembrare che le tua linee, assimilabili come furono, almeno secondo un certo indirizzo, al comunismo, configgano con la mie, di tipo conservatore e aristocratico.

Tuttavia un simile tema dovrebbe essere valutato in altra prospettiva poiché chiunque abbia ravvisato in te una forma di proto comunismo ha preso un gigantesco abbaglio. In effetti tale presunto comunismo è praticabile solo in un ambiente di persone colte e disinteressate, e perciò non più riconducibile a te, Karl Heinrich Marx.

Entrambi peraltro diffidammo della democrazia, mentre io, borghese di nascita, mi attestai infine su posizioni aristocratiche non dissimili dalle tue, talché pervenimmo entrambi alla convinzione tale per cui nella comunità, ai fini della giustizia, non debba sussistere eccesso di povertà e di ricchezza, fonte ineludibile di guerra e discordia.

Una condizione già menzionata più volte fra noi e condivisa da quasi tutti e soprattutto, non ho dubbi in merito, da voi, splendidi anfitrioni Gracchi e Kennedy.

Sulla Città Ideale, Platone, sono emerse dai vari monologhi le forme di governo principali. Ne abbiamo già parlato a lungo e per parte mia non intendo decadere nella noia ripetendo ancora quanto già è stato detto, rifacendosi a noi due peraltro.

Io non criticai mai questa o quell'altra forma di governo. Le ritenni tutte ugualmente accettabili, e ciascuna nelle specifiche determinate condizioni, anche nell'esempio di costituzione mista.

Di peculiare piuttosto introdussi un concetto basilare nella politica nel senso che l'uomo è animale politico, vale a dire atto a vivere in gruppo, sia famiglia, comunità, villaggio, città stato, e questo per un impulso ancestrale, spontaneo, esistente allo stato primigenio e non manifestato con cosciente dichiarazione di volontà.

Siffatta connaturata genuina inclinazione non costituisce tuttavia un assunto universalmente acquisito. No, poiché voi tutti avete potuto constatare come tu Jean Jacques Rousseau, argomentando con la tua tipica e raffinata coerenza, hai sostenuto l'esatto contrario rispetto a quanto io ho dichiarato nel senso che la comunità è innata, non nasce da una consapevole volontà.

Tu dunque hai affermato in contrasto l'esistenza di una convenzione unanime stipulata fra gli uomini, ovvero atto di adesione dei cittadini per la convivenza civile.

Se tuttavia ammettiamo il preambolo confliggente con la mia teoria dell'uomo animale politico, la questione di fondo non cambia affatto poiché, in ogni caso, la struttura di governo assume valore soltanto in principio di giustizia, presupposto indefettibile sul quale io sono convinto che tu non intendi dissentire, Jean Jacques Rousseau.

Orbene, Platone, mi richiedi di parlare della giustizia ed io senz'altro aderisco all'invito poiché sono d'accordo: non si può prescinderne.

Nella Πολιτεία, collocando la giustizia in fondamento del dialogo, tu dicesti che il principio stesso è requisito indispensabile in comunità e definisti in saggezza, coraggio, temperanza, le tre virtù presupposto della giustizia nella Città Ideale.

Scrivesti quindi che, se da un governante si esige di essere saggio, e configurasti nel filosofo il tipo di governante ideale, perché amante della sapienza, per una medesima esigenza di collaborazione sociale si richiede al guerriero di essere coraggioso ed al cittadino in genere, mercante, artigiano, o quant'altro, di essere temperante.

Tutti costoro però, appartenenti a categorie di uomini impegnati in rispettive ed importanti funzioni politiche, produttive, commerciali, militari, devono coltivare la giustizia anche come singoli individui in cui coesistono quelle componenti di anima che riproducono appunto la saggezza, il coraggio, la temperanza.

Consentitemi, convitati, di soffermarmi ancora nella scia tracciata da Platone, giacchè ritengo che sarà utile per tutti mantenere un saldo riferimento alle sue disquisizioni sull'anima, soprattutto considerato l'obiettivo finale dell'analisi che ci chiede di formulare.

Quelle componenti di anima che ho menzionato, nel commentare la tua opera, Platone, si articolano in tre specifici elementi.

Razionale, concupiscibile, irascibile. Essi sono presenti in tutti gli uomini, ma non in misura uguale per ciascuno, talché ognuno deve infine coordinare la sua parte dominante con le più deboli.

La parte razionale è l'auriga, posto alla guida di un carro trainato da un cavallo bianco e uno nero che rappresentano, in allegoria, le forze opposte della concupiscenza e dell'ira.

Esse trascinano con forza l'uomo in opposte direzioni, sublime per il cavallo bianco e terrena per quello nero. Quanto più l'auriga saprà imporre l'assetto equilibrato sul dualismo delle tendenze innate, facendo prevalere comunque l'impeto virtuoso del cavallo bianco, immagine della superiore conoscenza, sulle basse passioni disgregatrici proprie del cavallo nero, tanto più l'uomo sarà diretto al bene ed alla giustizia.

Perdonami, Platone, se ho condensato in pochi concetti una dottrina che richiederebbe più approfondite disquisizioni, mi sembra tuttavia di aver comunque colto l'essenza dei tuoi assiomi affascinanti rivolti alla corretta definizione dell'idea di giustizia.

Ma che cos'è, in effetti, la giustizia all'atto di filosofia pratica, come io la intendo? Questo fu oggetto della mia analisi ed al tempo stesso il limite oltre al quale io mi avventurai distinguendo tra la giustizia distributiva e la giustizia commutativa.

Fu così quindi che pervenni al concetto di equità, concreto rispetto all'idea di giustizia, attraverso l'applicazione della media via.

Mi spiego: nel senso distributivo la giustizia è l'attribuire a ciascuno il suo da parte dello Stato, però in modo non necessariamente uguale per tutti, bensì diversificato in relazione ai parametri che ogni forma di governo adotta all'atto della distribuzione dei beni pubblici.

Nel senso commutativo, invece, la giustizia comporta uguaglianza in riferimento non solo allo scambio commerciale tra privati talché non sussistano discriminazioni di sorta tra un nobile e un popolano, bensì anche nella sanzione punitiva, erogabile per un male perpetrato con violenza contro l'incolumità della persona fisica, o con inganno nelle trattative d'affari.

Premesso dunque che la giustizia è virtù per eccellenza, né la stella della sera e quella del mattino sono altrettanto meravigliose, io citai altre virtù e quindi definii per ognuna l'essenza interiore estraendo la via di mezzo tra l'eccesso e il difetto.

La generosità, tra l'avarizia e la prodigalità, il coraggio, tra la viltà e la temerarietà, la magnaminità, tra vanità e umiltà.

E così quindi si intenda, per quanto attiene la disputa, anche l'equità, via di mezzo tra diritto e ingiustizia, ovvero rettificazione della legge quando essa si rivela insufficiente per il suo carattere universale.

A questo punto, Platone, consentimi un passo avanti aggiungendo ai sostantivo giustizia ed equità l'aggettivo sociale.

Si tratta di un concetto più evoluto, rispetto ai nostri tempi, persino considerando la mia propensione in senso pragmatico della filosofia, giacchè esso comporta l'introduzione della scienza economica, che fu estranea a noi, e non potremmo certo riconoscerci esperti.

Princìpi di lotta contro la miseria, lo sfruttamento, l'oppressione dei deboli, si affermarono molto più tardi e in siffatta ottica, fra eccesso e difetto ravvisabili nelle veementi parole di Marx e di Nietzsche, io ritrovo proprio nell'azione di voi, Gracchi e Kennedy, un esempio di quella media via che ho identificato come migliore, realizzata da voi in fulgido esempio di promozione sociale riformista, o quanto meno in tentativi adeguati.

Per quanto mi riguarda, in particolare, avvenne proprio a causa del mio limite conclamato di perizia in economia che l'analisi filosofica sul fenomeno della schiavitù mi indusse a considerazioni segnate da contraddittorie perplessità.

L'economia della nostra società, Platone, era fondata sulla schiavitù. Né tu né io avremmo mai auspicato la sovversione di siffatto sistema consolidato, ma sussiste una differenza fra noi nel senso che tu desti per scontato il fenomeno ed io invece mi dannai a cercare una valida spiegazione.

Giustificai la schiavitù sostenendo che esiste disposizione naturale e ineluttabile dell'uomo a comandare o a essere comandato.

Su questa base, pertanto, sviluppai la distinzione tra liberi e schiavi applicandola in superba dicotomia tra i greci ed i barbari, il resto del mondo rispetto ai greci.

Trasmisi tale dottrina al mio discepolo Alessandro, ma avrei dovuto apprendere da lui in seguito, piuttosto che insegnare, le virtù elevate come la magnaminità e l'avvedutezza nel comprendere e apprezzare i segni delle civiltà orientali che ritenni barbare. Su tale presupposto Alessandro fondò il suo invincibile impero.

In ordine all'argomento religioso infine, nell'ambito temporale della nostra epoca pagana antica, io sono costretto a constatare un abisso tra le tue intuizioni spirituali e il mio ristretto positivismo.

Tu anticipasti, Platone, in alcune delle tue opere, l'idea di un Essere davvero interessato al destino umano, e dell'immortalità dell'anima, mentre io, quasi un precursore illuminista, rivolto alla scienza ed alla ragione, non seppi andare oltre ai limiti della nostra epoca.

Mi addentrai sì oltre alla natura, con la mia Metafisica, ma finii poi con il concepire null'altro di attendibile se non una configurazione di amore cosmico pensante a se stesso, nebulosa nozione a riferimento per l'uomo nella realtà.

Consegue alla tua concezione che il Cristianesimo, attraverso i Padri della Chiesa, riprese nel periodo post imperiale romano molte teorie filosofiche già da te elaborate sul mondo delle idee, e le ammantò di grande onore, sia pure adattandole al dogma della parola di Dio.

Le tue idee astratte, immutabili e trascendenti, furono trasfigurate nel pensiero di Dio Creatore, intuibile all'uomo per illuminazione della Suprema Verità.

Di contro, la mia concezione immanente del mondo intesa alla sovra valutazione della materia, resero incompatibile con il Cristianesimo la produzione filosofica da me elaborata.

Nel Medio Evo venne infatti dall'Islam, ovvero dai cultori di scienze naturali Averroè ed Avicenna, l'interesse per la mia tradizione.

Soltanto Tommaso d'Aquino, uno fra i più grandi pensatori cristiani, e tu Dante Alighieri in poesia e letteratura, riteneste che non vi fosse contraddizione alcuna tra il mio pensiero e la teologia medioevale.

117

Fui così sdoganato al cospetto della religione cristiana: il tomismo di San Tommaso riportò in auge il mio pensiero e tu Dante mi onorasti di frequenti citazioni nel De monàrchia ed in altre opere.

Grazie a te dunque, Dante, ed a tutti voi per la squisita attenzione. A voi, Gracchi e Kennedy, per il coraggio delle scelte politiche, vada il mio ammirato omaggio.

PLATONE – Contavo su te Aristotele per chiudere degnamente questo primo giro di tavola e non mi hai deluso.

Ti ringrazio soprattutto per la professione di stima e affetto che hai voluto dedicarmi rendendoti interprete del mio pensiero, nonostante l'evoluzione che ti allontanò dalla pura tradizione ateniese.

I posteri d'altronde riconoscono a te l'autorevolezza eminente ed io stesso accolgo con particolare interesse, tra quanto hai dichiarato, la definizione di equità intesa come via di mezzo tra diritto e giustizia.

Non dubito che noi trarremo proficui punti di riflessione nel corso della disputa ulteriore.

Ora però, su un piano superiore all'ideologia e Storia, disponiamoci a ricevere la parola di Santo Agostino.

SANTO AGOSTINO – Accetto in gratitudine la solennità con cui tu mi presenti, Platone, ma sappiate bene, illustri convitati, che essa non mi compete come Vescovo di Ippona, Santo, o Dottore della Chiesa, titoli che mi vennero riconosciuti dall'autorità pontificale, infallibile per convenzione conciliare sì, ma pur sempre non celeste.

L'infallibilità che implicitamente mi riconosci deve essere conferita piuttosto al Fondatore della Città Celeste, opposta alla città terrena, che ognuno ha configurato nelle costituzioni delle epoche trattate.

Io non desidero di certo trascurare le considerazioni che sono emerse dal vostro sapiente eloquio, ma infine, poiché soltanto con l'aiuto di Dio ho concluso l'opera che celebra l'autentica Città Ideale, sede di Pace eterna, confido di persuadervi alla mia dirittura, sebbene tale in realtà appaia un'impresa tutt'altro che agevole.

Ho percepito qualche segnale di superbia, più o meno accentuata, in tutti voi, e *in primis* tra i più giovani Gracchi e Kennedy, giacchè, se ognuno ha tenuto, almeno sino a qui, la cortesia di ascoltare senza interrompere, voi, Caio e Robert, avete trasceso, sospinti assai sopra le righe nel parlare in ostinata caparbietà.

Comunque sia, Platone, apprezzo che tu collochi, in questa serata, la mia assistenza al di sopra della Storia e dell'ideologia, ribadisco però che tale privilegio non dipende da una mia presunta eccellenza.

E non scordate peraltro che la conoscenza di tutti voi è vincolata dal tempo, poiché per nessuno si è reso completo il ciclo del divenire, oltre al quale acquisirete la sapienza vera.

Al momento, purtroppo, dovete rassegnarvi entro ciò che è ammesso per le anime in attesa, il che, dicevo, è confermato dal fatto per cui non siete in grado di sapere alcunché oltre all'esordio decennale di questo terzo millennio, il limite cronologico nella nostra disputa.

A me invece è conferito il dono di travalicare il tempo in conoscenza estesa, anteriore e posteriore al vostro angusto confine, tuttavia non voglio servirmene. Meno che mai sono disposto a svelare alcunchè sugli eventi che verranno oltre.

Che cos'è il tempo infatti? Che senso ha passato e futuro se quello non è più e quest'altro non è ancora? E cos'altro potrebbe dirsi sul presente? Solo che se non tramutasse in passato sarebbe Eternità.

E qui mi fermo, anche perché non desidero insuperbire a mia volta.

Desidero anzi attribuire rispettosi omaggi rivolgendomi a coloro che fra voi furono miei precursori in vita, per il cospicuo contributo che dall'opera letteraria e filosofica di ciascuno ricavai ai fini della mia cultura, *in fieri*, e quindi della difficile conversione che mi condusse alla Verità in un periodo avanzato, quasi maturo, dell'esistenza.

Fra tutte le opere a cui mi dedicai, le Confessioni furono dai posteri celebrate come la prima manifestazione del mio pensiero e quindi confesso che la mia condotta, in gioventù, non fu santa, poiché un coacervo di travolgenti passioni umane, quanto di false credenze, sovrastarono a lungo la mia volontà.

Avvenne in seguito alla lettura del tuo Ortensio, Cicerone, che aderii in un primo momento con entusiasmo al manicheismo, elaborazione spuria e maculata di cristianesimo, in odore di eresia, fondata sulla contrapposizione irriducibile fra il bene ed il male, ma poi, grazie a te Platone, ed al tuo pensiero riveduto in teologia patristica cristiana, conobbi l'illuminazione divina.

Ed a te Aristotele, alla concezione dell'uomo come animale sociale, senza dubbio devo riconoscere un mirabile influsso sull'altra opera mia, *De civitate Dei*, alla quale ho accennato in esordio.

Percepisco invece, e con rammarico, una distanza rispetto a chi tra voi attraversò la vita dopo di me, se non altro per adesione alla Fede piuttosto tiepida, Machiavelli, Rousseau, Jefferson, o per l'ateismo materialista, Marx, o per l'ostinata avversione nichilista di cui ci hai cosparsi, Nietzsche.

Naturalmente escludo dal gruppo te, Dante Alighieri, per il profondo sentore religioso che traspare nella tua opera, e ti sono riconoscente per avermi compreso nella cerchia degli spiriti sapienti in Paradiso.

Non per tali ragioni, tuttavia, potrei ritenere che debba mancare un proficuo confronto dialettico fra noi, giacchè non voglio negare la più profonda considerazione nei vostri confronti.

Ma infine, soprattutto a voi, Gracchi e Kennedy, che rappresentate le figure primarie in questo straordinario incontro, desidero dedicare la maggiore attenzione.

Orbene, da quello che ho ascoltato mi pare che tutti gli interlocutori abbiano risposto in maniera più che esauriente alla richiesta sulle possibili forme istituzionali sorte al tempo di ciascuno.

Per quanto mi riguarda io non desidero attribuire rilevanza alcuna a questa o quella struttura costituzionale.

Sono propenso piuttosto a ribadire che nella giustizia risiede l'ideale cristiano, sia pure non trascurando il tuo accenno in esordio, Platone, e il tuo approfondimento, Aristotele.

Innanzitutto non reputo che la Città Ideale sarà realizzata in terra, e neppure voi tutti del resto lo credete.

Affermo invece che esiste, da sempre, la Città di Dio, o comunità di uomini giusti, così come esiste un'infinità di città terrene nel tempo e nello spazio, o comunità di uomini ingiusti.

Non sembri questa esposizione una reminiscenza di manicheismo, di cui mi incapricciai in giovane età, ma procediamo riconducendo la città terrena a un'astrazione tale per cui molte città terrene diventino una sola. Questa dunque è comunità di uomini ingiusti, dicevo, ma è pur sempre un'astrazione.

Non appare sostenibile, infatti, che solo l'ingiustizia pervada la città terrena, anzi, fra gli abitanti della città terrena ve ne saranno molti di indole generosa e proba, insieme a molti altri iniqui e superbi.

Con questo voglio affermare che la città terrena contiene almeno una parte, e sia pure esigua, della Città di Dio, indistinguibile peraltro in commistione di elementi talmente aggrovigliata da non consentire una plausibile ripartizione in terra, che tuttavia diventerà semplice e palese ad opera di Dio nel Giudizio Universale.

Egli giudicherà, infine, tutte le associazioni politico sociali di ogni epoca e distinguerà in esse la presenza di Gerusalemme o Babilonia, le separerà quindi collocando l'una a destra e l'altra a sinistra.

In tale ottica di demarcazione desidero tornare sulle entità storiche, o città terrene, già esaminate da voi, non certo tuttavia per eccentrica ambizione di anticipare il Giudizio Universale, poiché nessun uomo al mondo o santo in Paradiso se ne può arrogare titolo senza cadere in spregevole superbia.

Il mio scopo si riduce in termini assai modesti giacchè desidero solo enucleare qualche ulteriore spunto dialettico per animare la disputa.

Mi limiterò dunque alle vicende di Roma antica e degli Stati Uniti, punti di eccellenza dell'intera civiltà occidentale, poiché l'affinità tra voi fratelli non può prescindere dalle realtà di provenienza.

Di Roma antica, e della sua ultra millenaria epopea trascorsa, io ebbi modo di occuparmi per eventi sorti alla mia epoca, mentre degli Stati Uniti d'America, padroni del mondo alla fine del secondo millennio, conosco l'epilogo ma non ne parlerò.

Anch'io d'altronde, seppure avulso qui dal tempo, appartengo all'era romana tardo imperiale, prossima allo sfacelo ed immiserita peraltro nelle istituzioni sino al punto di subire il secondo "sacco" per opera di Alarico, re dei Visigoti, dopo quello inferto in origine da Brenno, duca dei Galli, sino al terzo che fu perpetrato dai lanzichenecchi di Carlo Quinto imperatore.

Su Roma dunque, nell'intento di confutare risibili accuse mosse dai pagani di responsabilità del Cristianesimo per la devastazione che la città dovette subire dalle armi barbariche, mi dedicai a rievocare la storia antica, elencando una sequela di sciagure che afflissero Roma prima di Gesù Cristo e senza protezione da parte degli dei.

Anzi, il sacco del re Alarico venne in parte mitigato dal rispetto che i barbari concessero, nonostante il diritto di guerra, nei confronti dei cittadini rifugiati all'interno di chiese e basiliche cristiane.

Di tale prolungata trattazione svolta in *De civitate Dei* esporrò, a titolo di mero esempio, appena una breve sintesi, riferita al periodo in cui voi Gracchi realizzaste le riforme sociali, mentre, in limiti più ristretti ancora, mi atterrò sui vostri Stati Uniti, Kennedy.

Le guerre puniche, seppure vittoriose, portarono una sequela infinita di rovine e non solo per le disastrose sconfitte in cui perirono intere generazioni di soldati romani e italici, ma anche per la devastazione di fertili campagne e la perdita delle alleanze, senza contare le altre sciagure naturali, come l'eccezionale inondazione del Tevere, che imputridì le zone più basse dell'Urbe, o l'incendio che divorò il Foro e altri solenni edifici pubblici, compreso il tempio di Vesta, altro vano simbolo della sacralità romana.

Dopo due guerre puniche, Roma fu invasa da strisciante corruzione importata dalla Grecia e dall'Oriente.

Le discordie civili cominciarono ad esprimersi non più e non solo nel furore, nelle ingiurie e clamori entro le assemblee popolari, ma nei conflitti armati sempre più selvaggi, a cominciare dalla stragi in cui periste voi Gracchi.

In quei calamitosi frangenti una furiosa follia devastatrice progredì a tale punto tra il popolo che ogni armonia domestica fu abbandonata e persino gli animali, cani, cavalli, maiali, pecore, asini, percepirono il senso di odio funesto e si inselvatichirono fuggendo dalle dimore e dandosi a vagare nelle campagne, ostili ai loro padroni.

Voi Gracchi tentaste di suddividere tra il popolo i terreni posseduti a torto dalla nobiltà, ma tale sradicamento dell'ingiustizia fu realizzato con audacia pericolosa e, come i fatti dimostrarono, distruttiva.

Dopo di voi fratelli Gracchi, vennero Mario e Silla ad alimentare una lotta di efferatezza inaudita nella soppressione indiscriminata degli avversari, sinchè Silla decise di concludere le stragi, affinché almeno rimanesse qualcuno da comandare.

E ancora infierirono le battaglie centrifughe di Sertorio, Catilina, Clodio, per approdare alla guerra civile tra Pompeo e Cesare, e poi tra Marco Antonio e Ottaviano Augusto, i quali come hai ricordato, Cicerone, con tacito accordo decretarono la tua fine.

Tutto questo avvenne nei due secoli precedenti alla nascita di Gesù, tempi impregnati di improvvida religione politeistica in Roma.

E allora! Con quale faccia tosta i pagani della mia epoca, imputarono a Gesù l'abbattimento degli dei antropomorfi, per mediazione degli imperatori Costantino e Teodosio, e quindi osarono imputare a Gesù Cristo il tracollo di Roma?

Quanto, dei due secoli romani che ho citato, Dio attribuirà infine a Gerusalemme o a Babilonia, rispetto all'intero millennio romano?

E degli Stati Uniti, invece, quanto Dio assegnerà all'una e l'altra per i due secoli trascorsi dalla fondazione?

Lo vedrete nel futuro per gli Stati Uniti, ma la durata dei due imperi, romano e statunitense, se non altro attesta comunque la consistente presenza in essi della Città di Dio.

Ed eccomi a voi, fratelli Kennedy, per disquisire un poco sugli Stati Uniti, poiché un legame ineluttabile unisce la sorte di Roma all'ansia dei vostri Padri fondatori nel dare vita a una nuova comunità.

Tu dicesti, Thomas Jefferson "io tremo per il mio paese se rifletto che Dio è giusto" esprimendo fondati timori proprio nel momento in cui quell'ardito esperimento istituzionale di federazione era da molti ritenuto incerto.

L'iniziale apparenza del fulgido destino parve in seguito consolidarsi attraverso la guerra di secessione e le due guerre mondiali.

Con la guerra di secessione fu abolita la vergognosa schiavitù, con la Grande Guerra decaddero grandi imperi autocratici europei, con la seconda guerra mondiale fu neutralizzato alla radice il nazismo.

Ma intervenne la disfatta subita in Vietnam, una drammatica battuta d'arresto nella quale voi John e Robert Kennedy foste coinvolti.

E fu una sciagura di eclatanti proporzioni che ridimensionò una volta per tutte la narcisistica vanità di un popolo invincibile.

I due secoli di storia romana repubblicana che ho voluto considerare in rapporto al millennio romano, corrispondono ai vent'anni di lotta in Vietnam, dalla disfatta dei francesi alla fuga degli americani, in rapporto ai duecento anni di vita in corso degli Stati Uniti.

Appare evidente che l'equiparazione non è equilibrata da un punto di vista cronologico in questa mia analisi. Gli eventi storici tuttavia non consentono rapporti adeguati di confronto.

In siffatto profilo è possibile comunque rilevare come gli Stati Uniti non abbiano mai subìto prima un così infamante oltraggio, ricercato e voluto attraverso supporti ideali assai dubbi.

L'atto di forza esercitato in Vietnam fu costruito artificiosamente nei confronti della pubblica opinione in patria e all'estero. Gli Stati Uniti temevano un'ingerenza sovietica e cinese in un'area sensibile, quale il Sud Est asiatico, e così Johnson inventò un pretestuoso cavillo per l'intervento militare diretto al conflitto armato.

Si guardò bene dal denominarlo guerra, per eludere l'autorizzazione parlamentare, alla faccia della conclamata democrazia.

Qualcuno addirittura afferma come, ancora prima di allora, tu stesso John, ordinasti bombardamenti in Nord Vietnam da velivoli e piloti americani camuffati con insegne del Sud Vietnam.

Sessantamila soldati, fra caduti e dispersi, costò quell'avventura agli americani e milioni di civili vaporizzati nei bombardamenti!

Gli antichi romani, per parte loro, giustificarono senza contraddittorio guerre di aggressione e annessioni arbitrarie invocando i principi di giustizia secondo i quali esse sarebbero state intraprese per tutela di popoli oppressi. Ebbero modo di sostenere che sussisteva il favore degli dei in quanto attestato dalla lunga durata dell'impero.

Gli americani invece, dismesse le apodittiche ragioni di tutela del proprio operato, esorcizzarono la sconfitta e ne rimossero le ricadute, ma forse sarà proprio quell'atteggiamento di vergogna nazionale, in quanto antitetico alla vanagloria romana, che giocherà a favore per voi nel Giudizio Universale.

Ricordate dunque Gracchi e Kennedy, come rappresentanti romani e americani, ciò che un ignoto comandante pirata catturato in battaglia rispose ad Alessandro sul proposito che l'aveva indotto alla rapina sui mari "Lo stesso che spinge te ad infestare il mondo, ma io sono un pirata, perché lo faccio con assai modesto naviglio, e tu invece un grande condottiero, perché lo fai con una possente flotta".

Valutate quanto l'aneddoto che ho narrato possa adattarsi alle vostre realtà, Gracchi e Kennedy, e meditate anche voi, eminenti convitati, studiosi di Grecia, Roma, Europa, Stati Uniti: ove non si rispetti la Giustizia, a che cosa si riducono i regni e le nazioni, sia in politica sociale interna sia negli atti internazionali, se non a bande di ladroni da strada? E così concludo, Platone.

PLATONE – E così concludi, Santo Agostino, lasciandoci trasecolati. Sino ad ora, infatti, noi ci siamo trastullati a disquisire sulle forme di governo nel tentativo di definire, quanto meno in teoria, i caratteri della Città Ideale.

Abbiamo esaminato le trame della tirannia, dell'aristocrazia, della democrazia, tessendo le lodi dell'una e dell'altra, o denigrandone le manifestazioni tangibili come riscontrate nell'esperienza di ciascuno rispetto ai modelli vagheggiati.

Tu invece ci richiami all'ordine, e sottolinei la vanità del nostro dire se il concetto di Giustizia non sovraintende ad ogni parola che qui viene pronunciata. E non solo ci rimproveri, bensì lo fai usando una formula sommaria, sferzante quanto incisiva, che ci sorprende come un lampo, ci fa sobbalzare ed impone l'autocritica immediata, una revisione alla luce della tua insondabile sapienza.

Ebbene, nell'esposizione da parte di ciascuno, è stato dedicata una breve considerazione sul tema religioso e, da quanto si è constatato nell'insieme, è apparso evidente che nessuno, o quasi, ha ricevuto in vita il dono della Fede, per impossibilità storica o per inattitudine.

Non per questo, tuttavia, penso che sia stato trascurato l'ideale di Giustizia, ma è doveroso per ognuno di noi, a questo punto, porre in evidenza nel proprio intimo, e con la disponibilità più sincera, la caducità di qualsivoglia costruzione di un ideale di Giustizia, nel mondo sensibile, e arrenderci alla trascendenza della Giustizia.

Accogliamo dunque, con rispetto, la parola di Santo Agostino ed il luminoso messaggio che ha inteso trasmettere a noi.

La Giustizia sta ben al di là delle nostre umane e fallaci concezioni. Concludiamo pertanto la prima fase di esposizione, ma a voi Gracchi e Kennedy, giacchè non avete parlato, rivolgo l'invito di donarci un breve quadro della vostra persona.

JOHN FITZGERALD KENNEDY – Amavo la vita, non perdevo occasione per le uscite in barca sull'oceano, mi piaceva bazzicare in società, mantenevo e curavo una sobria eleganza nel vestire, apprezzavo con gratitudine tutti i doni materiali della ricchezza di famiglia, ero preso dall'ambiente dello spettacolo, viaggiavo con grande interesse per i diversi popoli e costumi, mi affascinava la Storia e la lettura in generale, l'arte, la bellezza, credevo nei valori della mia patria ed ero orgoglioso di essere cittadino americano, ma sarei stato altrettanto fiero di essere un cittadino antico romano.

Così affermai nel celebre discorso che pronunciai a Berlino appena tre mesi prima del fatale attentato a Dallas, e non fu per una svista grammaticale che io in quel frangente mi proclamai *ein berliner*, con l'articolo indeterminato. Volevo invero divertire i berlinesi volgendo il ridicolo su me stesso con il paragonarmi ad un morbido pasticcino. Al contrario di come tu, Cicerone, ti beffasti in Senato di Crasso con le maliziose allusioni sul tradimento coniugale che avrebbe subito.

Tenevo al nucleo familiare, e di cuore avrei pregato il Signore, come te Sant'Agostino, chiedendo di rendermi casto, ma non subito.

La serietà professionale, l'*aplomb* degli incontri ufficiali, il contegno sussiegoso imposto negli austeri saloni del Congresso e della Casa Bianca, nella diplomazia entro sedi alleate o nemiche, erano spesso gravosi per me e quindi mi sentivo propenso ad aprirmi al sorriso, che del resto sapevo essere irresistibile, alla battuta salace spontanea, mai offensiva, che peraltro rendeva ben disposto l'interlocutore ma al tempo stesso lo sconcertava.

Ero consapevole del mio fascino sottile e ci marciavo a pieno ritmo. Stava nella mia intima natura il trasfondere ansie, paure, frustrazioni, in amenità e rasserenanti motti scherzosi, per non soccombere alle contrarietà che a volte mi parevano insormontabili.

Ma non ero una persona superficiale.

Impalpabili malinconie mi coglievano all'improvviso, insieme con la nostalgia delle persone e cose perdute. Percepivo amara la precarietà della vita, però cercavo di fare sempre del mio meglio, seppure non ritenga di esserci riuscito pienamente.

Nelle mie scelte politiche iniziali fui sempre molto incerto. Aderii al partito democratico più per tradizione di famiglia, ispirata da papà Joe e nonno Honey Fitz, che per autentica convinzione, tant'è che all'interno del partito oscillai sempre dubbioso tra la corrente *liberal* e quella conservatrice senza collocarmi in posizione stabile. Quando divenni Presidente degli Stati Uniti, pensai di essere stato fortunato, più che meritevole, ma rafforzai i propositi ed ora attendo fiducioso il responso dei convitati.

TIBERIO SEMPRONIO GRACCO – Da primogenito maschio entro una famiglia eccelsa e gloriosa in Roma, la quale appariva ai miei tempi invincibile, io crebbi circondato da un senso della responsabilità e dovere eccessivo, ma non mi ribellai, e la mia indole fu orientata sin dall'infanzia all'auto controllo, alla pacatezza, alla moderazione nei comportamenti.

Ero anche troppo posato per la mia età e mi accinsi allo studio della retorica e filosofia con applicazione maniacale, seppure ambiziosa, poiché sentivo dentro di me la forza di un demone determinato alle grandi imprese che non traspariva dalla condotta esteriore.

La formazione impartitami concordava con una scarsa attitudine ai piaceri materiali la cui ricerca esasperata, in penetrazione ormai da tempo entro gli anfratti di una nuova società, votata all'edonismo, mi pareva stesse corrompendo, con la dottrina di Epicuro volutamente fraintesa, le più genuine e frugali tradizioni romane.

Lo stoicismo piuttosto fu congeniale per me, impregnato com'era di costanza d'animo e di auto disciplina, coerenza di pensiero, e così aderii alla versione liberale, opposta alla reazionaria perseguita nel prestigioso circolo degli Scipioni.

Non disdegnavo però gli ambienti progressisti aristocratici cittadini, vanesio e lusingato dalla cortesia dei personaggi di primo piano che mi blandivano, mi vezzeggiavano, ma in realtà progettavano di usare il nome illustre della mia *gens* per rilanciare antiche riforme sociali, mirate in effetti alle rivalità tra famiglie nobili per brama di potere, più che non alla solidarietà verso il popolo minuto.

Mi rifiutai comunque di nutrire sospetti sulle dissimulate intenzioni dei mentori politici e, nell'onda dell'ambizione, iniziai a coltivare progetti di gloria dominante ma, quando mi vidi emarginato a causa della sconfitta militare a Numanzia, seppur conscio di avere fatto del mio meglio in quell'occasione, orientai decisamente le scelte alla causa dei popolari e quindi ebbe inizio la mia avventura.

Siate benevoli nel valutarmi, illustri ospiti, giacchè per primo io non nego di avere commesso molti errori, e se non proprio nell'opzione determinante in contrasto con le aspirazioni di famiglia, senz'altro nella gestione concreta della carica che mi portò al vertice della città.

Mi dannai di lavoro, dal momento in cui vidi la promulgazione della riforma agraria e l'oneroso compito di renderla esecutiva.

Mi ritrovai ad un livello di potere che non mai avrei immaginato di raggiungere, talché il principato permanente, a fronte di una carica temporanea, non rimase del tutto estraneo ai miei pensieri. Questo fu il mio peccato maggiore.

ROBERT FITZGERALD KENNEDY – Avete giustamente rimprove-
rato me, Platone e Sant'Agostino, per l'irruente impulsività che mi ha indotto a trascendere prevaricando scattoso nell'esposizione di Karl Marx.
Mi scuso e chiedo venia, ma voi non immaginate neppure in quanti altri
frangenti della vita io mi ritrovai ad accusare ed insolentire una persona
per la sua pigrizia, malafede, codardia, lasciando esplodere una collera
che non potevo né volevo mitigare.

Di rado mi scusavo e finivo con il costruirmi intorno una sgradevole
nomea di uomo ostinato, intransigente, antipatico.

In realtà non potrei dare torto ai numerosi detrattori, mi piacerebbe
però essere certo che costoro avessero compreso l'assoluta assenza di
cattiveria e malanimo da parte mia, quanto piuttosto la presenza di insicurezza latente che spesso mi induceva a debordare dalla buona creanza
più elementare.

Comunque sia, nutrivo un'ammirazione e devozione sconfinata per te
Jack, soprattutto perché immagino che avessi subìto da sempre nei confronti di nostro fratello Joseph la stessa umiliante sensazione di confronto perdente che provavo io al cospetto tuo.

Eppure tu non ti perdesti d'animo da ragazzo e maturasti un carattere
indulgente, bendisposto verso le persone, mentre io rimasi sempre un
soggetto ombroso e poco propenso a disfarmi della corazza esterna per
manifestare fiducioso il mio vero modo di essere, che non era poi dissimile dal tuo, più libero e disinibito.

All'atto della fine in Dallas, mi trovai costretto a constatare come la potenza della carica di Presidente e l'influenza finanziaria del nostro clan,
simboli di successo incontestabile, non contassero più nulla ed anzi mi
si ritorcessero contro respingendomi verso un triste futuro di anonimato
politico.

Il potere ti seppellì in fretta Jack, con gli onori dovuti, ma non intese
concederti il più importante, vale a dire la ricerca della verità.

La mia testardaggine innata prevalse comunque alla fine ed io, con grande difficoltà, trovai il sentiero della rinascita politica.

Dovetti tuttavia piegarmi alle logiche intrinseche del potere fingendo di approvare le conclusioni della Commissione Warren, che attribuì a un solo squilibrato attentatore isolato la responsabilità dei fatti di Dallas: soluzione non inquietante per la coscienza nazionale.

Provai un lancinante senso di colpa per quell'apparente tradimento che a volte mi rendeva persino abulico, ma contavo di riaprire il caso in carica di Presidente, pur temendo che gli stessi nemici avrebbero agito anche contro di me e mi avrebbero fatto fuori.

Scusate ancora, amici, e non siate troppo severi.

CAIO SEMPRONIO GRACCO – Mi associo a te, Robert, nell'invocare la vostra clemenza per la disdicevole intemperanza nei confronti tuoi Cicerone, che peraltro io non ho voluto mitigare nonostante i segnali che mi hai trasmesso, Tiberio, con lievi colpi di gomito al costato.

Qui mi aiuti e mi consigli come hai sempre fatto in vita tua, a parte naturalmente l'occasione menzionata dagli storici nella quale saresti comparso a me in sogno per stimolarmi a intraprendere e rinnovare la carriera politica completando l'opera tua.

Non è vero! Il sogno è, e rimane sempre, un comodo, indimostrabile pretesto per giustificare e nobilitare tutto o il contrario di tutto.

Io lo inventai di sana pianta.

Così come tu Cicerone ti permettesti di scomodare l'anima di mio nonno Scipione Africano per attribuirgli, in sogno altrui e neppure proprio, affermazioni poco verosimili ed idonee soltanto a portare acqua al tuo mulino di compiacente alleato aristocratico.

Mi hai accusato senza fondamento alcuno del presunto omicidio di mio cugino, Scipione Emiliano.

Al riguardo mi preme dichiarare una volta per tutte che né io, né mia madre o mia sorella, abbiamo mai avuto a che fare con la sua morte, e valga il vero! Nessuno potrebbe negarmi credito in questa sede.

Non rimane dunque adesso che riabilitare l'onore leso dei Semproni Gracchi, ed accettare la semplice ipotesi per cui Scipione Emiliano, sopraffatto dallo stress di una burrascosa giornata, morì da solo nella sua camera, colto da ictus o infarto fulminante...

Ecco amici, la foga oratoria che persino tu lodasti, Cicerone, eccede le mie migliori intenzioni e mi confonde. Esagero, perdo il filo del discorso, la parola si fa confusa e stridula.

Lasciate che mi riprenda dunque da uno dei miei cedimenti in cui il corto circuito cerebrale annulla la ragione.

Questo è stato il mio limite caratterizzante, sino da bambino, vale a dire quella passionalità eccessiva che spesso mi indusse a impulsi e reazioni sregolati e dannosi innanzitutto a me stesso.

Tentai sì di correggermi, nello svolgimento delle funzioni tribunizie, e valutai con freddo raziocinio le cause per cui mancò a te, Tiberio, il sostegno popolare.

Cercai nuove alleanze, meditai a fondo la serie di progetti di legge utili ad ampliare la base del consenso popolare, analizzai con cura e negli aspetti reconditi la struttura costituzionale al fine di isolarne i punti deboli, eppure la strategia non fu mai immune da un orgoglio esasperato e da una diffidenza rancorosa verso gli aristocratici, per non dire da avversione pregiudiziale, che infine offrirono il destro agli avversari di bollarmi come nemico dello Stato.

Ma credevo nel mio ideale, spero che ne terrete conto.

Scena 3 — Le repliche

PLATONE – Grazie di cuore, Gracchi e Kennedy, per la semplicità con cui vi siete presentati, priva in assoluto di accento auto celebrativo, ma inauguriamo ora una fase di esposizione a completamento delle rassegne svolte sulla Città Ideale e approfondiamo alcuni tratti di Storia che, comparsi in accenno, sono essenziali al nostro procedere. Ricordate tuttavia, in ordine al vostro breve monologo, che nessun giudizio è previsto da parte nostra.

Questo rintocco di campana inatteso annuncia l'arrivo di un nuovo ospite che accoglieremo con l'onore dovuto...

Accomodati, amico Plutarco, e apri la serie delle repliche donandoci un saggio di sapienza in politica.

Sono felice di incontrarti e non dubito dell'apprezzamento anche da parte degli altri convitati, considerato che sul chiaro prestigio della tua insigne figura concordarono in buona armonia persino i nemici Voltaire e Rousseau e, seppure in forma sbrigativa, espresse su di te un tiepido elogio anche il ribelle Friedrich Wilhelm Nietzsche, che non ha fatto sconti a nessuno sinora.

PLUTARCO – Ricambio a te eminente Platone l'omaggio ed a tutti voi il ringraziamento per la meravigliata quanto sorridente sorpresa che ognuno ha manifestato nel vedermi spuntare all'improvviso.

Ero informato del dotto simposio che si stava svolgendo in questo luogo a causa delle continue citazioni, fastidiose come il ronzio di una mosca, che qualcuno accumulava invocando la mia guida.

Tuttavia la licenza a presentarmi in corso d'opera è giunta gradita, soprattutto per la propizia occasione che non avrei osato chiedere di incontrare due degli attori prediletti nelle Vite Parallele, vale a dire Tiberio e Caio Gracco.

Quell'unica delle Vite estesa nella formula in doppia coppia, infatti, contiene un tratto originale che mi impose arduo cimento ma che, al tempo stesso, fu colmo di soddisfazioni.

Mi affezionai a voi Gracchi per insondabile istinto e, quanto più mi addentravo nel marasma contradditorio delle fonti e delle cronache sulla vostra cruciale impronta in Roma antica, percepivo emergere prorompente la forza indomabile dell'ideale e del coraggio che vi orientò nell'azione politica e vi rese celebri, ad onta delle critiche e delle pregiudiziali contrarie.

Ora la sensazione si rinnova vedendo voi, Kennedy, ed io mi ritrovo a constatare una somiglianza con i Gracchi che mi sorprende e che avrei voluto cogliere in audace balzo di tempo e di spazio.

Sul piano morale e ideologico le analogie tra voi appaiono altrettanto spiccate, ma non vorrei anticipare alcunché.

Ritorno pertanto a te, Platone, e per quello che riguarda la politica affermo che mi attestai sulla tua concezione conferendo alla filosofia una rilevanza essenziale, se non proprio consegnando al filosofo il governo della Città Ideale.

Ma nella stesura della mia opera non fui creativo come voi, anzi, mi limitai a un elenco di semplici annotazioni, arricchite peraltro di tanti esempi tratti dalla storia di Grecia e Roma.

Mi intrattenni anche sulle forme di governo, ma senza aggiungerne di nuove rispetto a quelle già esaminate, e neppure osai esprimere un giudizio di superiorità di una sulle altre.

Se del resto in esposizione sono giunte lodi alterne per l'aristocrazia e per la democrazia, io ora non desidero espormi più di tanto, bensì mi sembra opportuno piuttosto disquisire sul metodo.

Richiamo quindi un'antitesi base e propongo in aggiunta un teorema semplificato da adottare in via convenzionale nell'analisi a sfondo ideologico: dal momento che tu stesso, Platone, hai posto subito in evidenza la dicotomia principale tra l'aristocrazia e la democrazia, non potremmo intenderci configurando aristocrazia in conservazione e democrazia in progresso, cioè servirci della distinzione attestata nelle posizioni grossolane di "destra" e "sinistra"?

Sì Platone, comprendo che si tratta di una classificazione estranea alla nostra cultura antica ma, invero, e con tutte le riserve del caso, ritengo che per questa strada un percorso teso a vagliare i principi di giustizia ed equità sociale risulterà agevolato.

Se ritieni quindi opportuno incanalare la disputa entro il parametro convenzionale collegato allo sviluppo delle ideologie ottocentesche, disponi in coerenza sull'ordine delle repliche.

PLATONE – D'accordo Plutarco, mi sembra la tua una proposta valida, però mi aspetto che i convitati avranno non poco da puntualizzare e confutare al riguardo poiché tu hai giustamente sottolineato come la destra e la sinistra non appartengono per nulla alla scienza politica nella storia antica, e del resto presentano aspetti sempre più confusi all'alba del terzo millennio. Sarà arduo mettere insieme un afflato condiviso, poiché i tempi diversi in cui vissero gli ospiti appaiono poco conciliabili, ma vale la pena di tentare.

Destra e sinistra si prestano agevolmente a rappresentare punti di sintesi sul modo di concepire le politiche sociali in una prospettiva di carattere direi universale, occorre però un'esposizione propedeutica onnicomprensiva ed al riguardo, piuttosto che avventurarmi in prima persona, preferisco delegarne la trattazione a qualcun altro.

Sono propenso a pensare che, nel modo più soddisfacente, potrebbe illuminarci Jean Jacques Rousseau, appartenente ad un'epoca idonea a rendersi *trait d'union* tra il mondo classico e l'attualità.

Vuoi dedicare dunque la tua molteplice e variegata esperienza, Jean Jacques Rousseau, a conciliare le nostre diversificate realtà, passate ed attuali, e predisporre così il terreno ai successivi interventi?

JEAN JACQUES ROUSSEAU – Ma certo Platone, io accolgo con piacere questo tuo cortese invito e condivido d'altronde in linea di massima il tema proposto da Plutarco. Mi preme subito precisare tuttavia che la distinzione tra destra e sinistra nacque sì con i primi vagiti della rivoluzione francese, ma si trattò di un caso fortuito.

Durante un incontro dei tre stati riuniti a Versailles, un occasionale presidente invitò i favorevoli ed i contrari al diritto regio di blocco contro le delibere assembleari a collocarsi a destra o sinistra per un agevole conteggio dei voti.

Ribadisco pertanto, onde evitare malintesi, che non intendo ascrivere la dicotomia destra e sinistra alla mia epoca, o sostenere che si sia sviluppata da allora.

Ma poiché mi sento fra noi il più vicino al ciclo di fatti dirompenti nella Storia che gli storici circoscrissero nella rivoluzione francese, e mi sembra corretto catalogarli come anello di congiunzione fra l'era antica e quella moderna, sono onorato di svolgere il ruolo.

In realtà pertanto, adottata nello specifico frangente che ho citato come un parametro di riferimento per intenti pratici di percezione visiva, la dicotomia intesa da Plutarco in manifestazione ideologica di aristocrazia contro democrazia, o conservazione contro progresso, assume tutt'altro significato se compresa in un'accezione storica più ampia che si presta a definire una configurazione di tendenza propria di tutte le epoche, ancorché non espressa nel quadro di una teoria politica manifesta.

Il fenomeno infatti iniziò a delinearsi in forma latente e spontanea già a partire dalle antiche culture di Grecia e Roma, e si perpetuò in seguito assumendo contorni sempre più definiti in termini espliciti sino agli odierni Europa e Stati Uniti d'America, secondo un tragitto di cui è dato ravvedere come il carattere discriminatorio individuato da Plutarco sia idoneo a valutare tempi diversi fra loro in attendibile coerenza di pensiero.

Anch'io comunque ritengo doveroso raccomandare al riguardo ogni possibile circospezione speculativa. Deve essere tenuto ben presente infatti che destra e sinistra non rappresentano affatto tipi categorici astratti trascendenti, come le Idee, bensì approssimative ricostruzioni umane, difettose se non fallaci.

Tale problematica peraltro appare complessa ed in merito si impone in via prioritaria un postulato base tutt'altro che facile ed univoco, vale a dire l'essenza primordiale intrinseca della natura umana.

E' vero forse, come afferma Thomas Hobbes, che tutti gli uomini in natura possiedono gli stessi diritti e che, considerata l'insufficienza delle risorse per la vita, ognuno è legittimato a scatenare la guerra di rapina per annientare l'avversario e procurarsi quanto più possibile dei beni disponibili? Secondo Hobbes in effetti l'uomo è malvagio, egoista, prevaricatore, divora ogni altro uomo.

Egli affermò tale assioma e pervenne per questa via alla teoria del contratto sociale assai prima di me, intendendolo come soluzione di compromesso per assicurare la sopravvivenza della specie.

Io peraltro elaborai la medesima analisi assumendo però alla base il presupposto contrario: l'uomo è buono e virtuoso nella sua essenza primordiale, ma viene in seguito corrotto dalla società fra egoismi e prevaricazioni soverchianti.

Vi invito a riflettere su questa contraddizione primigenia di carattere morale, giacchè la ritengo cruciale per il nostro procedere.

Essa ammette gradi intermedi che ognuno approfondirà secondo la propria esperienza, ma si rammenti come il passaggio dallo stato di natura alla matura società organizzata esiga pur sempre una rinuncia dell'individuo alla totalità dei diritti ed a una parte della propria libertà assoluta.

Considerando pertanto una trasfigurazione evoluta, sia storica che attuale, dallo stato di natura, e pure ammesso che razionalità e virtù abbiano fissato un compromesso finalizzato alla convivenza sociale, non pare forse a tutti voi che il dilemma sull'indole umana mantiene intatti in tempo e luogo i medesimi connotati? Dalla preistoria ai giorni del terzo millennio?

Da un lato appare evidente infatti come nell'uomo tenda a prevalere l'animo rapace primordiale, secondo Hobbes, cosa che si realizza attraverso il consolidarsi di gruppi di potere collegati da un metodo sempre più sofisticato, ma sotto un altro aspetto è anche palese come la virtù innata agevoli la formazione di strutture politiche e sociali tese all'equilibrata distribuzione della ricchezza.

Immagino che le vostre risposte sull'alternativa che ho proposto ora saranno variegate, attenzione però a non assumere una distinzione in termini di destra e sinistra nel senso banale e mistificatorio per cui la destra è "cattiva" e la sinistra è "buona" giacchè diventa conseguente rilanciare che la destra è benaugurante e la sinistra è tenebrosa.

Anche Sant'Agostino ci rammenta come, nel Giudizio Universale, Dio collocherà infine Gerusalemme a destra e Babilonia a sinistra. Destra è buona, nel Regno dei Cieli, tuttavia la destra del Padre non equivale, in politica, alla destra di un presidente di assemblea.

Aristocrazia e democrazia dunque furono fazioni in perenne conflitto nell'antichità, in Grecia come a Roma, l'una tesa al mantenimento del potere in mano a pochi migliori, attestati al vertice politico grazie ad una consolidata tradizione, l'altra invece dedita alla sovversione del sistema, con estensione del potere su base pluralistica alle classi sociali meno dotate.

Ma in Roma antica, come in Atene e Sparta durante le fasi imperiali della loro storia, il potere era concentrato innanzitutto sul conflitto, sulla crescita di dominio territoriale e commerciale, piuttosto che in ricerca del benessere distribuito e quindi sulla problematica sociale. Ecco perché, a mio avviso, l'operato di voi Gracchi in Roma, attuata in tensione indirizzata al riassetto della repubblica, sortì eccezionale rispetto ai tempi in cui si svolse e merita l'encomio.

Sino ai vostri tempi, infatti, l'attenzione del potere costituito alla condizione delle classi più misere si era concretizzata in donazioni di generi alimentari generalizzate alla massa, periodiche ed occasionali, oppure in organizzazione di spettacoli e giochi, il tutto secondo uno spirito paternalistico ispirato dal timore di rivolta piuttosto che da avveduta e virtuosa intenzione di una riforma stabile, alla quale voi Gracchi poneste mano sì, ma senza successo.

Nelle epoche e nei luoghi successivi, in Grecia ed a Roma, tumulti popolari provocati dalla fame e dalla miseria esplosero numerosi, ma occorsero ben due millenni prima che un'autorità statuale intuisse la portata enorme di siffatte tensioni e si accingesse a una soluzione organica e durevole con provvedimenti di legge adeguati.

Friedrich Wilhelm Nietzsche, più giovane tra di noi, hai rammentato come l'impero guglielmino della tua epoca istituì per la prima volta un esperimento di legislazione sociale rivolta all'assicurazione dei lavoratori dai danni della malattia e della vecchiaia, impostando il sistema in distribuzione estesa all'intero tessuto sociale.

Tu invero ne hai parlato con sommo disprezzo che io non condivido e perciò ti invito alla risposta, ma ponete attenzione: quella riforma, che allora si presentò come profonda innovazione entro il quadro di un processo di carattere politico sociale decisamente progressista, fu opera di un governo conservatore, di destra, come gli approssimativi criteri di distinzione individuati inducono ad affermare, ed altrettanto avvenne poco più tardi in Gran Bretagna, a cura di Lloyd George, Primo Ministro di un governo liberale.

Solo in seguito a tali esperienze gli esponenti di opposto pensiero, di sinistra, sentendosi sorpassati a destra dalla destra, cominciarono ad occuparsene, e peraltro con apprezzabili risultati. Ne sorse infatti il *welfare state*, un assetto nelle socialdemocrazie che trionfò nel XX° secolo europeo, ma dal successo in declino.

E non dimentichiamo infine, amici, due prospettive diametralmente contrarie. L'una generatasi dal marxismo rivoluzionario, sulla quale invito ad intrattenerci colui che fu il fondatore, Karl Heinrich Marx, l'altra, liberista pura, ovvero capitalistica.

Di quest'ultima in particolare, sorta dall'illuminismo, gli Stati Uniti nel XX° secolo assunsero la matrice incontaminata e si diedero alla critica, con occasionali eccezioni che andremo ad approfondire, della tesi dominante in sistema europeo fondato sul principio cardine per cui l'onere della tutela dei poveri, anziani, malati, disoccupati, pesa sullo Stato e va distribuito su tutti i cittadini.

Gli americani, infatti, considerano l'archetipo collettivista europeo un'intollerabile zavorra a carico dell'economia ed invocano in favore alla loro tesi il rispetto assoluto della libertà e dell'iniziativa privata, mentre, su altri aspetti, ritengono che l'atteggiamento solidale dello Stato si riveli alla fine dannoso poiché esso produrrebbe pigrizia del cittadino perché distolto da una sana competitività volta al progresso individuale e collettivo.

Si tratta di un corollario che consegue naturale al sistema di libero mercato estremo, caratteristico del nuovo mondo, atto ad agevolare, con effetto moltiplicatore, una sequela di attività finanziarie colossali nel campo privatistico e sostitutivo dello Stato.

Estendo dunque a voi Kennedy l'encomio che già ho espresso per i Gracchi. Non intendo infatti esprimere un giudizio di valore sulla dicotomia che presiede ai sistemi economici europeo e americano, ma appare indubbio almeno che voi, cittadini americani di estrazione benestante, vi impegnaste e lottaste con coraggio contro siffatta linea dominante nel vostro paese.

PLATONE – Luminosa esposizione, Jean Jacques Rousseau, e che altro del resto dovremmo aspettarci da te?

Tu hai percorso in considerevole efficacia i tratti dell'evoluzione sociale nella Storia talché ora mi preme evidenziare al riguardo un argomento peculiare da te individuato: l'essenza malvagia o virtuosa dell'indole umana.

Il tema è stato chiaramente delineato citando in esempio il pensiero di Thomas Hobbes, in conflitto con la tua visione, io però desidero menzionarne un altro in concomitanza: la concezione utilitaristica o etica nel settore economico, origine della frattura che hai delineato sui gruppi di potere dominanti e le opposte istanze di solidarietà.

Richiamo quindi l'accenno in ouverture in cui ho lasciato irrisolta la questione sul se debba riconoscersi il primato della libera economia di mercato sul sistema di programmazione statale.

Non intendo peraltro con tale alternativa inaugurare un contrasto di teorie che si escludono a vicenda in modo drastico e perentorio sulla natura umana applicata all'economia e alla convivenza, bensì voglio solo sottolineare come un vaglio critico sull'equità sociale non possa prescindere da considerazioni di stretto carattere tecnico economico ma, al tempo stesso, anche da un ponderato giudizio morale.

Sono persuaso che su tali risvolti noi convoglieremo l'intera disputa, ferma restando la generica impostazione proposta da Plutarco.

Ma sia data a te la parola, Friedrich Wilhelm Nietzsche, giacché Jean Jacques Rousseau ti ha coinvolto e ti vedo ansioso di intervenire.

FRIEDRICH WILHELM NIETZCHE – Ansioso Platone? Direi furibondo! Io avevo annunciato un mio ulteriore intervento ma per sovrapprezzo sembra che mi si voglia tirare a singolare tenzone menzionando le riforme sociali che già ho criticato, Jean Jacques Rousseau.

Quello che io vidi insorgere nella grande Germania alla fine XIX° secolo fu un provvedimento di liberalità spontaneo, elargito dall'alto senza la sussistenza di alcuna forma di costrizione immediata, vale a dire un gesto dettato da spirito di generosità, misto alla paura della sovversione sociale.

Non esisteva nel neonato impero prussiano la necessità di agevolare quegli sconsiderati atti di governo, come avvenne negli anni trenta del successivo XX° secolo a causa della depressione che indusse non più all'iniziativa unilaterale circoscritta, bensì all'impellenza estesa ad intervenire e correggere l'impulso naturale del libero mercato.

La motivazione di crociata, sorta in Germania contro la povertà ed il disagio sociale, non presentava toni di imperativo categorico tali da imporre l'avvio di riforme radicali.

Dammi credito pertanto, Jean Jacques Rousseau, su quanto vado ad esporre ora in base ai punti individuati da te e sottolineati da Platone: essenza della natura umana e prospettiva utilitaristica o etica.

Innanzitutto non intendo prestarmi alla classificazione della natura umana in termini così semplicistici di malvagità o di virtù intrinseca poiché la mia analisi presuppone una discrasia valida e immutabile in ogni tempo e luogo.

L'umanità intera è composta di esclusive categorie: signori e schiavi, e sia chiaro che la distinzione non si fonda sul becero razzismo che molti detrattori vollero addebitarmi, bensì sulla presenza o meno di alcune innate prerogative.

L'appartenenza all'una o all'altra categoria, infatti, non consegue a criteri somatici e corporali, né di origine etnica o genesi classista, di livello culturale, di potenza fisica, di impronta religiosa. Niente di tutto questo potrebbe elevare un individuo rispetto ad un altro.

Ciò che caratterizza e distingue il signore rispetto allo schiavo è dato piuttosto dall'attitudine ad affrontare la vita con predisposizione ad accettare in animo grato la felicità e la completa realizzazione della persona, ma anche le delusioni più amare e devastanti. Questo è il marchio del signore, per come la vedo io.

Lo schiavo invece nutre timore della vita e delle sue eterne battaglie, non è disposto alla lotta, al rischio, alla sfida. Crea da sé i limiti alla realizzazione giungendo a maturare infine un'invidia esacerbante, un sordo risentimento contro la sorte avversa, talché si vede costretto a inventarsi una falsa morale per interdire la potenza del signore ed a giustificare la propria inferiorità con il dovere di adeguarsi.

Concludendo l'opera denominata Aurora, da me concepita in matura età, ne scrissi utilizzando una chiara metafora e paragonai gli ingegni eccelsi agli uccelli invisi al gregge dei mediocri. Questi ultimi sono costretti a constatare che, quanto più gli uccelli si innalzano nel cielo azzurro, tanto più piccoli sembrano loro che non possono volare.

In tale chiave il tuo Capitale, Karl Heinrich Marx, concepito come rivincita delle masse, rappresenta a livello individuale null'altro che un pretesto per i delusi di minimizzare la frustrazione attribuendola non alla propria incapacità ma alle circostanze esterne.

E tu, Aristotele, con tutte le defatiganti elucubrazioni messe insieme in modo così rabberciato quanto contraddittorio per rinvenire almeno un pallido barlume di legittimità alla schiavitù, non giungesti forse ai miei stessi principi? Vale a dire l'inappellabile esigenza a che molti mediocri provvedano alle necessità dei pochi eletti affinché possano dedicarsi liberi alla filosofia ed alla politica?

Appare evidente in tutta la Storia come la massa dei mediocri superi di gran lunga in quantità l'*èlite* di ingegni eccelsi e risulta altrettanto palese che tutto soggiace a questa discriminante radicale.

Eppure le categorie che suddividono gli esseri umani sono necessarie per l'equilibrio della società

Io sostenni siffatta teoria con distribuzione trasversale in tutta la mia opera e pertanto anche in politica occorre tenerne conto, in proposito al criterio utilitaristico o etico dell'economia.

Sono persuaso dunque che dallo Stato si debba realizzare in società il meno possibile! Così scrissi nell'opera "Aurora" giacchè ritengo che nessuna particolare configurazione economica, per quanto critica possa esternarsi, merita che gli spiriti più dotati possano e debbano impicciarsene.

Un simile spreco di energia è peggiore di qualsivoglia stato estremo d'indigenza e povertà.

Per questa ragione quindi, a prescindere dalla prospettiva etica prima che utilitaristica, stigmatizzai come un'enorme follia le iniziative di legge sulla sicurezza sociale promulgate ai miei tempi in Germania da un governo fondamentalmente conservatore.

Trasformare lo Stato in provvidenza onnicomprensiva, infatti, senza distinzione tra i meritevoli e non meritevoli, comportò l'impiego di mezzi che meglio sarebbe stato tenere in serbo per fini più elevati.

A voi, Gracchi e Kennedy, rimprovero la medesima imbecillaggine. Vi furono donati origini familiari propizie, intelletti superiori, animi coraggiosi, caratteri tesi alla battaglia, ambizione estrema, fascino accattivante e sottile intuito politico.

Siffatte prerogative vi avrebbero collocato fra i signori, la categoria che avevo prefigurato come l'unica idonea a governare le sorti del mondo intero. Ma voi dilapidaste il talento dedicandovi alla dannosa missione volta alla solidarietà e all'elevazione dei mediocri, sia pure ammesso e non concesso che tale fosse la vostra reale motivazione.

PLATONE – Frenate i bollenti spiriti Gracchi e Kennedy, per quanto l'ingiuria e il dubbio inoculato sulla vostra buona fede siano pesanti.

E d'altronde avete già potuto constatare come neppure io ami entrare in polemica con Friedrich Wilhelm Nietzsche.

Mi sembra piuttosto che Karl Heinrich Marx si disponga a rilanciare sull'arroganza verbale profusa a piene mani, giacchè a lui per certo non fa difetto la risorsa dialettica, pungente ed efficace.

Procedi Marx, rispondi al tuo collega e cogli altresì l'occasione per sciogliere il dubbio lancinante che abbiamo lasciato irrisolto poco fa sull'essenza del comunismo.

KARL HEINRICH MARX – Ti ringrazio, Platone, per la facoltà che mi concedi giacchè non potrei trattenere oltre l'impulso che mi pervade. Orbene, Friedrich Wilhelm Nietzche, se nel tuo eloquio hai preferito non pronunciarti sull'essenza della natura umana, io ne devo arguire che sei propenso ad accreditare la versione non malvagia.

Affermo qui l'ipotesi poiché ritengo, come Aristotele ha evidenziato, che la tua fiera indignazione sia autentica quando ti viene attribuito un perverso intento apologetico all'avventura del Terzo Reich.

Ma se l'intuizione è corretta, la tua ingenuità è davvero sconcertante. Tu dunque dividesti l'umanità intera in signori e schiavi, eccellenti e mediocri, superiori ed inferiori, massa ed individuo, pecore e uccelli, immaginando che una simile predisposizione dovesse affermarsi non per tumulti o azione violenta, bensì per spontanea accettazione di un palese stato di fatto che tu ritenevi esistente, in natura, e quindi lo ricomponesti in vista di un nuovo uomo e di un nuovo mondo.

Eppure Platone aveva previsto che nell'avvicendarsi delle forme di governo, sarebbe emersa dalla democrazia, governo di tutti secondo lui, una forma deteriore tale per cui il tiranno avrebbe conseguito la forza e potere assoluti, lusingando prima le naturali istanze di libertà delle folle e poi sfruttando le aspirazioni di potenza egemone.

Il tiranno si sarebbe manifestato assecondando la frustrazione delle sconfitte al fine di circoscrivere il tutto con l'inganno e il terrore.

E così si affermò il Terzo Reich nella decaduta Germania, illudendo con la retorica le masse deliranti. Ma tu, Nietzsche, non intuisti né mettesti in preventivo alcunché di inquietante rispetto a tali funesti indizi così evidenti.

In vita producesti un corpo d'opera imponente, laborioso, di geniale respiro, ma ti sfuggirono le più evidenti implicazioni che sarebbero conseguite all'impiego concreto del tuo pensiero.

Per questa ragione quindi, anche ammettendo la più limpida buona fede da parte tua, mi vedo costretto a supporre, quanto meno, che tu nutristi fiducia incrollabile nella bontà della specie umana, in forma assolutamente acritica.

Non ti accorgesti, infatti, di quanto un'idea fondata su qualsivoglia superiorità fra categorie umane, seppure sorretta da sillogismi rivolti al bene comune, avrebbe condotto inevitabilmente alla cieca guerra di rapina ed alla soppressione di razze presunte inferiori.

E non è solo una questione di destra o sinistra, poiché tu Friedrick ti schierasti su più fronti: antiegalitario, antidemocratico, anticristiano, anticomunista, antiliberale, anti tutto, né comprendesti che chiunque avesse tentato di manipolarti isolando i tuoi aforismi si sarebbe reso precursore di tutto o del contrario di tutto.

Puoi a buon diritto dissociarti dalla demenza nazista, Friedrich, ed io insisto nel giudicarti sincero, ma la tua dabbenaggine non ti assolve dalle più orrende infamie perpetrate nella Storia del mondo in nome di un'ideologia.

E poi, corresponsabile inconscio di inauditi crimini contro l'umanità, ti permetti di svillaneggiare Aristotele ed i nostri squisiti anfitrioni, o me stesso per quanto mi possa importare, ove invece dovresti fare ammenda, visto che si presenta un'occasione assai propizia.

Se però non intendi seguire il consiglio, come mi pare di capire dalla tua scattosa gestualità, cercherò di dare io un buon esempio facendo autocritica su quale sia l'essenza del Comunismo.

Tentiamo dunque di venirne a capo.

Considerando a ritroso la Storia in ottica economica, dalla preistoria ai miei tempi, io individuai le fasi dello sviluppo umano iniziando dalla società agricola primitiva sino alla moderna industriale, e così isolai nell'ambito di siffatto percorso alcuni periodi particolarmente significativi entro i quali si manifestarono virulente le insane linee prevaricatrici umane date dallo schiavismo e dal feudalesimo.

Io non rintracciai argomenti idonei per disquisire con certezza sulla malvagità o la virtù dell'uomo bensì superai il dilemma riscontrando la presenza costante nell'umanità di oppressione e sfruttamento da parte dell'esigua minoranza proprietaria dei beni di produzione sulla maggioranza dei lavoratori nei campi e nelle fabbriche.

Preconizzai con una sicurezza, da me presunta scientifica, l'avvento di un nuovo sistema sociale, preceduto anche da un transito violento. Un passaggio necessario, purtroppo, comunque assolutamente privo dell'abbietta suddivisione classista entro il quale sarebbe venuta meno la perenne carenza di risorse, come pure la perniciosa sovra produzione, ed ove ognuno avrebbe avuto secondo il bisogno e dato secondo le possibilità.

Questa è sintesi delle mie teorie e dei conseguenti pronostici, come scrissi ai primordi della rivoluzione industriale europea.

Ed avrei scommesso la testa sul compimento concreto che ritenevo il migliore in assoluto, dal punto di vista sia etico che utilitaristico.

Ma Ahime! Amici, l'alba del terzo millennio non sembra darmene atto, e mi colpisce non tanto il fatto per cui i tentativi di instaurare il Comunismo siano miseramente falliti, poiché ritengo che se ne sia equivocato il significato da menti fuorviate o volte alla mala fede.

Quello che in effetti mi sorprende invece è che il ceto medio, che io definii borghesia, rappresenti ormai, non soltanto in Occidente ma in linea considerevole tutto il globo, una classe dominante rispetto alle frange estreme sempre più ristrette dei plutocrati e dei diseredati.

Che mai posso raccontare a questo punto? Soprattutto a voi, generosi Gracchi e Kennedy, voi ai quali desidero precisare che mi dissocio dall'impietosa critica rivoltavi da Nietzche.

Propongo pertanto a tutti due ipotesi, di cui una almeno deve essere vera: forse sono stato un candido visionario, e se così è chiedo venia per

147

le brutali, terrificanti, inutili aberrazioni compiute in mio nome, o forse il mondo non è ancora maturo per il Comunismo vero, per la società dei perfetti, liberi ed uguali che costruii nella mia mente.

Vivendo in un sogno fantapolitico persevero nell'illusione di avere edificato un sistema positivo e mi induco a puntare su quest'ultima versione di cui intendo valorizzare gli aspetti etici ed utilitaristici.

PLATONE – Ebbene convitati ed anfitrioni, abbiamo ancora ascoltato la parola degli *enfants terribles* Nietzsche e Marx, i profeti estremi della destra e della sinistra, al di là di postume mistificazioni.

Le confutazioni reciproche e l'autocritica di Marx, non corrisposta per superbia da Nietzche, si sono manifestate feconde ad animare le repliche, ma tutto ciò che resta ora degno di nota ai nostri fini rende incontestabile almeno una conclusione di prima istanza.

Gli inevitabili e disastrosi fallimenti delle due realtà statuali fondate sulle ideologie nazista e stalinista, che ammorbarono la prima metà del ventesimo secolo, dovute alla presenza nel panorama filosofico dei nostri inconsci profeti, Nietzsche e Marx, che appunto io ritengo innocenti nelle loro profonde convinzioni, mantengano pure intatto il valore storico ma si ritengano un esempio negativo per tutte le civiltà future e vengano banditi da questo simposio.

Io sono persuaso che nulla di buono ne potremo ricavare e Gracchi e Kennedy ne traggano ogni utile ammaestramento.

Riassumiamo quindi il modo cronologico nella serie degli interventi e ripartiamo dalla profonda antichità dopo l'autodistruzione di Marx e Nietzsche. Manteniamo in guida l'analisi svolta da te, Jean Jacques Rousseau, che tuttavia non ritengo ancora completa, e sia data a te la parola, allievo prediletto Aristotele.

ARISTOTELE – E sia così Platone, torniamo in careggiata condannando il nazismo e lo stalinismo come tumori del ventesimo secolo, seppur io mi senta in dovere di esprimere un sentito ringraziamento ai nostri amici Nietzsche e Marx per il fattivo contributo di pensiero.

Tu mi chiedi ora di percorrere in retrospettiva i comuni sentieri ed io non dubito che appaia necessario accedervi per quanto possa essere rimasto inespresso sino ad ora.

Non volermene tuttavia se, anche in intento di cogliere il contenuto intimo della tua volontà, preferisco declinare l'invito e rivolgermi di nuovo a te Jean Jacques Rousseau, con la preghiera di completare la dotta disquisizione interrotta parlandoci di un argomento importante: la rivoluzione francese e, con essa, il coacervo dei principi scaturiti nella vecchia Europa e negli Stati Uniti d'America.

A me sembra infatti che il periodo settecentesco europeo rappresenti un punto di svolta rilevantissimo nel quadro complesso della civiltà occidentale. L'argomento peraltro ti è congeniale Rousseau, più che a ogni altro di noi, e presenta alcune opzioni di sviluppo, proiettate nel passato e incombenti sul futuro in uno scenario trasversale adatto a ricostruire l'evoluzione del mondo occidentale.

Mi riservo quindi di riprendere la parola sul mondo antico solo dopo la esposizione di Rousseau, ed altre che potrebbero intervenire.

PLATONE – E ben venga Aristotele, sono propenso ad accettare la tua variante tesa a rinviare la trattazione sul mondo antico e ristrutturare il piano delle repliche che avevo in mente, dacché Nietzche e Marx hanno sfogato la loro carica dirompente.

In tale direzione pertanto, dopo un nuovo monologo di Jean Jacques Rousseau, che anche a me peraltro appare opportuno, mi rivolgerò a voi Cicerone e Jefferson, compatrioti di Gracchi e Kennedy, per una revisione sul contesto storico, politico, sociale, di Roma e degli Stati Uniti, giacchè anche Sant'Agostino ha detto che la conoscenza degli anfitrioni non può prescindere dalle realtà di appartenenza.

Tale esposizione si attaglia d'altronde anche all'ipotesi di Plutarco, enucleata sulla contrapposizione tra destra e sinistra, considerato che l'antagonismo tra gli *optimates* ed i *populares* in Roma, insorto dal movimento graceano ed evoluto sino all'impero augusteo, come pure la diarchia fra i democratici ed i repubblicani, accentuata negli Stati Uniti d'America dai tempi del *New Deal* e rinnovata poi negli anni '60 kennediani, richiamano la demarcazione convenzionale tra destra e sinistra, così controversa.

Ma a questo punto, anche per ricongiungere le realtà politico sociali di Roma e Stati Uniti, si rivelerà propizio un tuo intervento, Niccolò Machiavelli, come il contributo di un uomo politico antesignano del rinascimento e dell'età moderna scaturiti dal Medio Evo.

Ti sarà consentita così un'occasione mancata di integrare con la tua interpretazione autentica l'analisi del machiavellico pensiero, denso di contraddizioni e tale da ingenerare giudizi infami che non penso tu debba ancora sopportare.

Sulla scorta degli assunti rivelati in questa direzione ti invito poi a intrattenerci su quanto di machiavellico, inteso nei termini che vorrai illustrare, caratterizzi i Gracchi ed i Kennedy e la loro politica.

Dante ancora ci dirà qualcosa, e tuttavia non giungerà dalla nostra parola l'epilogo, Aristotele, poiché l'onore spetta a Santo Agostino.

JEAN JACQUES ROUSSEAU – Con la tua approvazione, Platone, ora mi dispongo al rinnovato invito e parlerò della rivoluzione francese, per grandi linee, tentando di delineare le peculiari caratteristiche dello sterminato affresco storico scaturito dal ribollente calderone sociale di Parigi monarchica e borbonica.

Riprendo il discorso dalla Roma antica in età graceana ed al riguardo osservo che l'equilibrio politico consolidato allora andava rendendo man mano più precario l'ordine costituito. Insorgeva infatti la nuova classe del proletariato urbano e agreste tra le dominanti aristocratica e borghese, alleate a danno del popolo minuto.

Nella Francia di fine settecento, consolidata a sua volta da secoli nel ancien regime, si presentava un quadro precario molto simile.

Due classi privilegiate detenevano il potere ed erano composte l'una dai nobili del più ristretto rango monarchico e da appartenenti alle gerarchie ecclesiastiche elevate. L'altra invece da borghesia e popolo che rappresentavano il terzo stato, dalle quali tuttavia si pretendeva, in una via pressoché esclusiva, la corresponsione di tutti gli oneri per il mantenimento della nazione, con enormi e ingiustificati privilegi a favore del clero e della nobiltà.

In entrambi i periodi delineati la partecipazione al potere politico era dunque distribuita fra classi in funzione inversa rispetto al numero di individui in esse compresi: in Francia il terzo stato rappresentava il novantotto per cento della popolazione mentre in Roma, si presume, la proporzione del popolino su nobiltà e borghesia non si discostava da tale dimensione.

Il sistema centuriato romano, per esempio, ammetteva la presenza di tutte le classi, ma di fatto la preponderanza degli aristocratici e ricchi plebei era garantita dal sistema di voto vigente, così come negli Stati Generali a Parigi il voto per stato, e non per capi, sanciva l'egemonia di nobiltà e clero a due contro uno.

Al tuo merito, Caio Gracco, deve ascriversi un tentativo abortito di modificare l'equilibrio nei Comizi Centuriati, così come neppure nel 1789 in Versailles la tenace resistenza dei delegati del terzo stato, riunitisi nella sala della pallacorda, spezzò il fronte degli avversari.

A Roma si perpetuò quel sistema, ma a Parigi la controversia venne travolta dall'incalzare degli eventi poiché un'ondata rivoluzionaria si ingigantì negli anni seguenti in manifestazioni di estrema violenza. E' arduo comprendere quanto esse vennero determinate dalle rivolte spontanee popolari di massa e quanto invece dalle istanze dittatoriali dell'élite intellettuale giacobina che fece capo a Robespierre.

Comunque sia, in Francia ed a Roma, appare significativo constatare come l'epilogo dei movimenti si risolse in un impero autocratico.

Gli eventi della rivoluzione francese presero origine, su un piano di legalità formale, dall'ispirazione borghese, alimentata per l'opera di persone dedite ad attività professionali, imprenditoriali, commerciali, e non certo dagli appartenenti a strati più modesti di salariati, piccoli artigiani, contadini.

Fu su persone di cultura e spirito aperto, che l'influenza del pensiero illuminista, teso a valorizzare l'uomo cittadino secondo i principi di libertà e uguaglianza, si rinnovò in forma acuta durante una grave e prolungata crisi economica, tale per cui il corpo politico francese di allora venne convocato a Versailles per deliberare adeguati rimedi.

Ne derivò, per eccelsi principi, la Dichiarazione dei diritti dell'Uomo e del Cittadino, sancita nell'agosto 1789 dall'Assemblea Nazionale, espressione legislativa neo costituita del terzo stato, ma gli intenti di attribuire consistenza concreta alle teorie dell'illuminismo furono in seguito contrastati da forze assai variegate.

Sussisteva infatti in Assemblea Nazionale una cospicua fazione della nobiltà progressista, rappresentata dal marchese de La Fayette, assai bene disposta verso le istanze popolari, mentre una non trascurabile fazione della borghesia, capitanata da Gabriel Honoré de Mirebeau, temeva la potenzialità rivoltosa e irrazionale della massa cittadina e rurale, e andava cercando una forma di alleanza con la nobiltà.

Appare evidente come nell'ambito di un simile coacervo di tensione non avrebbe alcun senso cercare in termini attuali una classificazione fondata su qualsivoglia teorema di destra e sinistra.

Più semplicemente avveniva che la classe borghese, subalterna sino ad allora, perseguiva i propri intenti di egemonia in luogo di nobiltà e alto clero, non intuendo neppure quali in realtà fossero le affinità meno insidiose, vale a dire se con la nobiltà regale, o con la chiesa, o con il popolo, mentre il motto espresso dalle solenni parole "Libertà, Uguaglianza, Fraternità", scadeva a mero slogan propagandistico.

Invero nessun provvedimento adottabile in applicazione concreta dei temi di uguaglianza sociale venne mai attuato durante la rivoluzione promuovendo atti rivolti alla distribuzione della ricchezza a favore di classi disagiate, per quanto la Dichiarazione dei Diritti dell'Uomo e del Cittadino contenesse all'interno un principio base così formulato "Ogni cittadino incapace di provvedere ai propri bisogni ha diritto all'assistenza dei suoi simili".

Tutt'al più può affermarsi che, solo al fine concreto di neutralizzare l'immenso patrimonio latifondista della chiesa, ci fu un tentativo di nuova attribuzione della terra, così che nelle campagne il riformismo di foggia graceana si rinnovò, in un certo senso, creando una nuova categoria di piccoli proprietari non più vincolati a decime e tributi. Ma la borghesia vincente sulla nobiltà in effetti sfruttò a piene mani la forza d'urto che in molte occasioni il popolo aveva impegnato in campo, eppure essa non ricompensò in alcun modo all'aiuto delle masse senza il quale la rivoluzione sarebbe fallita.

Neppure durante il terrore giacobino, votato in teoria a sani intenti di difesa dei poveri, lo Stato repubblicano si spinse oltre a sporadiche e demagogiche distribuzioni di pane, sale e farina. Il Terrore pensava esclusivamente alla persecuzione dei nemici, veri o presunti.

Addirittura, dopo la fine di Robespierre e del suo fosco regime, la pubblica autorità direttoriale usò i cannoni per le strade e le piazze cittadine contro il popolo.

Il Direttorio infatti, nell'ennesima sommossa popolare, diede senza rimorso il benestare allo stravagante quanto originale progetto di un giovane e ambizioso ufficiale d'artiglieria, il quale pochi anni dopo avrebbe concluso l'epopea rivoluzionaria inaugurandone un'altra di stampo tirannico, effimera seppure indubbiamente gloriosa.

La rivoluzione francese tuttavia, nonostante tutti i limiti di carattere politico e culturale denunziati, nonostante le persecuzioni perpetrate all'ombra della ghigliottina, fu autentica rivoluzione nel senso che i mutamenti apportati nel corpo della società crebbero in progressione permanente nella vecchia Europa e sopravvissero sino al principio di questo terzo millennio.

Essi accompagnarono l'arco di impero napoleonico, la restaurazione, i romantici motti liberali, le forme più aberranti di ideologia destra e sinistra, le guerre mondiali, e si consolidarono in uno Stato fondato sulla tripartizione dei poteri.

L'arduo cammino della democrazia, cominciato a fine diciottesimo secolo, e cresciuto poi nel tormento di sfrenate passioni ideologiche, trovò equilibrio all'epilogo del ventesimo secolo.

Io rivendico la paternità del pensiero che pervase la realizzazione di siffatta opera, e non soltanto per me stesso, ma anche per tutti gli altri eccellenti studiosi teorici e filosofi che fiorirono così numerosi nell'illuminismo.

Mi permetto quindi di abusare della tua pazienza, Platone, chiedendo a Thomas Jefferson di fornire il suo contributo affinché il tema trovi apertura in un passaggio che illustri l'evoluzione del pensiero a cui appartengo nella tradizione degli Stati Uniti.

PLATONE – Nessuna obiezione da parte mia, Jean Jacques Rousseau. Avevo già predisposto l'intervento di Thomas Jefferson.

Noi tutti infatti desideriamo approfondire nel riferimento ideologico le premesse che negli Stati Uniti prelusero all'azione dei Kennedy e le conseguenze che in Roma tennero dietro all'azione dei Gracchi.

E' evidente infatti come Gracchi e Kennedy affrontarono la missione assumendo ruoli diversi in termini cronologici nelle rispettive realtà e ne perseguirono gli obiettivi.

I Kennedy si mossero sulla base di presupposti già esistenti, tentando di portare a compimento istanze di solidarietà sperimentate prima da altri soggetti nella antecedente metà del loro secolo.

I Gracchi invece si improvvisarono come veri e propri precursori di un nuovo corso politico che si sviluppò poi in straordinaria vitalità innovativa nella Repubblica di Roma antica.

A te quindi la facoltà di intervenire, Presidente Thomas Jefferson, ed a te subito dopo, Avvocato Marco Tullio Cicerone.

Vogliate svolgere un ufficio di mentori eccellenti rispettivamente per i Kennedy ed i Gracchi.

THOMAS JEFFERSON – Grazie ancora Platone per la disponibilità con cui mi concedi di riallacciarmi al discorso in esordio e di svilupparne i contenuti in più articolata retrospettiva.

Intendo premettere innanzitutto che la Dichiarazione di indipendenza (4 Luglio 1776) precedette di tredici anni la Dichiarazione dei diritti dell'Uomo e del Cittadino in Parigi e mi preme sottolineare che gli Stati Uniti non nacquero da una vera e propria rivoluzione.

Negli Stati Uniti settecenteschi infatti nulla sussisteva da sovvertire e ricostruire. Non vigeva il tipico sistema europeo basato sul privilegio di marca feudale, o *ancien regime* che dire si voglia, come da secoli imperversava nella contemporanea Francia monarchica.

L'America del diciottesimo secolo non conosceva squilibri ancestrali fra categorie sociali dominanti e subalterne, né discrasie di ricchezza e povertà, né influenza di privilegi nobiliari consolidati, né corrosiva disparità fondata su un predominio classista.

Solo il puro anelito alla libertà e all'indipendenza dalla madre patria Gran Bretagna, gelosa delle prerogative di superpotenza colonialista, condusse a proclamare l'indipendenza, prima, e la Costituzione poi, nel pensiero dei Padri fondatori, fra i quali mi onoro di essere stato il Presidente nel 1776.

Ciononostante non oso negare il contributo illuminista pervenuto a noi americani dal vecchio continente ed offerto alla causa dei coloni ribelli, ma l'impronta di quella matrice originaria si conformò nelle colonie inglesi della costa atlantica in una versione di stampo nuovo, americano direi.

L'ispirazione adottata negli Stati Uniti d'America invero ritrasse il proprio alimento non proprio dai venerati maestri francesi Voltaire e Montesquieu, bensì dall'inglese John Locke, un filosofo antesignano dell'illuminismo arcaico seicentesco, e quindi assimilò in archetipo non la rivoluzione francese ma quella precedente rivoluzione inglese che attribuì infine al paese un regime di monarchia costituzionale, non senza avere prima mandato alla forca un re.

Esprimo le considerazioni secondo uno schema di obiettività storica, tuttavia consentitemi anche di precisare che il mio personale giudizio sugli eventi era assai diverso. Mi sentivo orientato infatti su tendenza filo francese, vale a dire simpatizzante per la rivoluzione vincente in Parigi contro il regime assoluto borbonico.

Me ne entusiasmai soprattutto quando, in funzione di ambasciatore in Francia, assistetti all'umiliazione di re Luigi XVI° che fu costretto ad indossare il berretto frigio e confessare le sue colpe di fronte ai delegati del terzo stato riuniti nell'Hotel de Ville.

Così ne riferii al mio governo "è passata un'ammenda onorevole che nessun re aveva mai fatto, né alcun popolo mai ricevuto".

Io fui d'altronde fondatore del partito repubblicano che ai miei tempi venne denominato "democratico" proprio per le propensioni al mito imperante della rivoluzione francese. Quel medesimo partito che si trasformò a metà del XIX° secolo nell'attuale partito democratico. Il vostro partito, fratelli Kennedy.

Quindi, anche per l'affinità di pensiero che ci unisce, accolgo con piacere l'onere che Platone mi assegna di "mentore eccellente".

Superando comunque le concezioni personali voglio rammentare che, se John Locke riporta senza dubbio a te, Jean Jacques Rousseau, per aspetti attinenti alla bontà innata dell'uomo e al contrattualismo sociale, invero solo la genuina impronta americana fu determinante nell'evoluzione della democrazia degli Stati Uniti d'America.

Devo considerare pertanto che l'esperienza illuministica americana si basò soprattutto sull'amore per la scienza, la ragione, il progresso, sul fondamento di un solido pragmatismo e utilitarismo economico.

Essa rimase aliena dalle astratte speculazioni filosofiche, patrimonio della vecchia Europa, come del resto attestano e confermano la vita e le opere del più rappresentativo entro la cerchia dei Padri fondatori: Benjamin Franklin, inventore del parafulmine e delle lenti bifocali.

Anche il visconte Alexis de Tocqueville del resto, ospite in America vent'anni dopo il mio transito presidenziale, affermò che non esiste la rivoluzione americana: "America è un paese in cui la rivoluzione sociale sembra avere raggiunto i limiti giacchè essa si è compiuta in modo semplice e può lecitamente sostenersi che il paese stesso gode i benefici della rivoluzione senza averla attuata".

In sintesi Tocqueville espose magistralmente la serie degli eventi che si svilupparono conducendo infine all'egemonia mondiale degli Stati Uniti: "gli emigranti in America liberarono il principio democratico dai lacci contro cui lottava nella vecchia Europa, lo trapiantarono nel Nuovo Mondo dove ha potuto crescere ed evolversi pacificamente".

Ma, per tornare ora al vostro secolo ventesimo, fratelli Kennedy, con un balzo in avanti nel tempo di oltre 150 anni, nell'intento di dare seguito alla direttiva espressa di Platone volta a definire i precedenti storici alla vostra opera politica, io comincerò rammentando che non fosti tu, John, il più giovane Presidente degli Stati Uniti.

La palma infatti spetta, per un solo anno, a Theodore Roosevelt, un repubblicano novecentesco, cioè avversario dei miei repubblicani in origine, il quale, già Vice Presidente, subentrò al Presidente in carica William

McKinley, assassinato nel 1901. Dopo il mandato interinale Theodore Roosevelt fu rieletto a pieno titolo nel 1904.

Su di lui è opportuno rammentare l'ambivalenza di politico il quale, seppure appartenente al nuovo partito repubblicano pervaso di netta ispirazione conservatrice, risultò per molti aspetti orientato piuttosto in senso progressista.

Egli invero amava conclamare che il metodo hamiltoniano si sarebbe rivelato necessario per raggiungere mete jeffersoniane, accreditando così le tendenze di primo sistema bipartito settecentesco americano, suddiviso tra federalisti e repubblicani rappresentati da Hamilton e me, nonché sussumibili tra destra e sinistra.

Destra e sinistra, secondo la tua convenzionale accezione, Plutarco, convissero nel pensiero di Theodore Roosevelt e si espressero, da un lato, in conflitto pervicace contro gli industriali per l'affermazione del nascente sindacalismo, da un altro lato, nell'attenzione rivolta ad agevolare istanze nazionaliste nei settori economico e finanziario.

Tale ambivalenza d'altronde rappresenta da sempre una prerogativa tipicamente americana. Theodore Roosevelt, per esempio, sostenuto dai conservatori repubblicani, seppur sospetto di progressismo, non sempre si preoccupò di attenersi alle direttive di partito eppure mai venne meno al fondamentale credo patriottico.

Una caratteristica costante dei Presidenti degli Stati Uniti.

Come Roosevelt, infatti, seguirono altri Presidenti, democratici e di schietta ispirazione *liberal*, la corrente che più di ogni altra realizza le inclinazioni sinistrorse negli Stati Uniti, i quali, pur perseguendo politiche interne ispirate alla solidarietà sociale, mai scordarono la priorità assoluta dell'essere americano.

Si tratta in realtà di un punto fermo: qualsiasi Presidente degli Stati Uniti è americano, innanzitutto, e poi, in correlativa subordinazione, potrà eventualmente agire seguendo dettami di destra o di sinistra.

Tale merito è dovuto a Ronald Reagan oppure a Bill Clinton, come a Richard Nixon, Lyndon Johnson, Barack Obama, ma in particolare a voi Kennedy deve essere riconosciuta la pura ansia patriottica nella ricerca della giustizia e dell'equità sociale, come del resto a un altro Presidente, lontano parente di Theodore: Franklin Delano Roosevelt. La sua immagine è talmente importante nel secolo ventesimo che un tratto dedicato deve essere svolto con particolare attenzione.

Non ricordi, John, il tuo primo incontro con lui? Quando da giovane, promettente sottosegretario alla Marina, venne in visita a papà Joe e tenne te bambino per un po' sulle ginocchia?

Chi avrebbe immaginato allora che nell'idilliaca riunione di famiglia fosse inserito un grazioso quadretto *in fieri* di due futuri e importanti Presidenti degli Stati Uniti d'America nel ventesimo secolo?

Roosevelt inaugurò il *New Deal* senza averne un'idea precisa, come d'altronde anche tu, John, inventasti il mito della *New Frontier*, un mero slogan elettorale consono alla tua figura di giovane rampante.

E sia detto senza offesa, naturalmente, giacchè non intendo affatto disprezzare l'abilità politica e strategica del sapersi adattare in ruoli creati dai professionisti dell'immagine.

Ma, oltre a opportunismo di propaganda che distinse te e Roosevelt, sono convinto che l'impronta storica di due Presidenti, incontratisi in diverse età, presenti non tanto il sentore di mera coincidenza, bensì un autentico e marcato spessore caratteriale.

Voi sì foste entrambi personaggi destinati a memorabili imprese e, al tempo stesso, presentate una stupefacente somiglianza sia per origini sociali aristocratiche, sia per la precaria salute, sia nei metodi, sia nel patrimonio ideologico in contrasto all'estrazione familiare.

Qualcosa di più profondo, infatti, rispetto alla formula suggestiva nei discorsi programmatici, accomuna Roosevelt a te, John, per quanto egli non fu in seguito amico per papà Joe e per la famiglia Kennedy in generale (meno che mai lo fu Eleanor, la consorte di Franklin ed epigono liberale del marito sino ai tuoi anni sessanta).

Le analogie premonitrici fra voi spiccano già nell'origine familiare. Come te, John, Franklin proveniva da illustre famiglia trapiantata nel Nord Est degli Stati Uniti. Un nucleo di genesi olandese tuttavia, ed appartenente già alla prima ondata seicentesca di immigrazione nel Nuovo Mondo, ovvero alla progenie che fondò Manhattan ed edificò New Amsterdam, venduta poi agli inglesi e rifondata in New York.

Se mai sussistesse senso compiuto nel definire aristocratica la natura di una famiglia americana, l'appellativo compete per certo all'antica stirpe dei Roosevelt, più che non ai Kennedy, immigrati irlandesi di provenienza più recente e inseriti nel tessuto sociale statunitense con ben maggiori difficoltà.

A parte tuttavia un ipotetico lignaggio nobiliare, Franklin, come te, visse in opulento e spensierato benessere economico.

A trentotto anni però fu colpito dalla poliomielite che lo condannò in sedia a rotelle per il resto dei suoi giorni e si trattò nel suo caso di invalidità ben più grave rispetto ai tuoi ricorrenti mali di schiena.

Nella comune avversità peraltro si consolidò per entrambi l'indomita resistenza determinata a superare tali carenze fisiologiche in serena tolleranza ed a puntare sulle più ambiziose mete, sino a raggiungere la Presidenza degli Stati Uniti.

Roosevelt vi giunse nel 1932 dopo un transito in Senato e alla carica intermedia di sottosegretario alla Marina nonché in quella ancor più prestigiosa di Governatore nello stato New York.

Il primo mandato presidenziale venne rinnovato nel 1936, nel 1940, nel 1944, sinchè, interrotto quest'ultimo dalla morte sopravvenuta in Aprile 1945, subentrò il Vice Presidente in carica Henry Truman.

Costui fu a sua volta eletto nel 1948, sino ai due mandati consecutivi per Eisenhover 1952/1960, anno della tua campagna elettorale, John.

In riferimento al periodo trascorso in Casa Bianca, ultradecennale per Roosevelt e neppure triennale per te, Roosevelt fu un precursore tuo, John Kennedy, per una particolare attenzione dedicata al ruolo della stampa nell'attività politica e per spirito non accentratore che favorì la scelta di collaboratori eccellenti nei rispettivi *brain trusts*.

Infine, come voi due fratelli Kennedy, ma a questo proposito includo pure voi Gracchi, Roosevelt optò per la via democratica e riformista in politica nonostante la brillante collocazione sociale di famiglia per l'ascendenza aristocratica.

Ma esaminiamo ora il *New Deal* come segnale di solidarietà sociale, importante tratto di storia statunitense: una creatura di Roosevelt che produsse non poca influenza anche sulla tua gestione, John.

Nietzsche lo ha ricordato parlando della sua Germania ottocentesca: negli anni trenta del ventesimo secolo i popoli dell'occidente videro una crisi economica devastante che, come mai accaduto prima, pose in discussione l'intero sistema finanziario capitalistico fondato sulle teorie liberiste fiorite dall'illuminismo settecentesco.

L'eccezionale congiuntura sorse negli Stati Uniti ove, dopo tempi di espansione economica tale per cui gli anni venti vennero denominati con nostalgia anni ruggenti, la Borsa di Wall Street crollò nel fatale giovedì nero 24 Ottobre 1929.

L'episodio, non privo di analoghi precedenti seppure meno eclatanti, segnò l'inizio di una depressione autoalimentata ed irreversibile che avrebbe coinvolto, con la disoccupazione e la miseria generalizzata a tutti i livelli sociali, sia Stati Uniti che Europa.

Il Presidente in carica, Herbert Hoover, un repubblicano, affrontò la situazione con il vigore e l'esperienza necessari ma non si adattò mai alla necessità di accollare oneri di intervento diretto al governo.

Puntò piuttosto a promuovere una collaborazione tra l'imprenditoria industriale e amministrazioni locali. Ma soprattutto Hoover escluse ogni competenza governativa nel campo assistenziale in favore dei disoccupati e dei nullatenenti, addirittura disponendo la repressione militare sulle manifestazioni di piazza tenutesi a Washington.

Per siffatto decisionismo pagò un prezzo severo in impopolarità alle elezioni del 1931 da cui uscì vincente Franklin Delano Roosevelt.

Quattro mandati presidenziali diedero agli Stati Uniti tredici anni di amministrazione Roosevelt, caratterizzati in una prima saliente fase dalle problematiche economiche interne e quindi, in seconda fase più breve ed intensa, da uno stato di guerra dilagante ed esteso sul fronte europeo, contro il nazismo, e del Pacifico, contro i giapponesi.

Al contrario del suo predecessore Herbert Hoover, il quale non volle imporre alla Federazione o singoli Stati alcun onere per la soluzione della crisi, con il nuovo corso Roosevelt impresse nell'economia una tendenza orientata al massiccio intervento statale ed alla solidarietà. I suoi provvedimenti furono numerosi ma diluiti negli otto anni dei primi due mandati. Tra di essi appare doveroso menzionare almeno i più significativi per l'incidenza in campo sociale: il *National Labour Act* ed il *Social Security Act*.

Con il primo citato, specie di Statuto dei Lavoratori *ante litteram*, fu riconosciuto alle organizzazioni sindacali il potere di contrattazione collettiva nei confronti dei datori di lavoro.

Con il secondo nacque un sistema di previdenza e assistenza sociale obbligatoria a carico della Federazione statunitense o dei singoli stati nei settori di pensione per la vecchiaia e sussidi di disoccupazione.

Si trattò di interventi limitati invero, e spesso non efficaci in termini di risultati, o di equa distribuzione fra i destinatari, ma ai quali deve essere riconosciuta forza di impatto rivoluzionaria nell'ambito di una società votata al liberismo economico estremo.

Tuttavia, malgrado il calo della disoccupazione e della povertà negli Stati Uniti, la depressione non risultò affatto sconfitta dal New Deal di Roosevelt quanto piuttosto dall'imponente ripresa entro l'industria degli armamenti che alimentarono la rivincita degli eserciti alleati contro il nazismo.

Sulla politica sociale interna, il Presidente "aristocratico" Roosevelt credeva nel riformismo sociale ma non fu certo un dottrinario puro. Egli amava definirsi uno sperimentatore ma i nemici lo tacciarono di comunista, se non di antiamericano: epiteti offensivi quanti altri mai nella cultura statunitense, e che d'altronde neppure a voi Kennedy furono risparmiati. Sulla segregazione razziale poi, in principio conforme di solidarietà, Roosevelt mantenne a cuore la povertà diffusa tra la gente di colore, giacchè egli adottò alcuni provvedimenti in merito, più simbolici che reali peraltro, mentre il vostro impegno, Kennedy, fu superiore.

La seconda serie dei mandati di Franklin Roosevelt fu caratterizzata dalla seconda guerra mondiale che travolse le difficoltà economiche e, paradossalmente, rimediò alla grave depressione grazie all'enorme incremento dell'industria bellica.

Roosevelt, contrastò sempre i neutralisti a oltranza e si impegnò per l'intervento degli Stati Uniti assai prima dell'attacco giapponese a Pearl Harbour e le dichiarazioni di guerra dall'Italia e Germania.

L'epilogo della guerra però, con l'impiego dell'ordigno atomico sul Giappone, venne affidato in gestione interinale a Henry Truman, la cui permanenza elettorale preluse alla nascita dei blocchi mondiali Est ed Ovest ed alla guerra fredda.

La morte del dittatore sovietico Josef Stalin, avvenuta nel 1953, non sminuì il timore diffuso ed il senso di angoscia latente nella pubblica opinione degli Stati Uniti di fronte alla prospettiva di un'altra guerra mondiale combattuta con le micidiali armi nucleari.

Anche per questo motivo Eisenhover e l'*establishment* repubblicano del Congresso, accreditati per una tendenza ideologica di maggiore reattività contro le minacce comuniste, mantennero la maggioranza congressuale e la Casa Bianca per otto anni.

I democratici a loro volta, sconfitti nella persona di Adlai Stevenson contro Ike Eisenhover, si giustificarono per quelle mancate occasioni addirittura menandone un vanto: essi affermarono che tali battute d'arresto (1952 e 1956) attestavano una loro candida ed encomiabile anima fondamentalmente pacifista in un mondo che sembrava ormai destinato all'olocausto nucleare.

Ma non appaia questa una critica impietosa, giacchè anch'io fui un pacifista, seppure non esitai a cimentarmi nella guerra contro i pirati libici che contrastavano i nostri commerci nel Mediterraneo.

E nel 1960 pervenne infine la tua occasione, John, atta a riabilitare in qualche modo quell'immagine scaduta e perdente del nostro partito attraverso un approccio nuovo in politica internazionale.

Tu desideravi sinceramente la pace mondiale nelle fasi critiche della guerra fredda, come spicca da uno dei tuoi più celebri discorsi: "tutti noi abitiamo questo pianeta e respiriamo la stessa aria, tutti crediamo nel futuro dei nostri figli e siamo mortali."

Tuttavia non trascurasti l'opzione militare come un valido deterrente psicologico, e del resto altrettanto può dirsi di te Robert Kennedy, a cui il contesto insidioso di avanzata guerra nel Vietnam caratterizzò la corsa alla Casa Bianca in difficile equilibrio tra le istanze di pace e l'onore patriottico.

PLATONE – Grazie, Thomas, ed ora a te la parola, Marco Tullio.

MARCO TULLIO CICERONE – Non potrei dirmi entusiasta quanto te, Jefferson, nell'assumere l'ufficio di mentore di voi Gracchi, giacchè vi si oppone, innanzitutto, una condizione anagrafica diversa, posta cioè al contrario rispetto alla sequenza cronologica che sussiste tra te, Jefferson, ed i Kennedy, cosa che mi sembra già molto rilevante. Tu infatti fosti predecessore storico di oltre cento cinquanta anni per John e Robert mentre io nacqui dopo appena sedici anni dall'attività decennale di Tiberio e Caio, e peraltro la mia giovinezza e maturità, umana e politica, si svilupparono nel secolo successivo, epoca in cui il seme della rivolta popolare introdotto nel corpo della Repubblica da voi Gracchi diede i suoi frutti velenosi.

Se pertanto tu, Jefferson, ti ritrovi in grado di valutare l'epopea dei Kennedy attraverso un'ampia visuale proiettata in avanti nel tempo, tale da consentire un'autorevole serenità di giudizio, io che invece fui posteriore ai Gracchi, e per di più entro un arco temporale minore in proporzione di uno a dieci, non sarei titolato ad assumere un ruolo di mentore se non avvalendomi di risibile enfasi paternalistica che non intendo assumere, né qui né altrove.

Il tempo è sì flessibile per noi in questa serata, però non possiamo ignorarne la stringente logica naturalistica.

Esiste poi un'altra ragione che mi indurrebbe a ritrarmi, vale a dire un'avversione politica tale per cui già vi ho rivolto espressioni non amichevoli nel corso del dibattito.

L'onore di parlarvi tuttavia, di rievocare l'impronta alla mia epoca, è considerevole, pure nell'incompatibilità che ci divide.

Mi accingo dunque, come desideri Platone, a tornare sulla complessa serie di eventi che, dalla restaurazione aristocratica conseguita alla meteora rivoluzionaria graceana, condussero infine al tramonto della Repubblica, conscio di quanto vi sia stato coinvolto in prima persona e parte attiva di uomo politico.

Occorre premettere alla mia rassegna innanzitutto che la ripartizione ideale fra destra e sinistra, proposta da Plutarco come un riferimento sommario del nostro procedere, si delineò in Repubblica sulla traccia delle lotte tra patrizi e plebei, ma ciò che in seguito ne concretizzò in parti definite l'essenza fu proprio l'irrompere sulla scena politica di voi fratelli Gracchi.

Voi, primi leader *populares* opposti agli *optimates*, in permanente antitesi che pervase la mia Roma sino all'impero, in lotta fratricida fondata sull'adesione o il contrasto a quello che proprio voi faceste in origine della sovversione più sconsiderata.

La tradizione appare propensa a classificare i termini di *optimates* e *populares* come fazioni spontanee classificabili al fine didattico nel binomio composto dai poli rivolti alla conservazione dello status quo connaturato ed al progresso innovativo, accreditando così la proposta di Plutarco.

Io però non sono affatto d'accordo con siffatta interpretazione delle cose e preferisco cogliere il criterio distintivo tra quegli embrioni di partito in contenuti meno superficiali che oserei definire piuttosto di carattere etico e morale.

Se per un verso, infatti, era del tutto ignoto alla mia epoca il concetto astratto di ideologia, altresì la filosofia e la scienza politica erano presenti in Roma per l'influenza proveniente dalla Grecia e, come scrissi all'amico Pomponio Attico nell'evidenziare la presenza della diarchia nella Repubblica, segnai la distinzione non sui diversi modi adottati in gestione pubblica ma su intenti eugenetici volti a cercare l'approvazione dei migliori piuttosto che quella del popolo.

Ora io mi rendo conto che tale espressione potrebbe essere fraintesa, se non tacciata di deteriore ambiguità avvocatesca, e perciò vi prego di concedermi credito se affermo che per migliori cittadini intendevo i *boni viri*, coloro ai quali stava davvero a cuore la salute dello Stato, anche se non membri dell'aristocrazia senatoria.

Io stesso d'altronde non appartenevo alla casta elitaria romana, anzi, venivo dalla campagna arpinate, già acquisita in sfera di influenza romana con il riconoscimento dei più ampi diritti civili.

Ero cioè *homo novus*, come il mio compaesano Mario, che menziono perché dal suo transito prende le mosse uno sviluppo che portò allo sfacelo della Repubblica.

Iniziò proprio allora infatti, all'alba del primo e ultimo secolo avanti Cristo, nel contrasto fra gli *optimates* e *populares*, il concatenarsi di eventi generato dalle personalità dominanti e gregarie caratteristiche della romanità, tale per cui il secolo si rivelò il più devastante ma al tempo stesso affascinante passaggio della storia di Roma.

Appiano, con il trattato sulle guerre civili, offre un affresco di quel drammatico periodo e, naturalmente, inizia proprio da voi Gracchi, e dalle vostre sovversive istanze che, riprese entro diverse strategie e modalità operative, contaminate peraltro dal desiderio personale di gloria sempiterna e potere, tornarono sanguinose con Mario e Silla, Pompeo e Cesare, Marco Antonio e Ottaviano Augusto.

Mario dunque fu un abilissimo condottiero militare formatosi sotto la guida di Scipione l'Emiliano all'assedio di Numanzia e di Quinto Cecilio Metello in guerra giugurtina ma, pur non essendo portato, si cimentò anche in politica e, grazie al prestigio acquisito sul campo di battaglia, divenne console per ben sette mandati.

Militò sempre con i *populares* e, alleatosi con il tribuno della plebe Lucio Apuleio Saturnino, il quale tentò di rinnovare le vostre riforme agrarie e coloniali, fratelli Gracchi, consolidò la propria posizione di campione dei *populares* contro l'oligarchia senatoria.

L'egemonia aristocratica peraltro si rivelava sempre più debole per i rovesci militari, a cui Caio Mario infine pose rimedio con la cattura dell'indomabile nemico Giugurta in Numidia ed in seguito con le vittorie contro i Cimbri e i Teutoni, popoli del Nord che riesumarono la minaccia di invasione in Italia.

Il punto essenziale di rilevanza da attribuirsi a Caio Mario in ordine al mio *excursus*, tuttavia, fu la riforma dell'esercito, un audace atto innovativo per cui il conflitto tra *optimates* e *populares* assunse una dimensione nuova, neppure immaginabile da voi Gracchi.

Il metodo di arruolamento che vigeva a Roma sin dalla vostra epoca, Gracchi, si fondava su base censuaria per cui i cittadini prestavano il servizio militare in funzione dell'appartenenza a classi differenziate per patrimonio. I meno abbienti erano estromessi e tu stesso, Tiberio, concepisti la riforma agraria anche al fine di risollevare le sorti dei piccoli proprietari, spina dorsale dell'esercito.

Ma l'enorme e variegato impegno bellico all'epoca di Mario esigeva provvedimenti radicali, idonei a superare gli espedienti occasionali e tendenti a tollerare deroghe più o meno ampie all'assegnazione dalle classi. Mario ruppe gli indugi e, da console, cominciò ad arruolare i soldati ignorando il criterio di appartenenza classista.

In questa maniera si affermò un esercito composto da professionisti volontari, permanente e strettamente legato alle sorti del comandante per il compenso che i militi avrebbero potuto ottenere da campagne vittoriose consistente nell'assegnazione di ubertose terre da coltivare e soprattutto nella spartizione del bottino di guerra.

La fedeltà al generale condottiero divenne perciò la motivazione più importante del soldato, al punto che un comandante vincente, con la forza delle armi schierata dalla sua parte, avrebbe potuto avvalersene per dettare le proprie condizioni alla gestione legittima del governo, vale a dire al Senato.

Caio Mario, comunque, non sfruttò siffatte occasioni, ma con Silla, Pompeo, Cesare, il metodo di intimidazione armata adottato contro il Senato divenne un'abitudine, cosa che portò alla fine dell'egemonia senatoria, dominante sino all'epoca vostra fratelli Gracchi, quando un generale vincente doveva presentasti in Senato con il cappello in mano a riferire, e chiedere l'autorizzazione per il trionfo.

Quando poi un generale era appartenente alla fazione dei populares, quasi per ancestrale vendetta l'autorità morale del Senato risultava in misura maggiore sminuita.

Tale sistema si consolidò nella Repubblica come frattura insanabile che intervenne dopo il vostro tentativo, fratelli Gracchi, fondato sì sulla demagogica forzatura della furia imperante nei comizi popolari ma non per certo sulla pressione militare armata. Settore importante di cui non aveste mai il controllo.

Fu soltanto dopo di voi infatti che tutte le riforme, soprattutto quelle di distribuzione terriera, competenze giurisdizionali penali, poteri dei magistrati, risultarono non più trattate in opportuna sede legislativa bensì imposte dai generali ambiziosi e spregiudicati con l'appoggio delle legioni, che proprio per tale scopo non venivano congedate alla fine delle imprese militari ma tenute in armi nel cuore di Roma.

Lucio Cornelio Silla inaugurò quel nuovo corso e, seppure orientato in favore degli *optimates*, talché attribuì al Senato un po' dell'antico prestigio, si proclamò in seguito dittatore a vita cancellando di fatto il Senato e costituendo le premesse al principato, salvo ritirarsi poi a vita privata e morire a sessant'anni nel proprio letto.

Crudele e dissacrante, come pochi altri nella Storia, Silla commentò lo scherno del popolo che circondava la sua lettiga in partenza per la pacifica pensione nella sontuosa villa di campagna:

"Che razza di imbecilli! Non si rendono conto che dopo una cagnara così becera non ci sarà mai più un dittatore disposto ad abbandonare il potere per libera scelta".

Appartenente a un ramo minore dell'eccellente *gens Cornelia*, Lucio Cornelio Silla crebbe all'ombra di Caio Mario in guerra giugurtina e nelle campagne contro i Cimbri ed i Teutoni.

Quando Mitridate, il re del Ponto (regione del Nord Est dell'Anatolia e affacciata sul Mare Nero), si lanciò in una campagna d'aggressione verso occidente, sterminando i mercanti italici dell'Anatolia e quindi invadendo la Grecia, Il Senato stabilì di assegnare a Silla il comando della spedizione punitiva contro l'impudente satrapo orientale.

Mario, all'epoca settantenne, instaurò quindi un complotto con gli alleati *populares* sinché per opera di un tribuno della plebe ottenne la revoca dell'incarico e l'assegnazione a sé stesso del comando per la guerra in Oriente contro Mitridate.

Silla però, in viaggio verso la Puglia per l'imbarco, girò sui tacchi e tornò minaccioso a Roma con sei legioni, le più fidate.

Fu proprio questa la prima rivolta dell'esercito contro il Senato, ma non ebbe risvolti truculenti. Caio Mario, vistosi perdente in partenza, fuggì in Africa senza neppure ingaggiare battaglia, mentre Silla, una volta presi idonei provvedimenti a garantire la pace in Roma, ripartì e raggiunse l'Anatolia ove, nelle battaglie di Cheronea e Orcomeno, sconfisse Mitridate, seppure in maniera non definitiva.

Nel frattempo Mario era tornato a Roma ed aveva ripreso il controllo con l'aiuto del console Lucio Cornelio Cinna, di estrazione popolare, in opposizione all'altro console Gneo Ottavio, un aristocratico fedele a Silla, quindi si era dedicato a ribaltare per quanto possibile di tutto e di più contro l'ordine sillano, con strascico raccapricciante di stragi efferate e liste di proscrizione.

La tremenda vendetta di Silla tuttavia non si fece attendere. Essa non potè esercitarsi contro gli avversari Mario e Cinna, morti poco prima del ritorno di Silla, salvo il disseppellimento delle loro ceneri e la dispersione nell'Aniene.

Dopo la battaglia di Porta Collina contro i mariani superstiti, guidati dal console Papirio Carbone, Silla entrò a Roma vincitore e superò la ferocia di Mario sterminando gli oppositori *populares*.

Impose così la seconda restaurazione di marca aristocratica, rispetto alla prima seguita alla tua fine, Caio Gracco, e si proclamò appunto dittatore a vita.

Il regime di Silla, ispirato come fu a distruggere ogni conquista di voi Gracchi, riportò in auge il Senato.

Il corpo assembleare fu incrementato da trecento a seicento membri, ammettendo in seno chiunque avesse ricoperto sia pure la carica più bassa del *cursus honorum*, e poi di conseguenza vennero soppressi i censori, magistrati competenti a valutare l'appartenenza alle classi e quindi l'idoneità ad accedere in Senato.

Rimase stabilito, inoltre, che tutte le leggi votate in assemblea della plebe dovessero sottostare alla promulgazione del Senato mentre per i tribuni della plebe risultò soppresso il diritto di veto.

Contro i tribuni fu poi istituita la "separazione delle carriere" talché chiunque fosse stato un tribuno si sarebbe visto precluso l'accesso al cursus honorum. E infine, quasi in spregio alle tue leggi, Caio, Silla abolì le periodiche distribuzioni gratuite di frumento al popolo e la mediazione delle imposte nelle province dell'Asia

Egli ripristinò quindi ai senatori la competenza giurisdizionale da te attribuita ai cavalieri, negando persino a questi ultimi i posti riservati nelle feste e nei giochi pubblici.

E allora! Fratelli Gracchi, che cos'altro si può dire se non che Silla si diede a smantellare, in disprezzo alle aspirazioni del popolo minuto, tutto quanto da voi era stato edificato.

Ma non paia questo mio uno sberleffo contro di voi giacchè anch'io, da giovane avvocato, dovetti fuggire da Roma per avere patrocinato l'accusa contro un arrogante scagnozzo di Silla.

Il decennio che seguì alla spontanea uscita del dittatore fu gravido di eventi calamitosi per la Repubblica ed io stesso, avvocato alle prime armi, non ancora legato a filo doppio agli *optimates*, contribuii alla crisi del potere senatorio criticando i metodi di gestione in provincia con le requisitorie contro Verre, infame governatore in Sicilia.

In quel marasma degli avvicendamenti perversi fra gli *optimates* ed i *populares* cominciò allora ad emergere l'astro nascente di Pompeo, già vincente in Sicilia, in Africa, Iberia, all'ombra di Silla contro gli ultimi seguaci di Mario.

Il primo clamoroso trionfo gli venne comunque dall'avere assestato il colpo di grazia alla rivolta di Spartaco, già logorato peraltro dalle legioni di Marco Licinio Crasso.

Non è dato affermare con certezza a quale fazione aderisse Pompeo. Lo si sarebbe detto un partigiano degli *optimates*, per essere stato un favorito di Silla, tuttavia il Senato lo guardò con sospetto quando fu eletto console con Crasso, e si oppose a concedergli nuovi comandi.

Così avvenne che Pompeo ottenne l'incarico di neutralizzare i pirati del Mediterraneo grazie ad una legge proposta da un tribuno.

Il brillante successo di questa missione comportò la nomina unanime di Pompeo a generale nella terza guerra mitridatica (dopo la prima vittoria transeunte di Silla e la seconda mezza vittoria di Lucullo).

Egli quindi non solo sconfisse in via definitiva Mitridate ma, rimasto a lungo nei territori orientali, ripristinò la pace e ampliò le conquiste romane anche sul Caucaso ed in Tracia, in Mesopotamia e Palestina, sino a Gerusalemme.

Eppure, al suo ritorno, ancorché preceduto dalla reputazione del più grande comandante mai esistito, Pompeo non osò puntare al dominio assoluto che la forza delle legioni gli avrebbe assicurato, ma si fermò disciplinato in Campo Marzio, l'anticamera di Roma, e là, in attesa di autorizzazione al trionfo ed alla distribuzione di terra per i soldati, tentò di blandire il Senato per un nuovo consolato.

Il Senato, tuttavia, snobbò Pompeo ed egli cercò allora una soluzione diplomatica intuendo le potenzialità del nuovo astro nascente, Giulio Cesare, leader dei *populares* sebbene appartenente alle *gens Julia*, la prima in assoluto a Roma per lignaggio nobiliare.

Pompeo dunque rispettò la maestà del Senato ma ne ricavò null'altro che cocenti frustrazioni. Peraltro la conversione ai *populares* guidati da Cesare gli avrebbe procurato peggio che amarezze e delusioni.

Rovesci che io stesso non seppi intuire.

Entro l'alleanza infida che si costituì tra Pompeo e Crasso, integrata dal terzo incomodo Cesare, il Senato toccò davvero il fondo, e venne umiliato dalla totale emarginazione a causa di accordi fra personaggi (il triumvirato) che disponevano impuniti di consolati, di incarichi nelle provincie e comandi militari.

Proprio in quei frangenti Cesare cercò la mia collaborazione ma io riuscii a defilarmi senza offenderlo.

Tra l'altro fu ripristinata tutta la tradizionale autorità dei tribuni della plebe di cui voi Gracchi disponeste a pieno diritto.

Crasso però morì in guerra infine, mentre Cesare e Pompeo rimasero a contendere il principato *in nuce* che avrebbe ben presto demolito la Repubblica.

E diamo a Cesare quel che è di Cesare, Gracchi.

Egli conquistò la Gallia, la Germania sino alla riva sinistra del Reno, pose piede in Britannia e nelle foreste al di là del Reno, varcò infine il Rubicone armato contro la Repubblica ed il Senato, giunse a Roma e prese il potere, ma senza stragi o proscrizioni di recente memoria, e soprattutto, Gracchi, fece fuori Pompeo, di nuovo campione degli aristocratici per rivalità contro il potente antagonista democratico.

Cesare ripristinò molto del vostro lavoro sociale, Gracchi, istituendo alcune colonie in provincia e assegnandole a gente modesta, secondo la tradizione popolare da voi instaurata.

Morì infine a cinquantasei anni, tradito e assassinato quando ancora un'infinità di progetti occupavano la sua fervida mente.

Il principato tuttavia era ormai realizzato con l'adozione e la nomina di Ottaviano a suo successore.

E qui concludo, Gracchi, dando motivazione della mia tenace ostilità nei vostri confronti. Se infatti io mi attestai inizialmente su tendenze rivolte non tanto all'aristocrazia senatoria ma piuttosto alla classe dei cavalieri, da cui traevo i natali, auspicavo però convinto la *concordia ordinum*, una linea di tendenza che non avrebbe ammesso le aperture all'estremismo popolare, malattia nata da voi, Gracchi, e degenerata nella congiura di Catilina, il mio acerrimo nemico.

Tutto quel che avvenne nei termini di discordia cittadina ebbe inizio dalla vostra politica, Gracchi, seppure io non ritenga che lo avevate premeditato. Nondimeno vi domando, come potrei farvene una lode?

PLATONE – Grazie Jefferson e Cicerone per avere svolto con pregiata analisi il ruolo che avevo inteso conferire su eventi precedenti a voi, Kennedy, ed a quelli successivi a voi, Gracchi.

Pervenendo a opposte conclusioni attraverso diversi sentieri ne avete comunque riconosciuto la valenza storica.

I Kennedy infatti risultano celebrati da te, Thomas Jefferson, né del resto vedo come avresti potuto non corrispondere all'ammirazione e agli omaggi sinceri che John ti conferì i
n vita.

I Gracchi, sia pure con vaghe manifestazioni di rispetto e stima, non godono di pari elogio da parte tua, Cicerone, fiero avversario della discordia che i Gracchi, secondo te, introdussero a Roma.

Ora però, come preannunciato, disponiamoci a sentire la tua parola, magnifico Machiavelli, grande letterato del rinascimento italico, ma soprattutto maestro dell'arte politica in tutto il mondo.

NICCOLÒ MACHIAVELLI – Mi pare di capire, Platone, che tu vorresti accreditare a me un ruolo di arbitro sollecitando il mio intervento in replica subito dopo le requisitorie di coloro fra noi che rappresentano le entità politiche più possenti e incontrastate in civiltà occidentale, entrambe portavoce di strutture costituzionali consolidate in impero, di fatto o di diritto.

E' questa per me una prospettiva allettante che mi consente di pormi su un osservatorio collocato al di sopra del tempo.

Lo hai consentito già prima a Jean Jacques Rousseau, per la presenza storica lungimirante sia nel passato sia nel futuro di precursore della rivoluzione francese e al tempo stesso attivo coautore dello sviluppo che condusse all'età contemporanea.

Se al medesimo motivo si ispira un tale tuo proposito, Platone, sono lusingato di ricevere la fiducia da te giacchè, in effetti, il mio esordio politico coincise con un altro importante transito storico, vale a dire dal basso Medio Evo all'età moderna, sebbene non ne avessi allora maturato la percezione.

Io comunque non svolsi ufficio alcuno di influenza idonea a mutare le sorti di grandi nazioni o principati, né la Repubblica fiorentina e la signoria Medici, che si alternarono al potere nell'arco della mia vita, appaiono paritarie rispetto a Roma e Stati Uniti, quanto meno sotto il profilo della sterminata estensione territoriale e potenza economica.

Firenze infatti concretizzava una circoscrizione territoriale che, sia pure non insignificante nel contesto italico, con Venezia e Milano, a Nord, e con Roma e Spagna a Sud, si disperdeva nel più importante scacchiere europeo. Eppure, per altri fattori, mercantile e finanziario, culturale e artistico, Firenze rinascimentale non avrebbe alcunchè da invidiare né a Roma antica né agli Stati Uniti d'America, e neppure alle monarchie nazionali dei miei tempi.

Avvalendomi pertanto di tale eccellenza statuale, più che della mia personale esperienza, accolgo l'onore che tu mi conferisci di essere ritenuto il punto di riferimento atto a segnare un passaggio di civiltà. La sequenza evolutiva che ho descritto e la mia predilezione per la romanità introducono così un discorso in cui è possibile inserire un ipotetico elemento saliente di voi Gracchi e Kennedy: la congruenza nell'applicare nei vostri confronti il termine "machiavellico".

In merito però devo innanzitutto delineare l'essenza intima di questo aggettivo, sia per come si è ritenuto di individuarla in visione matura di pensiero colto, sia per come è percepita nell'accezione popolare, e ancora per un'interpretazione autentica che tu mi richiedi e che io vorrei sovrapporre all'immagine convenzionale cucitami addosso dai posteri più o meno malevoli.

Nel prefigurare la necessità di un approfondimento sul mio pensiero, Platone, mi avevi infatti concesso la facoltà di confutare una nomea malvagia costruita da tanti male disposti nei miei confronti, il che è contestuale all'esposizione delle mie teorie in politica.

Fra i detrattori in ogni epoca ne cito uno ad esempio estremo, non celeberrimo ma significativo: il cardinale inglese Reginald Pole, il quale affermò che il Principe era stato scritto con il dito di Satana.

In siffatta direzione si svilupparono il giudizio e la critica sulla mia opera, perpetuati nei secoli sino alla pietosa riabilitazione non solo di Foscolo e Rousseau, ma anche di Giacomo Leopardi e Francesco De Sanctis, anime eccellenti

Nessuno di loro, peraltro, è riuscito a liberarmi del tutto dall'odiosa fama. Ci proverò dunque in prima persona giacchè lo ritengo dovuto a me stesso, seppure non nutra illusioni in merito, e poi, traendo le conclusioni, mi rivolgerò a voi, Gracchi e Kennedy, per formulare la valutazione sul vostro presunto agire machiavellico in politica.

Ebbene amici, l'aggettivo in derivazione dal nome di chiunque abbia acquisito notorietà viene in genere utilizzato per qualificare quanto attiene alla storia di quella stessa persona.

Si guarda alle sue opere, allo stile, ai metodi di azione politica o di comando militare, a categorie filosofiche ideali generate da un'acuta indole speculativa, all'eccezionale fervore o fanatismo religioso, alle straordinarie prestazioni sportive, e quant'altro.

In determinati casi, però, l'aggettivo medesimo travalica la persona e le opere, si generalizza in espressione universale, idonea a delineare situazioni esemplari e modi di essere polivalenti, buoni per tutte le stagioni, assai spesso smarrendo ogni legame con la persona che ha ispirato nei posteri l'impiego non pertinente al suo pensiero.

Questo si è consolidato su me in inestirpabile abitudine inflazionata di nome rivolto in aggettivo. Machiavellico appunto, o machiavello.

Invero quasi mi sembra che tu, Platone, mi beffeggi un po' quando tacci di machiavellico il mio pensiero.

Dovresti dire machiavelliano, ovvero attinente in altro modo a me, e invece ti servi proprio di tale infame aggettivo che esprime, nella più edulcorata delle ipotesi, spregiudicata e malevola genialità, mentre, in una versione deteriore, suggerisce spregevole assenza di scrupoli, abietto opportunismo, becera astuzia, perfidia mostruosa.

Machiavello poi è diventato sinonimo di trappola, o di meccanismo truffaldino, inganno sottile, insidioso trabocchetto.

Non pochi altri personaggi storici e letterari d'altronde sottostanno allo stesso abuso perché ispiratori di un'immagine generica estesa a predeterminate posizioni.

Cito ad esempio il conterraneo, Giovanni Boccaccio, emblema della più scollacciata licenza erotica (e guarda caso boccaccesca, più che machiavelliana, è definita la mia Mandragola).

Oppure rammento il praghese Franz Kafka, adottato come il simbolo di angoscia paradossale, irreale, tormentosa e opprimente, e persino tu, Platone, quasi in antitesi a Boccaccio, appartieni alla Storia con la reputazione di sostenitore dell'amore celeste.

Non so quanto piaccia a ciascuno l'utilizzo ingannevole del proprio nome, a meno che tu, Platone, non intenda poi sciogliere la riserva per quello che ti riguarda. A me, sia chiaro, non garba per nulla.

Ma finiamola con le recriminazioni! Abbandono il malumore e torno sui miei passi per il tema che ci riguarda, e quindi per celebrare la fama dei nostri anfitrioni, se meritevole.

Indaghiamo ancora pertanto entro la filosofia politica, applicandovi il metodo proposto da Plutarco sulla sostanza delle etichette, destra e sinistra, ammesso che realmente essa esista, e verifichiamo quindi se sussista la concreta attitudine delle corrispettive linee tendenziali.

E mi riallaccio a te, Jean Jacques Rousseau, poiché ritengo in effetti basilare il postulato che hai introdotto alla tua articolata esposizione, vale a dire una necessità di definire l'essenza intrinseca della natura umana, di cui Platone ha rimarcato l'importanza, e al riguardo voglio enunciare come la mia teoria induca ad un pessimismo cosmico non dissimile da quello di Thomas Hobbes, dal quale, Jean Jacques, hai ritenuto di prendere le distanze.

177

Io scrissi nel Principe, in chiusura al capitolo diciassette, che l'uomo è per natura malvagio, ingrato, dissimulatore. Fugge il pericolo ed è avido di guadagno, nonché propenso a dimenticare l'assassinio del padre più che non la perdita del patrimonio. In ogni caso il motivo che lo sospinge è l'interesse e non i valori più altruisti e nobili.

Di fronte a simile cruda evidenza decadde per me ogni illusione e fu così che maturò dalla mia opera un conflitto tra la realtà effettuale, come si presenta nel proprio essere, e l'utopia del dovere essere.

Quanto meno nella triste e squallida contingenza fiorentina ed italica dei miei tempi, e ciò non lasciava presagire alcunchè di buono.

Ecco dunque la contraddizione tra male transitorio, ma ineluttabile, di un principe forte, astuto, crudele, temuto, eppure votato alla causa dello Stato, ed il bene auspicabile di una Repubblica democratica in cui possano trionfare pace e libertà a presupposto dell'equità sociale. Questa è l'essenza sommaria del mio pensiero che venne prevaricata nell'aspetto virtuoso dalle contingenze talché, ribadisco, fui costretto ad interrompere le riflessioni in corso nei discorsi sulla prima Deca di Tito Livio e, considerata l'urgenza impellente di tempi difficili, a darmi in alternativa alla stesura del Principe.

Stimai necessario dedicarmi in fretta e furia alla ricerca di qualche rimedio concreto per l'Italia piuttosto che a inoperose elucubrazioni e, nella mia foga patriottica, giunsi al punto di lodare Cesare Borgia, cinico e malfido Duca Valentino, a cui le armi e l'inganno, la ferocia e l'influenza politica di Roma pontificia e di Francia, permisero per un breve periodo di aspirare al potere assoluto in Italia centrale.

Lascio a voi, convitati, il compito di sviluppare altre considerazioni sull'equità sociale, e quindi catalogare il mio pensiero in ideologia di destra o sinistra, poiché io, francamente, incontro qualche difficoltà nel rintracciare appigli dialettici idonei.

E del resto, nel contrasto tipicamente medioevale tra politica ed etica che intesi risolvere ignorando l'etica in politica, mi risulta altrettanto difficile, in termini di equità sociale, stabilire se un aiuto alla classe dei meno abbienti, lo schierarsi in loro favore, una pratica per certo lodevole e perseguita da voi Gracchi e Kennedy, non conduca invece all'effetto contrario. Non contribuisca cioè, anche in forma indiretta, alla marginalizzazione di quella classe che si intende promuovere ad un gradino più alto.

La nostra disputa procede in simposio questa sera ma non è ancora matura per una risposta adeguata a quest'ultimo mio quesito, pure in ordine alla vostra posizione, Gracchi e Kennedy.

Per quanto concerne invece la presunta o presumibile configurazione machiavellica nella vostra esperienza politica, così come per me ho respinto la disinvolta, futile e frettolosa incomprensione dei posteri, allo stesso modo mi appare incongruente applicare a voi la formula, qualora intesa nella modalità deteriore, mentre, in altri termini di più ampio respiro, è necessaria qualche realistica considerazione.

Non ravvedo, infatti, nella vostra breve ed intensa avventura politica, tratto alcuno in cui foste costretti a calpestare norme etiche e quindi assumere una condotta riprovevole al fine di tutelare la bieca ragione di stato, anzi, sono propenso a ritenere che in determinate occasioni il vostro innato idealismo e dirittura morale in realtà abbiano remato contro voi stessi, rendendovi spesso vulnerabili agli avversari.

L'aggettivo derivato dal mio nome non vi si addice, almeno non nel senso comune che ho evidenziato, ma in corretta accezione voi foste machiavelliani, per la virtù con cui fronteggiaste le situazioni.

Mi riferisco per esempio ai tortuosi rapporti istituzionali e personali che la carica di Presidente degli Stati Uniti d'America impose a te, John Fitzgerald Kennedy, nei confronti di un personaggio importante che merita per certo qualifica di machiavellico in accezione comune: Nikita Chruščëv, naturalmente, il leader sovietico fedele allievo di Stalin, che edificò il successo sulla demitizzazione del maestro, ma non resse infine alle critiche dei maggiorenti di partito.

Tutto ciò si converte in onore alla vostra icona, Gracchi e Kennedy, pragmatici gestori entro le organizzazioni in cui vi trovaste ad agire. Io, funzionario pubblico scrivano fiorentino, lo devo a voi.

PLATONE – Perdonami Niccolò se, dando le sequenze, ho tacciato di machiavellico il machiavelliano pensiero. Hai ritenuto di mantenere in memoria l'espressione così indelicata nei tuoi confronti per farmi osservare che neppure io vado esente da insinuanti generalizzazioni.

Mi inviti altresì a parlarne ed io non intendo tirarmi indietro, anche perché si presenta in questa via l'occasione di trasfondere nel nostro simposio il tema adottato alla base del "simposio" per antonomasia, ovvero il mio dialogo, in cui Socrate ed altri intellettuali dell'epoca disquisiscono sull'amore.

Dalla loro discussione, in parte puntualizzata sul dualismo tra amore celeste e amore volgare, e soprattutto dal monologo conclusivo del maestro Socrate ispirato dalla sacerdotessa Diotima, emerse più tardi nel Medio Evo quell'idea di amore platonico entro il quale si esclude ogni tema legato alla passionalità. Ma invero anche ciò è fuorviante giacchè io non trascurai affatto altri tipi di amore "volgare".

In letteratura toscana comunque ne derivò l'impronta del Dolce Stil Novo, l'adamantina purezza di un tipo d'amore ideale che nacque tra Dante e Beatrice, Francesco e Laura, Giovanni e Fiammetta, peraltro in diverse manifestazioni tra loro.

Il che in particolare conferma, ma solo in parte, la fragilità dell'altra astrazione da te citata in ordine a Giovanni Boccaccio.

E' già previsto che su di voi, Gracchi e Kennedy, si divaghi in ordine alle vostre peculiari esperienze con l'universo femminile, ma narraci ora qualcosa al riguardo, te ne prego Dante Alighieri.

Io mi fermo ricordando ancora come, nel Simposio, non sia messo al bando l'amore dedito al piacere, sia fine a se stesso o finalizzato alla procreazione, per non parlare poi dell'amore omosessuale.

Anche di questi generi si tessono le lodi, seppure ciò che scaturisce infine è la forma suprema della più pura unione spirituale.

Ma dimentichiamo infine i dispiaceri che hai lamentato tu, Niccolò, Machiavelli, poiché, se noi abbiamo subito soprusi in reputazione, la celebrità universale ci compensa ampiamente.

DANTE ALIGHIERI – Assai volentieri e con lieta attitudine, Platone, mi accingo ad accogliere il tuo invito a trattare il tema dell'amore per la donna, così come io e qualche altro amico toscano sperimentammo.

E' opportuno, tuttavia, non eccedere adesso con siffatta digressione giacchè qualcosa mi fa presagire che questo argomento verrà ripreso altrove, ancorché per diversi aspetti sul vostro vissuto, amici Gracchi e Kennedy, ed ivi lasceremo lo spazio dovuto alla donna.

Mi limito qui pertanto a Beatrice, Laura, Fiammetta, in forme ideali dell'amore scaturite sulla tua scia, Platone, in poesia del Medio Evo dalle mie rime, di Francesco Petrarca, di Giovanni Boccaccio.

Ma è evidente che il tema riguarda tutti noi convitati, voi anfitrioni Gracchi e Kennedy, ed ognuno per le proprie esperienze.

Beatrice, la musa ispiratrice, morì prematuramente ed io purtroppo non ebbi alcuna occasione di conoscerla se non per i brevi incontri casuali sul lungarno fiorentino, fatti di sguardi fugaci e timidi saluti appena accennati. Ella trasfigurò in una creatura sublime e angelica, simbolo vivente della mia passione per la filosofia, e mi accompagnò nel passaggio in Paradiso, dacché Virgilio cedette a lei il tratto dopo l'Inferno e il Purgatorio.

Laura meravigliò Francesco Petrarca, con la sua adamantina purezza, ma, al contrario di Beatrice, subì i danni portati dal tempo impietoso, sino alla morte, per risorgere infine in trasformazione non umana che caratterizzò la seconda parte del petrarchesco Canzoniere.

Fiammetta infine rappresentò la figura più evanescente giacchè non esistette. Giovanni Boccaccio idealizzò l'immagine e la rappresentò protagonista nelle opere giovanili in sintesi naturale e trascendente delle tante donne che conobbe e amò in vita.

Dalle immagini che ho evocato di Beatrice, la donna angelo *venuta in terra a miracolo mostrare*, della più reale Laura, celebrata sì come la dea eterea per spiritualità, ma anche per le chiome, il seno, le belle membra, di Fiammetta, una donna innamorata, tradita e traditrice, la configurazione del carattere femminile, nelle pieghe infinite, di certo non è completa, come ognuno può bene immaginare.

Qualcun'altra ne parlerà in rapporto a voi, amici Gracchi e Kennedy.

PLATONE – E' ammirabile, Dante, l'insigne trattazione con la quale hai introdotto un tema foriero di ulteriori ed approfonditi sviluppi.

Non trascureremo infatti la donna e il suo universo ma ne sonderemo le prerogative, intese non soltanto a complemento dell'uomo.

Ritorniamo però sui nostri passi interrotti e riprendi il tuo dire sul mondo antico, Aristotele, del quale avevi rinviato l'esame.

La disputa pervenuta a questo tratto esige l'esposizione nel seguito del tuo pensiero sulla natura umana, sull'etica nell'idea di bene e di giusto nell'agire dell'uomo, separata dalla politica se tu ritieni.

Apparirà così delinearsi un primo abbozzo sulla misura in cui possa e debba prevalere entro la società il bene e la giustizia nei termini di equità in distribuzione della ricchezza, non trascurando peraltro quel sistema, illusorio ma non disprezzabile, propostoci da Plutarco come catalogazione convenzionale in destra o sinistra.

Sono intercorse infatti nel corso delle repliche numerose divagazioni che ora vanno ricondotte ad unità, ma anche oltre a noi stessi, sino a elaborazioni proprie del ventesimo secolo e proiettabili come tali nel terzo millennio, poiché io ritengo che noi antichi dobbiamo fornire il presupposto all'analisi del bene e del giusto.

Sant'Agostino concluderà le repliche con un indispensabile apporto religioso mentre tu, Aristotele, vorrai ora esporne le premesse.

ARISTOTELE – Sono onorato in sommo grado, Platone, ma sappi che sarà mia cura astenermi dall'elaborare in termini unilaterali i temi che ci posero in contrasto sul piano filosofico in generale.

Mi limiterò quindi a seguire con scrupolo le tue istruzioni per gli obiettivi della nostra disputa.

In questo intento dichiarato mi vedo costretto innanzitutto, Niccolò Machiavelli, a rilevare un'incompatibilità nel tuo esposto rispetto al mio pensiero, ovvero la netta distinzione tra etica e politica, come tu hai sostenuto con lodevole rigore, giustificando peraltro l'opzione in vista dell'assetto politico nell'Italia rinascimentale.

Condivido però, più di quanto potrebbe Platone, il tuo atteggiamento pragmatico nel valutare gli eventi fondato sul pessimismo intorno alla natura umana.

Anche secondo me, infatti, l'uomo non è indotto alla virtù per una naturale inclinazione, bensì soltanto per timore della punizione che potrebbe derivare a lui dall'agire in modo malvagio o disonesto.

Occorre pertanto che nella comunità venga stabilito un ordinamento di leggi tale per cui il cittadino tragga l'abitudine sin dalla gioventù a conoscerle e rispettarle, adeguando per amore o per forza il proprio comportamento sia al bene comune che all'interesse individuale.

E' proprio per questo che ritengo sussista un rapporto indissolubile tra etica, ovvero condotta virtuosa della persona, e politica, condotta virtuosa della comunità, in ricerca di un legame idoneo a coordinare in bene e giustizia il comportamento dei singoli.

In questa esposizione, dunque, non perderò di vista etica e politica, seppure distinte in senso didattico nell'ambito della filosofia pratica, bensì le riterrò connesse al fine di un'analisi coerente.

Farò in modo che il concetto di equità sociale sia fondato su principi di bene e giustizia non meno che di efficienza economica, affinché il tutto non si disperda in rivoli di emozionalità retorica.

Ora comunque, attraverso sommaria retrospettiva storica, possiamo affermare senza dubbio che la sensibilità alle problematiche sociali per un'equa distribuzione delle risorse non fu patrimonio in Grecia antica, né a Roma, come neppure del feudalesimo medioevale o di Venezia, mercantile e aristocratica, e meno che mai delle monarchie assolute europee.

Purtuttavia i fermenti rivoluzionari di Francia ed il contemporaneo inizio di democrazia in America, eventi da cui derivarono le prime riforme sociali ottocentesche, non potrebbero non riconoscere, quale origine ancestrale, il prodotto della nostra *s.p.a.* (Socrate, Platone, Aristotele), fondamento dell'etica e della politica.

Noi quindi ci rivolgiamo ancora a voi, anfitrioni Gracchi e Kennedy, ed in merito vi invito ad una profonda riflessione.

Dalla socratica conoscenza di se stesso, indirizzata alla scoperta del bene per l'individuo e per la comunità, al primato assoluto dell'idea del bene, raffigurato nel sole platonico, il salvifico portatore di luce e calore all'uomo ignorante e primitivo appena uscito dalla caverna, alla Ευδαιμονια, ovvero fine ultimo di ricerca del bene, elaborato in visione critica nella mia Etica nicomachea, è dato pervenire con la definizione della giustizia in politica, elaborata in Repubblica da te eminente Platone, all'equità, che io intesi configurare come giustizia riveduta dal buon senso pratico del giusto mezzo in tutte le cose.

Io non giunsi a confrontare la mia speculazione con il tema sociale inteso in senso moderno giacchè i miei tempi non erano maturi.

Mi occupai peraltro anche di economia, seppure entro i limiti di una oculata amministrazione di risorse indispensabili alla vita orientata al bene della famiglia innanzitutto, anticipando così le tensioni e le lotte tipiche nelle comunità legate alla società attuale.

Tali furono conflitti molto più articolati e dei quali non avrei potuto delineare un'immagine, vale a dire quella di una società dedita alla produzione per lo scambio di massa e quindi per la moltiplicazione della ricchezza. Io mi occupai solo del consumo di prima necessità.

Ma nei contesti evoluti, schiere di uomini illustri del pensiero etico e politico si cimentarono per altri secoli a venire rispetto a me, mossi in sintonia o critica con noi greci del V° e IV° secolo avanti Cristo, a sviscerare l'idea del bene e della giustizia nell'intento di raggiungere lo schema di Città Ideale e definire la formula migliore contro ogni sperequazione che trae origine dalle categorie imposte in natura.

Fu soprattutto dopo il trascendentalismo religioso nel Medio Evo che l'era moderna assistette alla diffusa ricerca degli eterni concetti del bene e giusto insiti in commistione ottimale tra libertà e uguaglianza, determinanti a pacifica convivenza umana in presupposto dell'equa distribuzione delle risorse.

Noi peraltro, *s.p.a* ellenica, non fummo mai emarginati entro quella secolare crescita speculativa culturale e, d'altronde, neppure le più recenti teorie nate agli albori del terzo millennio, seppure tendano ad evitare ogni menzione della nostra influenza primordiale, riescono a trascurare i nostri principi fondamentali, etici e politici.

Ma i contemporanei studiosi nel terzo millennio, in effetti, tendono a rifarsi ad altri maestri sopravvenuti a noi nei secoli, ed in particolare a quelli fioriti nell'illuminismo come Locke, Hume, Kant, e tu stesso naturalmente, Jean Jacques Rousseau.

John Rawls, per esempio, un filosofo sociale statunitense di primario rilievo mondiale nel XX° secolo, già docente emerito ad Harvard per oltre quarant'anni, è stato uno dei pochi che si ricordò anche di me, come rappresentante della tradizione antica.

Nella sua opera sulla giustizia, intesa come equità, egli affermò che la concezione non potrebbe assolutamente prescindere dalla corretta ripartizione dei benefici sociali considerati non solo in astratto, diritti e doveri, ma anche in concreto, beni materiali.

In questo senso John Rawls riprende la mia dottrina su giustizia ed equità, accreditandosene un'approvazione che per certo non intendo negare a priori, e quindi, nell'elaborarne una prospettiva aggiornata alla globalizzazione in corso, rinnova la teoria del contratto sociale (la tua, Rousseau) immaginando un utopistico stato di natura.

In esso ogni uomo ignora le condizioni politiche e sociali nelle quali si troverà a esistere come uomo singolo nel mondo sensibile.

Stipula poi un patto con altri uomini tale per cui la distribuzioni dei diritti e doveri, beni e risorse, non ignori le aspettative di coloro che, giunti in vita meno fortunati, per l'arbitrio del caso o per insondabile provvidenza, non potranno vantare una postura familiare eccellente o doti di coraggio e intraprendenza eccezionali.

Tali sono prerogative acquisite non per merito proprio, comunque si rivelano base di successo nell'ambito della classe dirigente.

Io ritengo al riguardo che voi, squisiti anfitrioni Gracchi e Kennedy, dovreste sentirvi coinvolti in questa mia interpretazione. Non è forse vero, infatti, che la *sorte* fu generosa con voi per l'avervi dato nella lotteria dei talenti non soltanto la nascita in ambiente privilegiato ma anche un carattere indomito e intelligenza notevole?

E d'altronde non siete propensi ad affermare in ordine a voi stessi che le opzioni in politica sociale furono determinate da un pensiero volto alla solidarietà per i deboli proprio al fine di ricambiare i doni che in abbondanza vi pervennero senza merito?

Io non voglio che rispondiate ora al quesito, Gracchi e Kennedy, ma riprendiamo il rapporto della tradizione antica con moderne formule di carattere sociale giacchè desidero osservare come tutto il nostro dire di vita orientata al bene, di società volta al giusto, di uomo teso alla felicità, non sempre sia stato onorato, bensì spesso travisato da politologi ed economisti formati nel segno della società globale.

Molti ci hanno utilizzato al fine di vestire con autorevoli riferimenti filosofici teorie difettose e claudicanti, per non dire aberranti.

E d'altronde, Platone, assumiamo anche noi una proficua razione di modestia giacchè la nostra realtà era più semplice rispetto a quelle a venire, moderne o post moderne, in cui si esige dall'organizzazione politica un'analisi teorica e pratica molto complessa ai fini dell'equa distribuzione e pacifica convivenza.

Se non differiva di molto, ad esempio, la comunità delle πολεις dalla vostra di Roma, fratelli Gracchi, sussistevano peraltro temi peculiari romani legati all'impetuosa espansione che, ormai a tutti gli effetti di carattere imperiale entro la penisola italica, iniziò nella vostra epoca a varcare i mari da Occidente a Oriente portando aperture di traffici e scambi eccezionali, sconosciute sino ad allora.

Si manifestò di conseguenza in Roma un movimento sociale ignoto alle preesistenti πολεις greche: la sovra popolazione urbana esplose a causa dell'abbandono delle campagne dovuto al depauperamento dei piccoli proprietari e tu, Tiberio, proponesti come rimedio la riforma agraria che, ispirata a equità nei confronti dei latifondisti, realizzasti per le contingenti pressioni politiche, economiche, sociali.

Agisti nella fattispecie in armonia alle concezioni dello stoicismo, la corrente di pensiero influenzata da un deciso orientamento etico.

Quella dottrina infatti, rifacendosi alle mie intuizioni sul fine morale dell'uomo, inteso come una ricerca della felicità che viene dall'agire secondo il bene ed il giusto, pure sviluppando l'essenza nel distacco dall'opulenza materiale e dalla gloria mondana, sino al disinteresse assoluto per le cose terrene, contemplò il tema sociale e predicò con veemenza la solidarietà verso i meno abbienti, vale a dire il genere di determinazione che pervase la vostra linea politica, fratelli Gracchi.

Se dunque il mondo romano, soggetto come fu a sviluppi economici radicali, pose per la prima volta la riflessione in termini di solidarietà sociale, e voi coglieste l'invito, condizioni analoghe caratterizzavano anche la vostra epoca, fratelli Kennedy, negli Stati Uniti.

La giovane democrazia americana a fine settecento era stata l'erede del travaglio politico agente in sinergia con lo straordinario sviluppo industriale maturato nella vecchia Europa.

Tale scorcio di secolo, vivace e tormentato, impose la sfida di nuove teorie, sia etiche, politiche, filosofiche, e quindi l'utilitarismo, come dottrina sociale, cominciò a delinearsi.

Sull'impronta della rivoluzione industriale assunsero peso notevole analisi tese all'estensione del benessere che, come si riteneva allora, sarebbe spontaneamente derivata a comunità e individui grazie alla mano invisibile, atta ad adeguare al bene e alla giustizia l'andamento dei mercati con metodo automatico.

Si trattava di una concezione completamente avulsa da valori morali: una linea di tendenza rivolta all'utilità, al vantaggio economico, alla ricerca del piacere e soddisfazione materiale, sempre nell'intento apprezzabile di assicurare la felicità diffusa.

Null'altro avrebbe potuto rappresentarsi in maggiore conflitto con il tuo Iperuranio, Platone, e con le successive elaborazioni che tentai di formulare nella ricerca di una versione attinente al mondo sensibile.

Semmai un collegamento sussiste tra l'antica Grecia e l'utilitarismo europeo, alla fine del XVIII° secolo, esso dovrebbe essere trovato piuttosto nella dottrina di Epicuro, una scuola di pensiero coeva allo stoicismo, secondo cui il bene e il giusto assoluti non esistono, bensì sono identificabili esclusivamente con il piacere.

Tale illusione di benessere diffuso si dilatò nella realtà moderna in spazio e tempo, oltre all'oceano atlantico e sino agli anni trenta del XX° secolo quando, rese evidenti le carenze di un capitalismo puro, comparve il *New Deal* di Roosevelt, mirabilmente menzionato da te, Thomas Jefferson, mentre alla vostra epoca, fratelli Kennedy, nuove esigenze di solidarietà sociale si manifestarono in misura enorme ed in matrici formidabili nella loro estensione.

Fame e miseria crebbero a livelli inaccettabili nel terzo e nel quarto mondo, la sovra popolazione divenne incontenibile in Asia e Africa, insorsero gravi minacce di distruzione globale per l'impoverimento delle risorse naturali, per l'inquinamento legato al colossale sviluppo industriale, per la corsa sfrenata agli armamenti.

Sia lode a te John, per avere colto la drammatica potenzialità e avere concepito e attuato efficaci atti in difesa dei diritti civili, in intento coordinato attraverso la lotta alla segregazione razziale e l'istituzione dei Corpi della Pace, l'attenzione all'ambiente e tutela per i cittadini dalla vecchiaia e dalla malattia, l'approccio ordinato al superamento della guerra fredda con i negoziati per il disarmo.

Ma in misura maggiore è dovuto il merito a te, Robert Kennedy, per avere denunciato i difetti dell'utilitarismo economico con un celebre discorso, pronunciato tre mesi prima della tua fine.

Tu allora rammentasti come il Prodotto Nazionale Lordo degli Stati Uniti, misura di ricchezza economica valutata in 800.000 miliardi di dollari, includesse voci inquietanti legate alla distruzione sistematica delle foreste e al napalm utilizzato senza remore in Vietnam, mentre non vi comparisse alcun cespite attribuibile ai vincoli familiari, alla bellezza della poesia, all'integrità dei pubblici ufficiali.

E dire che tu non eri affatto un romantico sovversivo, meno che mai un no global, categoria peraltro inesistente allora, eri bensì aspirante Presidente degli Stati Uniti, il quale parlava a un uditorio selezionato (*Kansas University*) interrogandolo sul rispetto che lo Stato avrebbe potuto e dovuto esigere dall'umanità intera, e citando a riferimento, il modello di Atene antica di cui noi, *s.p.a.* ellenica, rappresentammo una parte non irrilevante.

E così concludendo Platone, dopo questa sommaria disquisizione sul contesto antico, preferisco trascurare la dicotomia destra e sinistra, giacchè essa è del tutto ignoto alla nostra cultura.

Per quanto tuttavia l'argomento non può essere ignorato nella ricerca condivisa da noi, mi sembra opportuno rivolgermi a te, Plutarco, allo scopo di chiederti una rivisitazione critica, considerato che per primo in esordio ci hai introdotto alla riflessione in merito.

PLATONE – Ancora una volta, Aristotele, suggerisci un mutamento di rotta nella nostra disputa, con avvedute ragioni peraltro.

E sia pure come desideri allievo prediletto, dal momento che io non potrei lamentare motivo alcuno di pentimento per avere già seguito il tuo consiglio nel corso del dibattito.

Ebbene Plutarco, accogli per cortesia l'invito di Aristotele.

Neppure tu, sebbene posteriore a noi di 300 anni, possiedi esperienze sulla dicotomia tra destra e sinistra, ma la condizione eccezionale di tempo flessibile che agevola noi qui intervenuti in simposio consente a te, versato uomo di mondo, di avventurarti in monologo difficile, irto di sinuose asperità dialettiche.

Se mai sussiste ancora nel terzo millennio qualche valida ragione per distinguere in politica fra destra e sinistra, e se pure fosse esistita, di fatto, una simile partizione ideologica nelle nostre epoche, ora affido a te, Plutarco, lo spinoso compito, se non proprio di sciogliere i nodi sull'essenza della destra e sinistra, quanto meno di indicare i principi base fondamentali di questa persistente problematica.

E' importante per la nostra disputa e, dopotutto, hai cominciato tu.

PLUTARCO – Ma certo, Platone, non oso contestare alcunché di quanto affermi. Me la sono proprio cercata quest'incombenza proponendo il tema sulla diarchia di destra e sinistra, e d'altronde è consuetudine invalsa in tutte le comunità che l'ultimo paghi pegno.

Mi auguro comunque di averti frainteso se ho percepito sottile ironia laddove mi definisci *versato uomo di mondo*: non avrai voluto forse rimproverare una mia servile e interessata familiarità con Roma ed il popolo romano dominante?

No Platone, non è attinente alla mia dirittura tale atteggiamento, così come sono sincero nel confermare in questo incontro devota stima e ammirazione a te, supremo maestro in filosofia.

Mi chiedi dunque di illustrare la dicotomia fra destra e sinistra in politica, isolandone gli elementi costitutivi caratteristici, e se non lo hai dichiarato in chiaro, immagino al riguardo che tu dia per scontato l'impegno di procedervi evitando incomprensioni e apodittici *cliché*, tali da prefigurare giudizi di valore ingannevoli e fuorvianti piuttosto comuni in questa materia.

D'accordo Platone, ci provo, per quanto la trattazione appaia molto articolata e presenti non pochi aspetti politici, filosofici e ideologici di fondo importanti, non meno tuttavia dell'interesse economico e delle applicazioni pratiche ad esso sottese.

Mi accingo ad adottare pertanto un metodo di ricerca induttivo che, attraverso i dati obiettivi ricavabili da periodi e luoghi determinati, sfoci in un vaglio di carattere generale idoneo ad agevolare la facoltà di formulare teorie attendibili sull'incidenza della destra e sinistra in etica ed economia, giustizia ed equità.

Nell'imbarazzo sulla scelta di un esempio pertinente da cui assumere le mosse per risalire alla sintesi e considerato che, quanto meno in via convenzionale, l'origine del distinguo fra destra e sinistra risale a un'epoca illustrata mirabilmente da Jean Jacques Rousseau, io cedo alla più accattivante tentazione e mi preparo a un'appendice di Vite Parallele unendo a protagonisti voi, Gracchi e Kennedy, sovrapposti all'originaria mia abbinata con Agide e Cleomene.

Esaminerò dunque la dicotomia in riferimento a voi ed alle vostre esperienze in politica e, naturalmente, mi atterrò anche alla consueta prassi di confronto tra personaggi e culture.

Nella successiva generalizzazione, peraltro, mi asterrò da qualunque giudizio di valore.

E comincio da voi, fratelli Kennedy, la cui presenza storica mi fu sconosciuta in vita, giacchè nell'atmosfera di questa serata ho potuto toccare con mano l'alone di leggenda che in pochi anni circondò la vostra icona umana e politica, rendendovi per siffatta impronta affini ai miei prediletti fratelli Gracchi.

191

Sarà riduttivo tuttavia, e questo sostengo in vostro merito, catalogare entro un così angusto schema di destra e sinistra l'ideale dell'azione svolta da voi negli Stati Uniti ed a Roma.

Come già Thomas Jefferson ci ha lasciato dedurre, la diarchia di cui stiamo parlando è fondata, negli Stati Uniti, più sulle modalità per la soluzione di problemi pratici e concreti che non su un contorcimento di natura filosofica ed astratta, cosa che peraltro appare sostenibile sia in ordine alle origini settecentesche degli Stati Uniti che ai tempi della guerra fredda di voi Kennedy.

E su te in particolare, John Kennedy, Presidente nel periodo in cui si manifestarono incombenti le fasi più critiche della tensione fra Est e Ovest, comunemente si afferma che, in seno al partito democratico, appartenesti alla corrente *liberal*, come d'altronde avvenne anche nei tuoi confronti, Robert Kennedy, durante l'autonoma carriera.

Liberal, nella cultura anglosassone, esprime una vocazione marcata della sinistra, sia pure in forma non radicale, e interpreta la tendenza sociale democratica rivolta al rafforzamento dello stato interventista, alla tutela delle fasce deboli della popolazione, alla difesa dei diritti civili in generale, ad un'economia in cui le istituzioni, attraverso l'avveduto dosaggio della spesa pubblica e dello strumento fiscale, recitano un ruolo di gestione antagonista agli egoismi privati, e non soltanto di mero controllo, spesso ispirato ad un lassismo imbelle.

Invero, John, è doveroso riconoscere che tu mai aderisti alla corrente *liberal* con spirito di esclusiva militanza acritica, se non in un'unica occasione parlando in pubblico: "Che cosa intendono gli avversari quando applicano a me l'etichetta *liberal*? Se, come sembra, lasciano trasparire l'idea di un soggetto morbido nell'arena di politica estera, contrario all'autonomia dei governi locali e incurante dei dollari del contribuente, non sono io quel tipo. Ma se *liberal* invece designa uno che guarda avanti, accoglie nuove istanze senza reazioni rigide, uno che ha a cuore la salute e la sicurezza dei cittadini, le case, le scuole, i posti di lavoro, i diritti civili, uno pronto a rompere la situazione di stallo e sospetto che limita le nostre iniziative all'estero, se è questo che si intende per *liberal*, allora io sono orgoglioso di affermare che sono un *liberal*".

Io penso che converrai con me John se sostengo che dal tuo discorso scaturisce in realtà l'intenzione di prendere le distanze dallo schema di *liberal* predefinito in senso stretto. A me sembra che quella tua adesione fosse tesa non ad una corrente di partito bensì piuttosto ad un ordine di idee e programmi di più ampia portata, vale a dire che tu non dichiarasti allora una scelta di campo incondizionata ma una ponderata e libera riflessione sui buoni e sani principi.

Essere *liberal*, adeguare il pensiero e l'azione in logica coerente, in autonomia e buonsenso, non corrisponde affatto al dovere pensare ed agire in un modo preordinato per essere sempre fedele alla matrice.

In tale senso mi permetto di interpretare quella tue parole proferite nell'occasione: tu non fosti mai un *liberal* ad ogni costo, senza se e senza ma, bensì un libero democratico nell'accezione più articolata, avversario al partito repubblicano, questo sì certo, ma anche ai vizi del tuo partito. Tu adottasti infatti in politica principi di equidistanza interiore, come li celebrasti nei "ritratti del coraggio", cioè lodando la condotta di uomini pronti a opporsi al proprio partito o corrente in profonda convinzione maturata grazie al libero pensiero.

In ordine a siffatte valutazioni scaturite su di te, John Kennedy, e sulla tua collocazione politica, desidero tuttavia porre in chiaro che intendo enunciare in effetti un principio universale e quindi valido in riferimento a qualunque altro afflato ispiratore, di destra o di sinistra, di centro o di periferia, davanti o dietro, sopra o sotto.

Intendo dire che il libero pensiero è sempre superiore a qualsivoglia genere di catalogazione convenzionale.

Se d'altronde in linea di massima, considerando a parte la complessa genesi storica, i partiti repubblicano e democratico negli Stati Uniti rappresentano la destra e la sinistra, in termini assai diversi peraltro rispetto alle tipiche configurazioni europee, tu, John, dovresti essere annoverato nella sinistra.

E invece, guarda caso, una volta sconfitto il campione della destra repubblicana ultra reazionaria Richard Nixon, i peggiori nemici li trovasti proprio tra le file dei compagni di partito.

Soprattutto i *liberals* propriamente detti assunsero un atteggiamento ostile e furono guidati contro di te nell'intera carriera politica dalla veemente pasionaria Eleanor Roosevelt. Per non parlare poi degli "alleati" democratici del profondo Sud, razzisti e segregazionisti in realtà, esacerbati dalla tua posizione assunta in difesa dei diritti civili per gli afroamericani sino al punto di passare sull'altra sponda.

E veniamo a te, Robert Kennedy.

Purtroppo ti fu preclusa la successione a John in carica di Presidente, ed io desidero sottolineare il mancato evento con rammarico poiché sono persuaso che avresti raccolto ovunque nel mondo l'entusiasmo diffuso dalla proclamata candidatura negli Stati Uniti, e inoltre che l'opera tua si sarebbe compiuta con successo.

Sebbene il tuo esordio in politica fosse avvenuto nel quadro della configurazione estrema di destra retriva e reazionaria, all'ombra del senatore repubblicano Joseph Raymond McCarthy, il cui cinismo e malafede neppure dovrebbero accostarsi ad una qualsivoglia linea di tendenza politica, bensì piuttosto ad un tipo di ambizione personale, affetta da delirante paranoia, tu concludesti la carriera in sintonia completa all'ammirevole discorso che Aristotele ci ha ricordato sulla composizione del Prodotto Interno Lordo.

In esso rifulse una critica al liberismo sfrenato di marca tipicamente *yankee* e risaltò la lode di valori che dovrebbero permeare di sé non soltanto il mondo occidentale ma l'intera umanità. E tu ne auspicasti allora la guida in carico agli Stati Uniti.

Ma non fu questo un segnale di conversione a sinistra della tua linea politica, giacché l'impronta profonda impressa nella riflessione data al pubblico del Kansas sovrasta ogni tentativo di inquadrarne l'idea. Ritengo invece che l'accentuata svolta a sinistra, sempre nell'ambito del parametro statunitense anticomunista, caratterizzante l'attività da te svolta in autonomia rispetto all'ala protettrice del Presidente John, debba essere considerata più come tattica meditata in opposizione alla crescente tendenza conservatrice nel partito democratico che non ad un autentico credo politico.

Intendo dire, Robert, che anche tu, come John, fosti uomo di libero pensiero, non asservito a ideologia precostituita alcuna e sotto questo profilo, dunque, ravvedo in voi la più marcata affinità con i fratelli Gracchi, personaggi che al contrario di voi mi furono ben noti in vita per averne studiato e narrato la personalità e la carriera politica, e che ora passo a considerare di nuovo.

In ordine a un'ipotetica contrapposizione fra la destra e la sinistra nel sistema politico costituzionale di Roma, forzatamente ricondotta in qualche modo alla diarchia tra *optimates* e *populares*, a voi fratelli Gracchi deve ascriversi il merito di averne per primi consolidato le tendenze poiché deste origine ad un polo spontaneo di aggregazione riformista contro la linea conservatrice sino ad allora dominante.

Se comunque apparisse lecito applicare in Roma antica l'archetipo moderno di antitesi tra destra e sinistra, esso non si delineerebbe in maniera diversa rispetto a quanto già detto sugli Stati Uniti.

Vale a dire che non tanto di scontro ideologico si sarebbe trattato, sui principi, sulle teorie, sui comportamenti, sull'aderenza di tutto ciò al bene e alla giustizia, bensì su interessi contingenti ed alleanze fra diversi strati della società preordinate al conseguimento del potere.

Quanto poi al collocare voi stessi a sinistra in profilo politico di lotta condotta dalla parte dei meno abbienti, mi sia consentito dubitare. Infatti, come pure tu John non ti allineasti mai con i *liberals* né fosti cultore dei diritti civili per vocazione, prediligendosi da te piuttosto le tematiche della politica estera, tu, Tiberio, attribuisti una rilevanza non

secondaria all'esito della riforma agraria mirato al benessere dei contadini e piccoli proprietari, ma non veduti come soggetti indifesi, bensì in
quanto risorsa dell'esercito e braccio armato dell'impero.

E neppure tu, Caio, militasti granitico in testa ai popolari per la mera vocazione demagogica, ma adottasti, con spregiudicatezza, un ruolo
combattente nel cuore della Repubblica romana.

Lasciatemi concludere così la breve appendice delle Vite Parallele, prediletti Gracchi e Kennedy, cioè confutando quella tradizione che vi dipinge come esponenti di una sinistra, pure moderata e libertaria, poiché
invero non pochi elementi, tipicamente destrorsi, patriottici e nazionali-
sti, emersero altrettanto importanti in voi rispetto a impegni di solidarietà che, secondo me, non sono un esclusiva della sinistra.

Ho già detto, comunque, che non voglio esprimere giudizi di valore.
Preannuncio invece, Platone, un seguito di ricerca sul tema che mi hai
assegnato. Sarebbe tuttavia sin troppo semplice procedere come se l'antitesi potesse cristallizzarsi in un'idea eternamente immutata e immutabile. Destra e sinistra sono concezioni cangianti.

A prescindere dunque da atavici significati antropologici, religiosi, eso-
terici, rintracciabili nelle antiche civiltà, e non solo mediterranea, bensì
anche dell'Asia, dell'Africa, o delle Americhe precolombiane, l'antagonismo tra due energie in conflitto ha sempre rappresentato l'origine e il
corso della vita, la lotta tra bene e male.

Un *excursus* mitologico lascerebbe emergere un'infinità di esempi al riguardo, ma, risalendo ai tempi recenti e storicamente documentati, hai
parlato bene, Rousseau, sostenendo che destra e sinistra non sono categorie generatesi *ex novo* nella tua epoca illuminista.

D'altronde appare altrettanto evidente come l'assemblea tenutasi a
Parigi in data 11 Settembre 1789, in cui una disposizione a destra e sinistra fu imposta per una scelta puramente casuale, abbia di fatto comportato un'innovazione di enorme portata.

196

Infatti, avvenne allora per la prima volta che l'ordine verticale della società, governata dal re al vertice, attraverso il secondo grado della nobiltà e dell'alto clero, sino al punto infimo del terzo stato borghese e proletario, si tramutò in un sistema orizzontale, non più gerarchico bensì partecipativo, antagonista.

Si realizzò quindi la condizione di parità di destra contro sinistra per l'appunto, e rimase consolidata nella Storia in un genere di dialettica alternativa che, nella fattispecie relativa a te Rousseau, fu articolata fra conservazione o abolizione di un antico diritto regio: il veto regio sulle delibere assembleari.

Fu proprio la dicotomia fra il mantenimento dello status quo contro il progresso, che divenne il fulcro saliente di destra contro sinistra.

La destra cioè, in ogni tempo e luogo, si presenta oscillante in varia misura nel divario tra l'estremo positivo, dato da virtuoso culto della tradizione più genuina, ad un estremo negativo, corrispondente allo smodato desiderio di custodia dei più smaccati privilegi.

La sinistra invece, a parità di condizioni generali, oscilla in varia graduazione tra due poli di benefica riforma e di delirante utopia.

Una posizione agevole per una destra consolidata al potere, coerente come tale nel perseguire la staticità assoluta, ma contraddittoria per una sinistra al potere, tenuta comunque a perseguire la dinamica, il progresso, anche a proprio scapito.

In una siffatta antitesi di posizioni dunque si delinea il conflitto tra aristocrazia o oligarchia (destra) e democrazia o demagogia (sinistra) tipico negli schemi politici della rivoluzione francese, come dell'era repubblicana romana antica dall'epoca dei Gracchi sino all'impero. I termini sono decisamente analoghi.

Assai diversi, peraltro, dal profilo statunitense ove, non ponendosi in discussione la democrazia, il contrasto verte soprattutto sul dilemma pragmatico, originario storico e attuale in terzo millennio, vale a dire la contrapposizione tra un marcato accentramento di potere federale, tipico della destra repubblicana, e l'autonomia accentuata degli Stati, espressione della sinistra democratica.

Mi si perdoni, a questo punto, se nell'analisi sono ricorso a drastiche e persino banali generalizzazioni.

Il tema invero presenta infinite sfaccettature, ma il dibattito che ci impegna questa sera postula la necessità di definire il conflitto fra destra e sinistra in termini dicotomici precludenti.

E' per questo pertanto che ho evidenziato la contrapposizione tra le dimensioni particolari quali appaiono tra loro la conservazione ed il progresso, aristocrazia e democrazia, classi elitarie e subalterne, così come queste ultime sono emerse fra Nietzche e Marx.

A siffatte categorie distintive peraltro aggiungo l'autorità contro la responsabilità individuale, ovvero l'ordine perentorio, connaturato a una destra che ora qualifico, in particolare, "fascista", ed il consenso tipico della sinistra, a sua volta determinabile in "comunista", salvo trasformazione in dittatura sul proletariato, non meno autoritaria.

Comunque a me sembra che un altro essenziale criterio identificativo non solo prevalga su tutti gli altri ma al tempo stesso, riassumendoli in un tutto omogeneo, rappresenti la formula più pertinente.

Parlo dell'uguaglianza, o meglio, della maggiore o minore ampiezza che di essa la destra e la sinistra riconoscono agli uomini:

Un'uguaglianza giuridica di diritti fondamentali e correlate capacità di esprimerli nelle opportune sedi?

Un'uguaglianza politica tale da ammettere chiunque negli organi e negli apparati istituiti per la gestione della comunità?

Un'uguaglianza sociale che risulti idonea ad assicurare un grado di godimento dei beni e delle risorse non troppo diversificato?

Indubbiamente la sinistra tende in genere a privilegiare l'estensione più ampia possibile dell'uguaglianza, ai limiti di massificazione più frustrante, mentre la destra, rifiutando il livellamento, pare propensa ad accentuare ogni possibile punto di ineguaglianza fra gli uomini.

L'attinenza al tema dell'ideologia ispiratrice per i nostri anfitrioni in politica, giustizia ed equità sociale, spicca in una chiara traccia nel considerare decisivo quest'ultimo aspetto, l'uguaglianza, però io mi sono impegnato dal principio a non dare giudizi di valore e così concludo affidando il tema di nuovo all'elaborazione di tutti.

PLATONE – Te la sei cavata alla grande, Plutarco, ne sono ammirato. Sappi comunque che è estraneo al mio pensiero l'insulto mascherato da insinuante sarcasmo che hai immaginato pervadere le mie parole. Non è così. Rivolgendomi infatti a te come *versato uomo di mondo*, ho voluto soltanto ricordare ai convitati, le adamantine virtù che in molteplici branche del sapere contrassegnano in gloria e splendore la tua eminente personalità.

Giacchè peraltro non dall'inizio del simposio sei intervenuto tra noi, mi pare opportuna una conoscenza più approfondita su di te.

Plutarco di Cheronea: l'imperatore Nerone ti conobbe quando avevi vent'anni e fu molto benevolo nei tuoi confronti, giovane studente in filosofia, se è vero che anche per un'impressione favorevole ricavata su di te egli esentò l'intera Grecia dai tributi dovuti a Roma.

Da cittadino ateniese ricopristi la prestigiosissima carica di arconte eponimo, incaricato dell'allestimento di spettacoli teatrali. Fosti poi ambasciatore nel Peloponneso e addirittura fondasti un'Accademia sulla scorta della mia scuola.

In maturità ti stabilisti a Roma per oltre vent'anni.

Fosti accolto con grande onore e rispetto alla corte degli imperatori Vespasiano e Traiano, acquisisti la cittadinanza romana onoraria, ma tornasti poi in Grecia, sovrintendente all'edilizia e primo sacerdote al santuario di Delfi.

Non perdesti tuttavia le relazioni amichevoli intercorse con Roma, tant'è che l'imperatore Adriano ti nominò *procurator Augusti*.

Ebbene Plutarco, naturalmente non potrei che confermare quanto hai intuito sino dal principio sulle mie intenzioni, a che il difficile tema sulla discrasia tra destra e sinistra venisse trattato senza pregiudizi. Pervenuti a questo punto, però, io desidero svolgere un argomento al contrario e butto lì una provocazione, menzionando un altro spunto di confronto sviluppabile sull'uguaglianza.

Se è vero, cioè, che la sinistra tende a estendere l'uguaglianza fra gli uomini, mentre la destra punta a restringerla, conseguirebbe allora che sinistra è sinonimo di altruismo e destra di egoismo?

Al riguardo non dubito che i portavoce di pensiero per l'una o l'altra tendenza presenti in questo simposio, Nietzsche e Marx, saprebbero rilanciare alimentando una polemica infinita, idonea a dimostrare che il bene sta tutto di qua ed il male tutto di là.

In realtà respingo il metodo, anche perché non è questo il fine che mi propongo. Desidero, piuttosto, avvicinarmi alla conclusione cedendo la parola a Sant'Agostino, affinché ci illumini per il nostro tema con l'indispensabile contributo di un principio cristiano di amore verso il prossimo, in sublimazione alla solidarietà sociale.

SANTO AGOSTINO – Sarebbe necessaria, Platone, una lunga premessa atta a circoscrivere l'effimera natura umana entro l'imperscrutabile divina immensità e definire la ragione del nostro transito terreno, della quale peraltro non è ammessa conoscenza se non per un'ardua sequenza di passi ancora incompiuta da parte di tutti voi.

Appaia sufficiente pertanto assumere e tenere presente come solo il Paradiso sia meta finale dell'uomo mentre la vita terrena costituisca il viaggio, ovvero il passaggio più aspro per raggiungerla.

Una volta interiorizzata siffatta Verità, io posso anche rinunciare alla relazione privilegiata con il Divino ed accingermi a disquisire sulla giustizia e l'equità sociale, in ottica cristiana, a parità di status con le vostre limitate esperienze.

Come Plutarco infatti ha saputo esporre l'essenza della distinzione tra destra e sinistra, astraendo con sapienza dalle posizioni di parte estreme o moderate proprie dei militanti dell'una o altra tendenza, anch'io dismetterò temporaneamente quei titoli solenni che mi fanno Santo, Dottore della Chiesa, cioè soggetto di parte in un certo senso, e affronterò il nostro tema da uomo, con obiettività di storico.

Mi pare questo l'approccio corretto.

Preferisco quindi concretizzare nel mio discorso il metodo di analisi immanente idoneo a reggere il confronto con voi su un piano avulso da implicazioni spirituali.

Mi rendo interprete dunque dell'insegnamento cristiano che, unico in realtà tra altre religioni, ha travalicato la sfera trascendente, ovvero la ragione d'essere di ogni credo religioso, per occuparsi in pratica, attribuendovi altrettanta importanza, dei problemi e delle politiche sociali ed economiche, nonostante il fatto per cui siffatta competenza venisse polemicamente contestata nel mondo laico.

Orbene, nella prospettiva storica mitizzata dal Vecchio Testamento, sussiste già una pregnante valenza sociale di dottrina cristiana, e si manifesta, prima dell'avvento di Gesù Cristo, attraverso la consegna dei Dieci Comandamenti da Dio a Mosè sul monte Sinai.

Tutti i principi basilari della solidarietà sono ivi contenuti, e non soltanto nei confronti del popolo di Israele, ma anche degli stranieri con i quali esso sarebbe entrato in contatto.

Prevalga cioè l'imperativo così espresso in commento al Decalogo: "se troverete in mezzo a voi un fratello povero e bisognoso di tutto, non indurite il cuore, non chiudete la mano, apritela anzi e prestate ciò che occorre alla necessità in cui egli si trova.

E quando un forestiero dimorerà nel vostro paese accoglietelo senza pregiudizi e non fategli un torto, ma anzi trattatelo come colui che è nato fra voi e amatelo sempre come voi stessi perché anche voi siete stati forestieri nel paese d'Egitto".

Tutta la successiva predicazione profetica iniziò così a diffondere le regole come priorità assoluta, e Gesù in seguito confermò l'essenza affermando che: "lo Spirito del Signore incombe sopra di me, ed è per realizzare tale impegno che mi ha segnato con l'unzione, affinché andassi ad annunziare ai derelitti la buona novella, ai prigionieri la libertà, ai ciechi la vista, agli emarginati l'emancipazione".

Egli menzionò quindi il primo dei comandamenti, il quale dispone l'amore dovuto dall'uomo verso Dio con tutto il cuore, la mente e la forza, enunciando in successione immediata l'assunto di solidarietà a cui hai alluso, Platone. "Ama il prossimo tuo come te stesso".

Gesù Cristo stabilì per questa via il principio di amore verso gli altri ma non facendo prevalere un'inflessibile giustizia bensì nella carità, come elemento di vitale innovazione.

L'insegnamento e l'opera apostolica, tramandati in secoli successivi, fondati sul principio di carità, per l'appunto, dilagarono inarrestabili nelle contrade più remote dell'impero romano, centro propulsore del mondo allora conosciuto, in contrapposizione alla cultura pagana già consolidata in un credo quasi religioso, e tale per cui il traffico della ricchezza si mantenne a lungo in prerogativa dominante ad esclusivo vantaggio dei ceti più elevati e delle categorie più ricche, patrizie o plebee che fossero.

Sulla carità così recita San Paolo nella sua prima lettera ai Corinzi "se anche distribuissi tutte le mie ricchezze e dessi il mio corpo per essere bruciato, ma non avessi la carità, niente mi gioverebbe".

Anche la dottrina filosofica stoica, a cui voi Gracchi deste seguito in azione politica, si sarebbe collocata idealmente in contrasto verso il modo di sperequazione sociale vigente in età anteriori all'avvento di Gesù, ma quella stessa fonte non fu mai produttiva di un efficace cambiamento e si inaridì in speculazioni astratte e comunque limitate all'ambiente intellettuale dell'impero.

Prevalse quindi il messaggio cristiano di solidarietà universale che si perpetuò nel tempo, attraverso assai complesse esperienze storiche, sino alle encicliche papali del XIX° e del XX° secolo, più vicine, e almeno in parte contemporanee a voi, fratelli Kennedy.

Mi limiterò comunque, in ordine al transito secolare che ho descritto, rammentando un unico autore medioevale, un faro della cristianità e Dottore della Chiesa, quale rappresentante emblematico della folta schiera di teologi e studiosi che alimentarono nei monasteri e nelle università la riflessione evangelica nell'insegnamento della dottrina sociale cristiana. Mi riferisco al grande San Tommaso d'Aquino.

Io riconosco e riverisco nella sua ieratica figura la statura morale, la pura sapienza e l'invincibile potenza del pensiero, malgrado il fatto per cui egli si pose, un millennio dopo il mio percorso di vita umana, come avversario e contestatore nei miei confronti.

Soprattutto volendo considerare il rapporto esistente tra la filosofia e la teologia, tra la ragione e la fede, Tommaso introdusse una nuova prospettiva. Egli rivalutò te, Aristotele, rispetto alla disciplina neo platonica, e in particolare richiamò entro il settore che ci riguarda il basilare principio per cui l'uomo in natura è un animale sociale.

Quello studio si perpetuò nell'insegnamento di Tommaso d'Aquino fiorito nell'alto Medio Evo e quindi, attraversando le ardue fasi della riforma e della controriforma, rinacque all'apparire dell'illuminismo settecentesco, non ateo invero, seppur poco propenso ad accogliere il principio della religione cristiana.

Avvenne tuttavia, nel successivo diciannovesimo secolo, che sorsero le manifestazioni di un conflitto di pensiero economico liberale e marxista per cui alcuni Pontefici presero parte e intervennero in virtù dell'autentica vocazione cristiana.

In merito però desidero smentire l'ingannevole impressione secondo la quale una scelta della Chiesa fra i liberali ed i marxisti si sarebbe di fatto concretizzata in atti ispirati ad un *tertium inter partes*.

La Chiesa del XIX° e XX° secolo espresse un rifiuto del liberismo e del socialismo, però non intese opporre loro un progetto alternativo e indipendente. Volle bensì affermare come in qualunque applicazione pratica nessuna dottrina sociale al mondo potrebbe mai prescindere dai diritti inalienabili dell'uomo e dalla sua dignità, rilevanti in vita terrena ma pervasi dalla luce salvifica del Creatore.

Sono persuaso che a siffatta verità universale vi atteneste anche voi, Gracchi e Kennedy, pure al di là delle maturate convinzioni religiose pagane antiche e cristiano cattoliche.

Ed è questa la base da cui desidero proseguire sugli eventi peculiari delle epoche moderne per concludere la prolusione sull'influenza del cristianesimo in ambito sociale, estesa da remote origini sino a questi tempi di esordio al terzo millennio.

Entrambe le concezioni socio economiche, radicalizzate in reazione dell'una contro l'altra al progredire della rivoluzione industriale in Inghilterra verso la fine XVIII° secolo, e quindi a seguito di sviluppi politici e sociali avvenuti del XIX° secolo in Europa, manifestarono fondamentalmente una matrice a-religiosa se non anti-religiosa.

Agnostica fu quella generatrice del liberismo post mercantilista di Adam Smith, David Ricardo, Thomas Malthus e John Stuart Mills; avversaria invece, distruttrice e denigratoria, fu l'altra, da cui sorsero il socialismo utopistico di Saint Simon e Fourier e il materialismo storico di Marx ed Engels.

L'individualismo tipico della prima teoria diede luogo all'economia interpretabile come scienza nuova, fondata sulla divisione del lavoro e sul libero scambio, nonché sull'utilitarismo, al quale facevi cenno poc'anzi, Aristotele.

Essa rimase avulsa dalla morale, dalla religione e dalla politica, e si rivelò un principio assai grato ai detentori dei fattori di produzione agricola e industriale, favorevoli alla conservazione del sistema.

Il collettivismo caratteristico della seconda teoria, invece, già intrisa di ateismo, identificò nella religione un alleato del bieco capitalismo nascente, e quindi si dispose a combatterne con tutte le armi possibili la diffusione della religione stessa tra i popoli.

In un simile contesto, fatto di attrito bilaterale, la Chiesa non avrebbe potuto mai ammettere l'abbandono delle proprie radici e quindi, allo scopo di risollevare la dignità umana immiserita per versi opposti in entrambe le linee dominanti nel secolo XIX°, si vide costretta ad una linea di tendenza esclusiva.

La Chiesa infatti si trovò a constatare come, per l'applicazione delle teorie liberiste, non si realizzò l'equità sociale auspicata nei termini di prodotto spontaneo del libero mercato, anzi si posero condizioni a tutto detrimento della classe lavoratrice, mentre dal lato socialista la classe dei lavoratori, protagonista della rivoluzione proletaria, fu in realtà ridotta ad una massa anonima e informe.

Anche Papa Giovanni XXIII°, tuo contemporaneo John Kennedy, e per molti lati accomunato a te, servitore della pace, intervenne sulla questione sociale, ma andiamo con ordine.

L'enciclica *Rerum Novarum*, emessa da papa Leone XIII° nel 1891, fu il primo provvedimento istituzionale con cui la Chiesa si presentò per dire la sua in termini significativi nel campo sociale. Fu in effetti un evento dirompente.

E non pare un caso, come accadde con voi Gracchi e Kennedy, che la tutela delle classi povere fu intrapresa da un soggetto appartenente per nascita all'alta aristocrazia, seppure il suo movente primario sia da ricercarsi in effetti più in lungimiranza politica, che non in opera di carità cristiana.

Il Pontefice infatti si vide allora collocato di fronte alla disaffezione dei fedeli italiani, coartati nel conflitto fra lo Stato e la Chiesa *in fieri* già dalla presa di Roma nel 1870 e come tali propensi a identificare nel socialismo più che nella Chiesa cattolica l'autentico riscatto dalla povertà e dall'emarginazione.

Oggetto dell'attenzione papale fu dunque, soprattutto, il mondo del lavoro in cui il Papa ravvedeva, nel particolare frangente storico, una dirompente carica distruttiva, già più volte ricordata, tale per cui la progressiva concentrazione della ricchezza in mano a pochi detentori del potere, al prezzo di crescente disagio distribuito fra le sterminate classi lavoratrici, lasciava immancabilmente presagire un conflitto sociale gravido di funeste conseguenze.

Carità e assistenza cristiana si erano da tempo prodigate a cura del clero e dei maggiori ordini religiosi, attraverso le pie istituzioni, in quei momenti di progresso fervente della scienza e della tecnologia nella produzione industriale.

Tale tipo di intervento però non era per certo sufficiente rispetto alla portata enorme degli eventi.

E così la Chiesa cattolica addivenne a una decisa posizione peculiare e determinata, non in spirito di polemica peraltro, bensì mediatrice fra le opposte correnti socialiste e liberiste, fermandosi in particolare sui temi di proprietà e lavoro, di intervento pubblico e di iniziativa privata corrispondente, invocando per difesa dell'uomo, simulacro a immagine e somiglianza di Dio, maggiore giustizia ed equità.

I principi ispiratori di tale tendenza cristiana sociale, naturalmente, furono ripresi dalla tradizione iniziatasi con San Tommaso d'Aquino contro l'assioma principale delle dottrine socialiste, e vennero quindi proclamati dalla Chiesa innanzitutto in conformità alle leggi divine della proprietà privata in terra e sui beni materiali.

Al contrario degli imperativi socialisti, fu sancito il primato assoluto della famiglia, intesa come la cellula primordiale di comunità civile, sullo Stato, ammettendo tuttavia per lo Stato un potere di intervento sulla famiglia, ma soltanto in presenza di gravi iniquità.

Contro la prepotenza padronale generata dalle dottrine liberiste, del resto, la Chiesa ammonì le classi detentrici del capitale ricordando che la legge divina non può consentire l'oppressione del più debole, per il proprio utile e tornaconto, ed in particolare stigmatizzò come ignobile peccato il non attribuire al lavoratore la giusta mercede.

In diversa istanza, peraltro, celebrò la carità e l'amore cristiano come le virtù regine nel campo sociale auspicando che, al di là del diritto e della giustizia, ogni ricchezza superflua di beni materiali, vale a dire quella eccedente non soltanto le necessità di sussistenza, bensì anche quanto destinato al doveroso mantenimento di un adeguato decoro, venisse distribuita in elemosina.

Alla *Rerum Novarum* fecero seguito per un'autorevole conferma la *Quadragesimo anno* del papa Pio XI°, che fu pubblicata nel 1931 in concomitanza alla crisi economica del 1929; la *Mater et Magistra* di papa Giovanni nel 1961, con riferimenti estesi alla dimensione ormai globale dei problemi sociali ed economici; la *Populorum Progressio* di papa Paolo VI°, nel 1967, con accentuazione di progetti ormai a dimensione planetaria, sanciti da un ecumenismo consolidato anche nei viaggi pastorali in tutto il mondo; e infine la *Centesimus annus* di papa Giovanni Paolo II° nel 1991, celebrativa della *Rerum Novarum* eppure rivolta alle incognite inquietanti del terzo millennio, indotte dalla caduta del muro a Berlino e lo sfascio dell'impero sovietico, un documento redatto in linguaggio assai poco solenne.

L'atteggiamento della Chiesa, dunque, si fece sempre più sensibile alle problematiche sociali attraverso quella serie di interventi serrati nel tempo e, simultaneamente, emersero alcuni tratti di apertura non indifferenti rispetto ai canoni conservatori stabiliti in altri tempi.

Naturalmente non mancarono critiche dal mondo laico e dall'interno del mondo cattolico, soprattutto nei termini di tradimento perpetrato in dispregio alle aspirazioni di conciliazione dichiarate, ma tutto ciò fa parte dell'avventura umana ed io non intendo prendere posizione.

Quello che piuttosto desidero evidenziare in conclusione è l'altezza del messaggio sociale cristiano, irraggiungibile in attuazione pratica da chi non abbia ricevuto in vita la Fede.

E cito in particolare al riguardo Madre Teresa di Calcutta, una figlia del XX° secolo, osannata dai media, nel mondo intero, e di Giovanni Bosco, consegnato ormai alla Storia, ma anche quello dei missionari, modesti ed ignoti, altrettanto degni di ammirazione e mossi dalla più limpida Fede.

Non è questo tuttavia il vostro caso, Gracchi e Kennedy, poiché non pervenne a voi l'impulso all'azione di autentici democratici e audaci riformatori da una fonte divina. In così diversificati contesti storici il tema della religione non fu affatto rilevante per voi.

PLATONE – Grazie Sant'Agostino, e ci illumini ancora la tua parola. Ora però affrontiamo il tema emerso dall'eloquio di Dante Alighieri, giacchè egli ne aveva intuito lo sviluppo.

Entra in scena Jacqueline Kennedy. Veste un elegante tailleur color pesca, al collo un filo di perle; dai polsi della giacca sporgono delicati trini bianchi; la statura eretta e alta, le scarpe senza tacco, la mano destra stringe delicata un paio di guanti bianchi. L'insieme trasmette il senso di un'eleganza pacata, non appariscente ma ricercata. Uno scranno viene posto nel mezzo del consesso: su questo prende posto. I presenti osservano l'ingresso con massima attenzione, scambiandosi alla fine sommessi commenti.

PLATONE – Non questo nostro simposio, occasionale, né il mio antico dialogo omonimo, contemplano la presenza di appartenenti al sesso femminile, eccettuata nella casa del mio amico Agatone l'elegante flautista e danzatrice che intrattiene i commensali, uomini, ma viene congedata a un certo punto e invitata a raggiungere le altre donne, relegate in chissà quale anfratto della dimora.

Noi tutti pertanto dobbiamo assumerci l'impegno di compensare tale carenza espositiva e riconoscere alla donna non soltanto la devota venerazione del poeta Dante Alighieri, ma soprattutto la stima per l'emancipazione ormai compiuta all'alba del terzo millennio. In tutti i settori di attività la donna ha ormai ottenuto ruoli eminenti, escluso tuttavia, quale unica eccezione residua, il magistero sacerdotale nella Chiesa Cattolica Romana.

Accogliamo quindi con tutto il riguardo dovuto un'ospite in simbolo e rappresentanza dell'intero universo femminile, seppure collegata in particolare alle vite dei fratelli Kennedy. Ascoltiamo la parola senza pregiudiziali e con attenta disponibilità.

Accomodati tra noi Jacqueline Lee Bouvier Kennedy. Attribuiamo a te la figura protagonista insostituibile per questo tratto della disputa. Non solo infatti tu ci parlerai di John e Robert Fitzgerald Kennedy e introdurrai in soggettiva interpretazione anche la parola di Claudia e Licinia, mogli di Tiberio e Caio Sempronio Gracco, ma soprattutto ci intratterrai in breve sull'impronta femminile nella Storia.

La tua esposizione integrerà la conoscenza sui nostri anfitrioni nella prospettiva familiare, che noi non abbiamo avuto ancora l'occasione di sviscerare, mentre per altri aspetti concretizzerà un dato specifico del tema giustizia ed equità sociale.

Appare indubbio, infatti, come nell'oppressione maschile perpetrata da millenni contro la donna, emarginata nella gestione domestica, sussista una componente di violenza latente non dissimile da quella che le categorie aristocratiche esercitarono sin dall'inizio della Storia nei confronti delle masse più povere e incolte.

Come donna sensibile, intelligente, brillante e colta, Jacqueline, noi questa sera ci attendiamo che tu sappia offrirne un'analisi proficua.

Lasciami comunque esprimere prima l'estasiata ammirazione per la tua leggiadria così mirabilmente accentuata dal semplice abito color pesca, dalla collana di perle, dai guanti di capretto bianchi.

Se non ricordo male lo indossavi durante un tuo viaggio in India da sola come *first lady*.

JACQUELINE – Ricordi bene Platone, ti ringrazio per l'apprezzamento. Ma in totale franchezza e onestà non credo di meritare le credenziali ulteriori che mi attribuisci come donna autonoma, indipendente, tale da essere in grado di erigermi a paladina della condizione femminile in completa parità con l'uomo.

Indubbiamente però il tema mi è congeniale, come dimostra il fatto per cui, nell'attività editoriale che iniziai dopo la morte di Aristotele Onassis, scelsi di pubblicare per prima fra tutte un'opera dal titolo significativo: *Remember the ladies, the women in America*, un libro sull'evoluzione del ruolo femminile nel XVIII° secolo.

Condivido altresì il pensiero della regina Vittoria, vessillo d'epoca in Inghilterra ottocentesca, la quale, da oppositrice al movimento delle prime femministe nella storia contemporanea, le suffragette, con tali parole ne stigmatizzò la foga irruenta: "quelle cretine! Si battono per la parità con l'uomo e non capiscono che noi siamo superiori".

Orbene Platone, la mia infanzia si svolse in un ambiente brillante e fu programmata all'insegna dello studio e della riflessione entro un ampio orizzonte culturale nel settore artistico e letterario.

Conobbi sì la gratificazione e il successo, apprezzamento e notorietà mondiale, ma soltanto grazie all'influenza indotta di uomini illustri, non grazie a luce propria, come avvenne a mia sorella Lee Radziwill la quale, per quanto le fu possibile, primeggiò nella moda evitando ogni riferimento a me ed alla mia immagine di *first lady* negli Stati Uniti d'America.

In ogni caso accolgo volentieri il tuo invito, Platone, a parlare della donna e della sua funzione subalterna o dominante nella società, ma ciò che mi dà la motivazione più intensa questa sera è il desidero di rivolgermi di nuovo a voi, adorati uomini Jack e Bob, e raccontarvi come persone comuni, potendo vantare al riguardo un'approfondita conoscenza, pressoché esclusiva direi.

Voi mi sorridete, smaglianti di fascino, però colgo un impercettibile imbarazzo nello sguardo. Ebbene, cari fratelli Kennedy, sappiate che non c'è ragione giacchè non intendo svelare alcunché di intimo.

Sono lusingata, peraltro, nell'assumere il ruolo delle vostre mogli, Gracchi, né dubito che Claudia e Licinia, con cui io condivido l'esito di una brutale tragedia, mi perdoneranno se non riuscirò a cogliere in fedeltà la vostra indole umana.

Comunque sia, l'amore e l'affetto che mi lega a voi fratelli Kennedy, si riproduce tale e quale anche nei vostri confronti, fratelli Gracchi, in considerazione di un'indubbia affinità morale e ideologica che vi distinse nella comune vocazione politica in Roma antica e negli Stati Uniti e che vi condusse ad una morte drammatica e prematura.

Constato anch'io come la vostra sia una rassomiglianza stupefacente per chiunque vi osservi nelle parvenze esteriori e d'altronde qualcosa di insondabile nel mio intuito mi rende persuasa che essa si trasfonda altrettanto spiccata nelle pieghe nascoste del carattere e che anche in voi, Tiberio e Caio, scoprirò la stessa anima malandrina e generosa dei miei Jack e Bobby.

Sappiate tutti comunque che io non posso né voglio dissimulare in questa straordinaria sera lo sconvolgimento di emozioni contrastanti che mi assale al vostro cospetto.

Caro Jack, noi ci sposammo il 12 Settembre 1953 secondo il comune credo cattolico. Io, un'ex giornalista in carriera a ventiquattro anni e tu, senatore a trentasei anni.

Verso la fine del 1952 mi ero intrattenuta ospite della tua scintillante famiglia ove conquistai subito l'affetto e l'approvazione sia da papà Joe che da mamma Rose, ma non altrettanto dalle tue sorelle le quali con sottile sarcasmo mi affibbiarono l'epiteto di "debuttante".

Nel Maggio 1953, di ritorno da Londra ove ero stata inviata per un reportage sull'incoronazione della regina Elisabetta, mi accogliesti all'aeroporto con un prestigioso anello in smeraldi e brillanti di Van Cleef & Arpels e così io, appena il giorno dopo, decisi di rassegnare le dimissioni dal giornale, il *Washington Times Herald,* alla faccia della pretesa indipendenza ed autonomia femminile.

Avrei dovuto intendere già allora come la differenza di età in realtà non corrispondesse alla maturità acquisita e che il matrimonio fu per te una scelta di strategia più che di autentico trasporto sentimentale, seppure fossimo attratti come adolescenti alla prima esperienza.

Date simili premesse meglio avrei fatto a rivedere le mie aspettative e inevitabilmente il nostro idillio durò assai poco.

L'assiduo impegno in Congresso, Jack, ti conduceva sempre più lontano da casa, come la tua proverbiale predisposizione fedifraga in amore, mentre io isolata dal mondo conobbi una sequela di amare crisi depressive.

Se poi mi fu acconsentito di godere a lungo della tua compagnia, ciò avvenne soltanto per offrirti il mio conforto amorevole in occasione degli interventi chirurgici che fecero temere un letale epilogo.

Grazie comunque per averlo rammentato in prefazione ai ritratti del coraggio: "la stesura di quest'opera è dovuta all'incoraggiamento, all'aiuto ed alle indulgenti critiche fornite da Jackie la cui angelica assistenza non potrò mai ricambiare".

Ma non era giunta la tua ora, Jack. Dopo la convalescenza ti buttasti ancora in politica con tutti gli annessi e connessi di vita brillante e mondana che mi relegavano in un ruolo insulso rendendo sempre più effimero il nostro matrimonio.

Papà Joe, oculato custode dei tuoi progetti, ne era molto preoccupato e così, onde esorcizzare un divorzio distruttivo alla carriera verso la Casa Bianca, mi propose una compensazione economica generosa in cambio della mia discreta acquiescenza.

Ma io la respinsi, in prima istanza, nell'illusione di avere un motivo migliore per sperare in bene nel futuro, la gravidanza. Per molti anni in seguito scelsi invece di accettare le sue proposte e mi diedi allo *shopping* compulsivo, pur sempre inferiore alle risorse disponibili.

All'inizio del 1956, dunque, rimasi incinta e condividemmo la gioia, Jack, ma nell'estate successiva subisti uno scacco dalle designazioni di partito e così, amareggiato e deluso, partisti con papà Joe e chissà chi altri per una crociera nel Mediterraneo.

Il 23 agosto mi colse un'emorragia e toccò a te, Bobby, l'incarico di informarmi che era stato tentato un parto cesareo non andato a buon fine. Tu, Jack, ne venisti a conoscenza tre giorni dopo.

Fu questo il periodo più oscuro della nostra unione coniugale ma per fortuna arrivò Caroline un anno dopo a salvarci e tu decidesti allora di coinvolgermi sempre più nell'attività politica.

Ottenni un discreto successo personale, lo devi ammettere, sinchè tu coronasti le attese di papà Joe, il quale desiderava da tempo vedere un figlio Presidente degli Stati Uniti d'America.

Nasceva allora John John, e nemmeno allora fosti presente, ma non posso fartene una colpa giacchè stavi attraversando il passaggio più arduo e conclusivo della vincente campagna elettorale presidenziale. Il transito alla Casa Bianca, così breve ed intenso, mi inebriò di auto stima, mi stimolò nell'arredamento della storica dimora, mi vincolò in ardui doveri sul piano delle pubbliche relazioni, dei viaggi e degli incontri da *first lady* al tuo fianco, Jack, ma spesso anche da sola, e mi indusse ad occuparmi con discreta attitudine di eventi intellettuali e mondani. Eri un democratico sincero, Jack, dedito ai drammi della povera gente, ma ti lusingava e non poco quella corte di re e regina che ti avevo creato intorno.

Trovammo allora una nuova sintonia. Finalmente vivemmo insieme nella splendida cornice della Casa Bianca. Mi permettevo persino di beffare mamma Rose, imitando la sua stridula voce, e tu ridevi, o di tenere testa ai monologhi di papà Joe negli incontri di famiglia con infantile puntiglio e gratuita ironia.

Su questo punto, John, devo ammettere che avevo molto da imparare da te, dalla tua totale mancanza di meschina animosità nei confronti delle persone, fossero pure le più antipatiche e scortesi.

Non ti arrabbiavi mai con nessuno per affronti o colpi bassi subìti e preferivi evitare le liti defilandoti con amabili sorrisi.

Avrei dovuto comprenderlo, ad esempio, quando inutilmente aizzavo te contro il prezioso *speech writer*, Ted Sorensen, che non perdeva occasione di accreditare la malignità di avversari secondo i quali era lui il vero autore dei "Ritratti del coraggio".

Ma ora non voglio procedere con i ricordi più tetri, come i due giorni di vita del nostro Patrick che prelusero di tre mesi l'agguato a Dallas, al quale fui costretta ad assistere impotente.

No Jack, io preferisco mantenere intatta quell'immagine di ragazzo scanzonato e sorridente, adatta più ai campi da football ed alle feste universitarie, che non alle austere sale del Senato in Campidoglio. La mia prima impressione su te, infatti, mi aveva indotto a pensare quanto ti ci volesse allora un taglio di capelli giusto ed un vestiario adeguato al ruolo, ma al tempo stesso io rimasi inconsapevolmente travolta ed ammaliata, come tante altre d'altronde, dalla miscela di fascino canaglia e di carisma diffuso che segnavano il punto saliente della tua contradditoria personalità.

Contradditoria perché il tuo animo era pervaso di malinconia e tu concedevi a ben pochi intimi di sondarne l'essenza più profonda.

Non dimenticherò mai la festa novembrina del *Thanksgiving* nel tuo primo anno da Presidente. Durante la serata trascorsa in casa di papà Joe a Hyannis Port, gli amici ed i parenti gareggiarono in frivolezza con cori ameni e licenziosi, sinchè qualcuno pretese che anche tu ti esibissi in una prestazione canora.

Ti schernisti dapprima, sostenendo la tua inattitudine, ma poi, vinto dall'insistenza dell'allegra brigata, scegliesti un brano accompagnato al piano da Joan, moglie di Ted: canzone di settembre di Kurt Weill, suggestiva lirica soffusa di atmosfera decadente da vecchia Europa.

Lungo lungo è il passaggio da maggio a dicembre
Ma i giorni si accorciano quando arriva settembre
Quando il clima d'autunno volge in fiamme le foglie
E non hai tempo per i giochi che l'inverno raccoglie.

Un velo di tristezza scese improvvisamente nella stanza e tu Jack, con lo sguardo rivolto a me, continuasti parlando, quasi sottovoce:

I giorni si rincorrono da settembre a novembre
e questi giorni, pochi e preziosi, li trascorrerò con te.

Caro Bobby, non voglio ricordarti come cognato fra i componenti del clan ai tempi della Casa Bianca, bensì come l'amico fraterno che si prese cura di Caroline e John *Jr.* assumendo nei loro confronti, subito dopo la morte del loro papà, il ruolo di consigliere privilegiato e padre putativo.

Come potrei scordare d'altronde, per quanto io ne seppi in seguito, quella squisita sensibilità che ti indusse, nel marasma degli eventi, a disporre la rimozione dalla camera coniugale alla Casa Bianca di tutti gli effetti personali di Jack, al fine di mitigare lo sconforto che avrei provato tornando in quel luogo.

Mi attendesti in aeroporto al ritorno dell'Air Force One da Dallas e salisti trafelato a bordo scostando bruscamente il neo Presidente per abbracciare me, dopo il viaggio che avevo trascorso bevendo whisky senza alcun effetto, nonostante fossi del tutto astemia (e fu quello un altro sgarbo che Johnson aggiunse nella lista della vendetta).

In seguito, contro il protocollo patriottico, optasti di schierarti dalla mia parte quando mi opposi alla tradizione invalsa di esporre a bara aperta la salma di un Presidente assassinato (come già era avvenuto cent'anni prima per Lincoln ed a inizio secolo per McKinley).

E così fu grazie alla tua decisione incontestata, che la bara rimase chiusa sotto la cupola del Campidoglio per ricevere l'omaggio che migliaia di persone vennero a tributare prima del funerale.

Avresti voluto ancora, Bobby, risparmiarmi il dolore di assistere ad un altro struggente funerale in cui si sarebbero rinnovati i miei tristi ricordi, quello di Martin Luther King, ma io desiderai di unirmi a voi, coniugi Kennedy, e tu allora mi chiedesti di andare a trovare "il nostro amico".

Così, nella serata stessa, ci recammo ad Arlington e lì in ginocchio pregammo sulla fiamma di Jack, alla presenza del sovrintendente che aveva aperto solo per noi il cimitero.

Rimanemmo legati negli anni successivi, tu ed io, dallo straziante dolore per la perdita di Jack, sino al momento in cui ti raggiunsi al *Good Samaritan Hospital* di Los Angeles, dopo l'attentato mortale all'*Ambassador*

Hotel, e poi, di fronte alla diagnosticata tua morte cerebrale, toccò a me l'onere di firmare i documenti per disattivare le macchine, giacchè tua moglie Ethel, da fervente cattolica, si rifiutò di prendere la decisione e tuo fratello Ted non sembrava in grado di intendere e di volere.

Questo mio atto fu rivelato al grande pubblico quarant'anni dopo in un libello nel quale si accreditava una relazione sorta tra noi dopo Dallas, con sequela di dettagli scabrosi, che peraltro il clan Kennedy avrebbe tollerato senza reagire per timore di uno scandalo ancora più clamoroso.

Non sarei stata in grado di difendermi poiché ero già morta quando il libro venne pubblicato, come pure tutti gli altri autorevoli personaggi citati a testimone in quell'opera indegna.

Posso però ricordare come in te vedessi il grande tragico guerriero Eschilo, uomo dotato di lucida intuizione sulla tremenda verità della sofferenza e dell'angoscia umana.

Ti dissi che avevo visto in te quell'immagine, Bobby, leggendo nella primavera 1964 *The Greek Way* di Edith Hamilton, studio eminente sull'antica Grecia in cui viene riconosciuta l'eccellenza dei grandi pensatori di Atene, fra i quali tu fosti uno dei capiscuola, Platone.

Ti donai una copia e tu, Bobby, ne facesti la guida morale citandone spesso passaggi significativi nei discorsi, come in quello celeberrimo che ti ritrovasti ad improvvisare nella città di Indianapolis, essendoti giunta sul palco la notizia dell'attentato contro Martin Luther King:

"Il mio poeta preferito è Eschilo di cui ammiro l'insegnamento più profondo - *anche mentre dormi il dolore che non puoi dimenticare cade goccia a goccia sul cuore sinchè, pure nella disperazione e persino contro la volontà, prevale la saggezza attraverso la grazia di Dio* - Noi non abbiamo bisogno di divisioni negli Stati Uniti, non abbiamo bisogno di odio, violenza, anarchia, ma di amore, saggezza, compassione degli uni verso gli altri, di giustizia aperta a tutti coloro che soffrono, siano neri o bianchi".

Questo fu il tuo ideale dominante, Bobby, autentico e disinteressato verso la gente povera e bisognosa, ed io posso affermare che mai ho trovato

217

in te la durezza di carattere e l'intransigenza rancorosa che in tanti ti rimproverarono, anzi, ti ho sempre percepito presente al mio fianco, docile ed affettuoso in tutte le occasioni in cui ce ne fosse stato bisogno, con la stessa abnegazione che tu donasti in vita ed in politica a tuo fratello Jack. Per voi dunque, fratelli Kennedy, desidero menzionare le parole che scrissi poco tempo prima di raggiungervi al cimitero di Arlington.

Ricordai con autentica nostalgia quanto della mia esistenza sia legato alle vostre insigni figure e all'intera famiglia. Lo avevo già confidato ad Arthur Schlesinger in una lunga intervista rilasciata pochi giorni dopo la tragedia di Dallas:

"Sono capitate cose brutte, ho sofferto molto, ma ho vissuto anche tanti momenti meravigliosi. Ognuno è differente dall'altro.

Il bello, il brutto, le avversità, la gioia, la fama, l'amore la tragedia, la felicità, formano un insieme unico che si chiama vita. Non si può separare il buono dal cattivo e forse non è necessario farlo".

Accogliete, vi prego, questa mia dichiarazione, d'amore e d'affetto, poiché, se a un punto della mia vita, decisi di procedere sottraendomi all'influenza del clan, mai venne meno la dedizione per voi due.

Ed eccomi ora a voi, fratelli Gracchi. Alle vostre mogli, Claudia e Licinia, non furono certo consentite dalla maschilista società romana le opportunità che negli anni sessanta del ventesimo secolo aprirono invece a me, giovane *first lady* degli Stati Uniti d'America, tutte le porte della notorietà mondiale.

La mia apoteosi si celebrò a Parigi ed a Vienna, nei primi incontri al vertice del Presidente Kennedy, quando la stampa mondiale attribuì alla mia presenza il mitigarsi dell'iniziale atteggiamento ostile del Presidente De Gaulle e del leader sovietico Chruščëv.

Devo ammettere che sapevi sempre lusingarmi, Jack, con suadente galanteria. Ti presentasti a un banchetto d'onore a Parigi come colui che aveva il privilegio di accompagnarmi e, prima della partenza per Dallas, ti scusasti per il mio ritardo con i giornalisti riuniti: "abbiate pazienza, per cortesia, sarete ripagati dal suo splendido aspetto".

La brillante posizione di *first lady* fu una fortuna, se così è plausibile definirla, mai riconosciuta con lo stesso entusiasmo alle altre donne spose di un Presidente in carica, mentre io posso affermare di averla ottenuta, almeno in parte, per merito mio, in buona compagnia con le epigone Hillary Clinton e Michelle Obama.

La Storia romana ricorda invece Claudia, la figlia di Appio Claudio, come oggetto inconsapevole di una trattativa fra il padre e te, futuro genero Tiberio, mentre Licinia compare sì nella narrativa plutarchea ma soltanto come l'ostacolo emotivo e fastidioso al tuo momento di gloria estremo, Caio, abbandonata svenuta alle cure della servitù.

A te comunque, Plutarco, va ascritto il merito dell'avere rivalutato il genere biografico con originalità ed autonomia e dell'avere creato indimenticabili quadri delle tante figure storiche congeniali alla tue ispirazione. Fu solo per la tua sapiente elaborazione di fonti antiche ormai perdute che nel contesto attuale è consentito conoscere i tuoi personaggi in posture e atteggiamenti comuni, nelle pieghe riposte del carattere e nei motti di spirito, che lasciano intravedere l'uomo, e non l'eroe in retorica proiezione.

Un metodo di indagine che venne curato particolarmente per voi con efficaci e pregnanti riferimenti caratteriali, fratelli Gracchi, e che ora consente a me di parlarvi immedesimandomi nelle vostre compagne come se vi avessi conosciuto nella dimensione quotidiana, immagine e somiglianza di Jack e Bobby, ancorché l'icona storica sedimentata su di voi, come su tanti altri uomini illustri greci e romani, si renda ostacolo alla fedele ricostruzione che vorrei delineare.

Tiberio. La tradizione ti configura come uomo pacifico, flemmatico, gentile, fine e bene educato nel comportamento, poco propenso nel manifestare emozioni in pubblico, distaccato, misurato, controllato.

Dotato sì di una classe innata, eppure non freddo e scostante, anzi, ben disposto verso la gente, animato da attitudine alla comprensione.

Ma la tua Claudia sarebbe disposta a confermare una corrispondenza simile anche per le vicende chiuse nell'intimo focolare domestico?

I dati storici personali così scarsi su voi, Gracchi, consentono se non altro di affermare che l'esperienza matrimoniale di Claudia uguagliò la mia, con Jack, in termini di durata, per quanto rimanga nel dubbio se la vostra unione abbia generato almeno un figlio.

Desidero immaginare comunque che quei dieci anni siano stati in principio contrassegnati da una serenità non solo apparente, come fu la mia, e che Claudia si fosse sentita realmente appagata a fianco di un marito le cui aspirazioni di successo, sorrette dall'appartenenza familiare illustre, si erano già concretizzate negli ambienti militari e politici per avere partecipato con menzione d'onore alla terza guerra punica e per essere membro del prestigioso collegio degli Àuguri.

Per la tua parte Tiberio, oltre al consolidarsi di un'amicizia influente con un uomo di alto rilievo come Appio Claudio Pulcro, non dubito che Claudia ti abbia donato tutta la sua onestà e devozione assolute, così importanti nel patrimonio di un giovane desideroso di accedere alle alte sfere del potere politico in Roma Repubblica.

Siffatte premesse, tuttavia, furono per certo sottoposte a dura prova quando in seguito, Tiberio, partisti per l'Iberia trattenendoti a lungo come questore e quindi rientrasti oppresso da un marchio di infamia per avere contribuito a negoziare la pace con i celtiberi numantini da una posizione perdente. La tua delusione amara, Tiberio, non dubito che fu scaricata sulle spalle di Claudia.

In quell'occasione mettesti in gioco il tuo nome, Tiberio Sempronio Gracco, di fronte ai nemici per la salvezza dei soldati e poi a stento mantenesti la reputazione acquisita per intercessione del popolo, che fu solidale con te, ma anche del carismatico Scipione Emiliano.

Avresti meritato quell'assoluzione del resto, per virtù e buona fede, ma il Senato, espressione collegiale della Repubblica, ti condannò ad un futuro oscuro e tu dovesti risalire un'erta china.

Anche il mio Jack conobbe cocenti delusioni e battute d'arresto.

In più occasioni fu beffato nella buona fede da uomini menzogneri, giungendo persino al punto estremo di meditare per un breve istante la rinuncia alla carica.

La disfatta alla Baia dei Porci, gli inganni sovietici sulla sospensione di esperimenti nucleari, il defatigante ostruzionismo alle iniziative anti segregazione: momenti di sconforto e causa di cupa atmosfera che avvelenò le nostre serate in famiglia alla Casa Bianca.

La calma, l'umorismo, la bonaria ironia di Jack si trasformavano in collera impotente, silenziosa e repressa, che mi svelava la debolezza di un uomo soverchiato dagli eventi malefici.

Altrettanto io ritengo debba avere subito Claudia dopo le burrascose assemblee in Senato al ritorno dall'Iberia ed anche più tardi, quando il successo della riforma agraria, varata da te Tiberio, si trasformò in timore per le minacce contro l'incolumità della tua persona.

Ora mi piace immaginare anche in te, Tiberio, la sopportazione delle avversità che preservarono il mio Jack da un'infamante abdicazione ai suoi doveri. Ma sono certa che anche Claudia abbia sperimentato il timore di uno sfascio psicologico del suo uomo, giacchè neppure tu, Tiberio, fosti esente dall'insicurezza che spesso mina la volontà in animi eccellenti, senza peraltro togliere nulla alla consistenza vera di un'insigne persona, tant'è che soltanto una mano assassina riuscì a fermarvi dai nobili propositi della vostra missione, Tiberio e Jack.

Caio. Ancora di più, se possibile, rispetto al confronto tra Tiberio e Jack, la tua immagine si sovrappone a quella del mio fratello legale Bobby. Impulsivo, irruente, ostinato, intransigente, idealista, o così ti dipinge Plutarco con il suo affetto, ma, al tempo stesso, amabile con le persone che riuscivano a sciogliere la tua corazza esteriore.

221

Licinia, moglie romana di origine familiare non inferiore a quella di Claudia, rientrava nel tuo gruppo ristretto di confidenti intimi, talché Vincenzo Monti, con suggestiva lirica poetica, immaginò con queste parole la tua accorata invocazione a lei nella tragedia che scrisse sui giorni appena anteriori alla tua fine:

"Colsi il primo d'amor bacio divino, ché i primi avesti, e ultimi avrai palpiti del cuore mio".

Alessandro Verri a sua volta ricreò il fantastico incontro delle anime nelle "Notti Romane" (opera breve nata in occasione della scoperta archeologica che identificò il sito del sepolcro degli Scipioni):

"Caio Gracco incontra ancora Licinia che si lascia andare verso di lui inclinando la rosea guancia".

La tua compagna, Caio, ricorre nella Storia, obiettiva o romanzata che sia, in una via contrastante rispetto al *cliché* collaudato di donna romana, fiera e orgogliosa per i trascorsi guerreschi del suo uomo ed anche di più per una soccombenza eroica e prematura.

Il Monti, addirittura, ritrae Cornelia mentre rimprovera a Licinia, tremante per sé e il figlio ignaro, i suoi tentativi di sottrarti all'ultima battaglia che ti vide soccombere alla protervia aristocratica.

Ritornavi di notte da Cartagine, Caio, ove a lungo ti eri intrattenuto per organizzare la prima colonia romana oltremare, mentre tutto in Roma si rivoltava contro di te invitandoti alla resa dai propositi.

Cornelia ti raccomandò di stare in guardia verso i nemici dichiarati, il console Lucio Opimio ed il tribuno Marco Druso, ma lei ti indusse soprattutto a diffidare del tuo amico Fulvio Flacco, il quale da tempo si proclamava il più fedele tra i seguaci, come poi si rivelò in effetti condividendo sino alla fine la tua disperata avventura

Licinia invece, incurante della gloria e del successo politico, voleva soltanto riportarti a casa sano e salvo al sicuro dal furore cittadino.

Ma fu inutile, Caio.

Tu amavi teneramente Licinia e magari avresti ceduto alle lusinghe di un'esistenza anonima così ammaliatrice nella pace di un focolare domestico numeroso e sereno.

Quando ti accingesti a rinnovare il ciclo iniziato da tuo fratello ne parlasti persino in un comizio. Vantando il diritto di assicurare la tua sopravvivenza e la prosecuzione della famiglia, per cui rappresentavi l'ultima speranza, accarezzasti davvero l'idea di chiudere una volta per tutte con la politica e con le minacce letali che incombevano su di te, come pure su Bobby.

Si trattava di un pericolo che entrambi percepiste con lucida certezza eppure decideste di affrontarlo comunque e vi buttaste nella mischia senza esitazioni di sorta.

Ma tu, Caio, ingannasti il popolo in realtà, dando ad intendere una nostalgia per l'amore coniugale e gli affetti di famiglia che, seppure autentici, eri ormai determinato a sacrificare sull'onda dell'orgoglio e dell'ideale, in cambio della nomina tribunizia. Ed al tempo stesso ingannasti Licinia, la quale forse si illuse per un brevissimo istante di poterti distogliere dalle insidie mortali che la carica prima o poi ti avrebbe allestito tutt'intorno.

L'indomito carattere ti spinse alla scelta, Caio, animato da impulso generoso di portare a conclusione l'opera incompiuta e la rivalsa di Tiberio, come anche Bob fu portato a riscattare l'immagine di Jack malgrado gli ostacoli frapposti.

Il popolo ti premiò per ben due volte consecutive, consegnando a te il potere che già era stato del tribuno della plebe Tiberio, ma infine ti tradì, negandoti ogni aiuto, abbandonandoti alla sorte, mentre Licinia ti perdonò per l'eternità.

Questa dunque è la prerogativa femminile essenziale: abnegazione e perdono. Ethel Kennedy ed io, Licinia e Claudia, non potremmo che sentirci in assoluta sintonia nel perdono per un'infinità di mancanze da attribuire e contestare ai nostri uomini, veniali o macroscopiche, occasionali o permanenti.

Qualcosa di intimo unisce noi donne, come nell'affinità storica che accomuna i nostri uomini in così stretto legame reciproco.

Gracchi e Kennedy, idealisti, coraggiosi, affascinanti, scavezzacollo, filibustieri, coriacei e fragili bambini.

Scusate! Mi sto esprimendo in patetica svenevolezza femminile, ora però cambio registro giacchè quello che sto per dire non vi piacerà, ma tant'è, avete voluto la donna, accoglietela anche come megera.

Per introdurre il tema assegnatomi sull'oppressione e la conseguente emancipazione femminile, corollario imprescindibile all'argomento maggiore sulla giustizia trasfusa in equità sociale, desidero osservare che se voi, Tiberio e Caio, non ne aveste mai percezione alcuna nella vostra società maschilista romana, anche a voi, Jack e Bobby, andò bene, giacchè ne schivaste per poco il devastante effetto sociale.

Quanto meno se andiamo a stabilire che lo spartiacque in origine al femminismo si realizzò nel fatidico 1968.

Una bufera di enorme portata storica. Così almeno fu considerato e valutato in termini negativi, da un punto di vista maschile.

Se d'altra parte voi, Tiberio, Caio, Jack, Bobby, spiccate nella Storia soprattutto per avere agito, in quei vostri particolari frangenti, come autentici democratici e audaci riformatori, poiché lottaste con vigore per la promozione ed il benessere delle fasce del popolo più neglette e disagiate, sull'emancipazione femminile non faceste assolutamente nulla, a favore delle donne.

Anzi, di fronte ad una scelta, io sono convinta che vi sareste schierati con la bieca reazione, tendendo a perpetuare il dominio maschile. E nell'addebito metto in conto anche vostro fratello Ted, cari Kennedy, e non soltanto per le caratteristiche, comuni a voi, particolarmente accentuate sul fronte dell'infedeltà coniugale.

Soprattutto di lui ricordo un odioso onere, che egli eseguì per conto del clan Kennedy, di redigere la convenzione economica unita al mio matrimonio con il magnate greco Aristotele Onassis.

Un'interferenza gravissima alla mia libertà di persona e di donna che fui costretta ad accettare per un malcelato vostro intento di tutela.

Orbene, illustri convitati, più in generale non vorrei dilungarmi sulla genesi biblica della donna dalla costola dell'uomo, né sulle univoche elaborazioni dottrinali contro la donna delle quali voi due, Platone e Aristotele, i pilastri della sapienza antica, infarciste tutta la vostra opera filosofica.

Comunque sia, sono propensa paradossalmente ad apprezzare di più la violenta e dichiarata misoginia che sostenesti nel campo biologico e sociale, Aristotele, rispetto alle ambigue aperture sull'uguaglianza fra uomo e donna, vagamente adombrate nella Πολιτεία, Platone, e quindi rinnegate in altre opere successive.

Sta di fatto che la condizione femminile nella Storia, e sia pure per sfumature variegate dalla Grecia antica a Roma, dal Cristianesimo al Medio Evo, dall'età moderna all'illuminismo, è sempre stata coatta in un grado intollerabile di subordinazione nei confronti dell'uomo, salvo qualche eccezione individuale, della quale una è ravvisabile in te, Plutarco, con il trattato sulla virtù delle donne.

Ma per il resto nessuno, e dico nessuno, tra di voi! Grandi uomini di pensiero, neppure tra quelli più liberali ed evoluti, o più propensi a combattere l'ingiustizia e le discriminazioni, è stato mai disposto ad ammettere l'autocritica sulla propria pregiudiziale maschilista.

Non mi sognerei di pretenderlo da te, Cicerone, che enfatizzasti la dissolutezza muliebre ai tuoi tempi, e neppure da te Santo Agostino, che per la tua testimonianza ed ammissione diretta ne sciupasti tante prima della conversione.

Oppure da te Machiavelli, che trascorrevi le tue giornate in esilio tra osterie e nobili studi dimenticando la fedele consorte.

Ma quale colpa potrei io muovere contro di voi se in realtà foste tutti uomini intrisi, nell'inconscio collettivo, dalla plurisecolare radicata cultura maschilista, romana, cristiana, medioevale, rinascimentale.

Devo ammettere peraltro come almeno a te, Dante Alighieri, spetti la palma di un grato riconoscimento, per il rispetto e la venerazione che nutristi verso la donna, non certo tuttavia di un tipo idoneo a portare giustizia ed eguaglianza nella considerazione del ruolo femminile.

Non esiste la donna angelo, comunque grazie per essertelo inventato. Ma che ne fu comunque di tua moglie, Gemma Donati?

E potresti forse respingere l'invettiva, Jean Jacques Rousseau, uomo illuminista aperto a una nuova prospettiva di libertà? Se è vero che non esitasti ad abbandonare moglie e figli per non essere disturbato nella tua produzione filosofico letteraria.

E tu, Karl Marx, uomo votato a raddrizzare le storture del mondo? Se è vero che perseguisti l'impegno politico per ambizione missionaria sinchè tua moglie, unico sostegno economico in casa, ti apostrofò: "invece di scrivere il capitale dovresti metterlo insieme!"

Anche meno d'altronde in termini di comprensione potrei aspettarmi da te, Friedrick Wilhelm Nietzsche, fautore del superuomo, se contro la donna tentasti persino di sminuirne la sua più essenziale funzione generatrice, attribuendo soltanto all'uomo la gravidanza dello spirito. E mi astengo infine su di te, Thomas Jefferson, sulla tua predilezione per le schiavette negre, solo per la stima che il mio Jack ti conferì.

Il terzo millennio ha portato con sé il risultato dell'emancipazione: il suffragio universale, la parità di retribuzione sul lavoro, l'accesso a tutte le carriere pubbliche e private, la riforma della famiglia nel senso egalitario, la tutela della gravidanza, la libertà dell'aborto, una congerie di provvedimenti, insomma, mirati alla donna, alla crescita sociale ed economica.

Eppure, in una concreta prospettiva, il cammino della parità non può dirsi affatto concluso. C'è ancora tanta strada da percorrere.

Un esempio? Eccolo qui: l'elezione del primo Presidente negro negli Stati Uniti d'America, smagliante coronamento del vostro più nobile impegno contro la segregazione, Jack e Bob, ha precluso l'elezione della prima donna Presidente, Hillary Clinton.

E chissà quando una ne verrà.

Se la giustizia e l'equità sociale rappresentano ancora un mito nelle società di questo terzo millennio, esso risulta altresì più accentuato per la donna di fronte alla preponderanza maschile.

PLATONE – Grazie, Jacqueline per l'esposizione seducente con cui hai attratto il nostro interesse. Il tuo monologo sottoscrive un'impronta di amore e di perdono squisitamente femminile, ma anche aspetti di dura reprimenda per l'innato egoismo maschile.

Hai posto in evidenza come nessuno di noi abbia sperimentato le fasi più acute della rivincita femminile esplosa nel 1968 sulla scia dei movimenti egalitari di allora, seppure almeno gli ospiti più giovani tra noi ne abbiano vagamente captato i sentori del diciannovesimo e ventesimo secolo.

Per la parte mia, presumendo una condivisione dei presenti, desidero aggiungere che bene ce ne incolse, invero, se ci fu risparmiato l'acre livore delle giovani streghe sessantottine, inferocite e implacabili più che mai nel primo esodo di libertà dopo millenni di oppressione.

Siffatto incontenibile furore venne riservato soltanto agli adolescenti maschi del 1968, appena affacciati al misterioso universo femminile, mentre i loro padri beneficiarono per ultimi dei residui del primato.

Grazie ancora Jacqueline Lee Bouvier per non avere infierito più di tanto, per averci rimproverato nei limiti del garbato sarcasmo, e ora, come previsto, mi accingo al commiato.

PLATONE – Jacqueline se ne è andata dopo averci malmenato a parole e senza riguardi per alcuno, il che mi induce a una riflessione.

Un biografo di Napoleone si premurò di scrivere nella prefazione al proprio lavoro che egli avrebbe trascurato il tema dei rapporti con il sesso femminile, argomentando per questa via come nella vita di un uomo tutto ciò che proviene da una donna riveste scarsa importanza. E così in coerenza non compare nel libro traccia di Josephine, Maria Luisa d'Asburgo, Desyree Clary, Maria Walewska.

Un ottuso stile invero con cui l'autore, allo scopo di purgare l'opera, manomette la Storia sino al punto di mitigare in *buffone* l'aggettivo che un giovane Napoleone appicciò al re Luigi XVI°: *coglione*.

Anche questa è un'opinione, da rispettare come tale, per fortuna che in opportuno contrappeso esistono biografie su Napoleone concepite esclusivamente in termini di rapporti con le donne.

Non menziono il nome del biografo poiché la sua misoginia, dettata forse da un'inquietante sessuofobia o intransigente moralismo male inteso, rende inattendibile l'intera sua produzione.

Le donne invero sono importanti nell'esistenza di qualunque uomo, umile o glorioso, talché la biografia priva di un approfondimento in merito non potrebbe ritenersi completa.

Attenzione però a non accreditare eventualmente l'opposta tendenza fondata su interpretazioni estreme delle opere di Sigmund Freud, tali per cui qualunque azione umana, anche la più insignificante, sarebbe guidata dalla ricerca spasmodica del sesso, mentre altre passioni ne costituirebbe soltanto uno strumento intermedio.

In ordine a siffatte considerazioni, dunque, collegate a voi anfitrioni Gracchi e Kennedy, Jackie ed Ethel, Claudia e Licinia, furono mogli ma, al riguardo, è ammesso solo in parte appurare quante altre donne rivestirono un ruolo determinante nella vostra vita.

Su tutto quanto non è documentabile soccorrono il pettegolezzo, la maldicenza, di cui è utile tenere conto, ma solo essendo persuasi che tale approfondimento possa giovare alla ricerca sull'uomo.

Definito pertanto un punto relativo alla moderazione nei piaceri che Plutarco attesta in quanto virtù comune in voi Gracchi, è opportuno sottolineare come tale caratteristica, se limitata al campo erotico, non si equipari con voi Kennedy, o famiglia Kennedy in senso lato per la componente maschile. Tu John, in particolare, rivelasti una spiccata tendenza contraria alla moderazione, ed è importante rammentarlo.

Ordunque amici, in chiusura alla prima fase degli interventi svolti sulla Città Ideale abbiamo consolidato una premessa ineludibile, vale a dire che è stata acquisita l'imperfezione dell'umana giustizia e se ne è scoperto il limite impietosamente evidenziato da Sant'Agostino. Nella seconda fase, dedicata alle repliche, abbiamo altresì sviluppato una serie di considerazioni utile a circoscrivere ulteriormente il tema da noi condiviso in questa serata: l'ideologia sottesa all'azione, la scelta di privilegiare la giustizia e l'equità sociale.

Accingiamoci pertanto alla rielaborazione riassuntiva che ci avvicini alla conclusione, e manteniamo tuttavia un elemento costante a cui in diverse occasioni è stato accennato.

Rammentiamo cioè che, se la Giustizia perfetta non è concepibile nell'immanenza, appare plausibile, almeno, trasfigurarne la natura in equità. Assumiamo quindi quest'ultima a pallido surrogato dell'idea di Giustizia ed esercitiamo un tentativo di individuarla comunque, se non proprio in assoluto, quanto meno nell'accezione migliore.

Non dimentichiamo, peraltro, l'intento di concentrare su voi Gracchi e Kennedy le problematiche di questa disputa e delineiamo infine in forma attendibile il vaglio sull'impronta storica che trasmetteste ai posteri in ordine alla giustizia ed all'equità sociale.

La vostra attenzione fu concentrata in particolare sulle fasce deboli della piccola proprietà contadina, fagocitata come fu in Roma antica dal latifondo terriero aristocratico, Gracchi, e sul popolo negro negli Stati Uniti, di fatto non libero dalle catene della schiavitù, Kennedy.

Poniamoci però su un piano collettivo e occupiamoci non di uomini in quanto individui appartenenti a determinate categorie, bensì delle comunità in un senso onnicomprensivo, nelle quali il mantenimento della pace esige che nessuno sia troppo ricco o troppo povero.

Se infatti noi diamo per scontato che l'individuo rappresenta l'unità dell'umana esistenza, non possiamo trascurare l'idea che comunque egli vive come un animale sociale nella comunità estesa, e questo secondo l'incontrovertibile pensiero di Aristotele che abbiamo tutti più o meno condiviso.

Siffatto fondamento, ineluttabile in presenza di qualunque struttura sociale, implica la ricerca di metodi adeguati alla distribuzione delle risorse economiche, ed al riguardo ne ho trattato nella ouverture, ma prima di procedervi è necessario considerare un altro concetto molto importante: l'uguaglianza.

Stabilito innanzitutto, come ho detto per la Giustizia, che neppure l'uguaglianza pura è concepibile, occorre a questo punto tracciare la linea invalicabile oltre alla quale ogni uomo deve essere considerato sempre uguale a tutti gli altri.

Al di qua della linea deve essere ammissibile, invece, l'importanza di considerare la diversità, come vedremo.

Noi qui presenti, appartenenti al gruppo degli antichi greci e romani, nonché Dante Alighieri e Niccolò Machiavelli, esponenti del Medio Evo e del Rinascimento italico, non fummo neppure sfiorati da una simile problematica, ne percepimmo solo un evanescente sentore.

Dobbiamo rendere merito all'epoca illuminista settecentesca, in cui visse Jean Jacques Rousseau, per avere trasfuso l'uguaglianza da un tratto di valore etico e morale, che girò intorno alle nostre coscienze senza scalfirle, in enunciazioni programmatiche di diritto positivo.

Nella mia Atene in fase democratica, ad esempio, era consentito a tutti i cittadini, senza distinzioni di censo, casta, istruzione, e sempre escluse le donne, prendere la parola nelle assemblee e partecipare alle decisioni. Per questo Atene è da sempre celebrata, nella Storia, come la culla della democrazia.

Ma, in realtà, l'esperienza politica e la conoscenza degli affari, non furono mai il patrimonio comune per i cittadini e si tennero sempre ristrette nella categoria dei più alti magistrati, gli unici depositari in grado di assumere tutti gli oneri della gestione pubblica.

Per quanto riguarda Roma, sei stato chiaro Cicerone nel descrivere la struttura della società fondata sul primato dell'aristocrazia esclusiva, abbarbicata al potere, seppure condiviso con una plebe laboriosa ed evoluta, ormai parte acquisita della nobiltà. Non ci fu uguaglianza in Roma e le istanze popolari, nate grazie a voi Gracchi, premevano sì con irresistibile tenacia, ma condussero infine all'impero autocratico.

A Firenze, nelle epoche testimoni del vostro genio, Dante Alighieri e Niccolò Machiavelli, non si registrò un progresso rispetto a Roma ed Atene. Nel comune medioevale fiorentino l'aristocrazia e la plebe mercantile si fusero in alleanza consimile a quella romana creando una nuova classe compatta dominante, però il popolo minuto rimase estraneo dall'organizzazione di arti e mestieri, prerogativa del solo popolo grasso, mentre la repubblica, in alternanza con la signoria medicea, confermò l'egemonia di nobili, banchieri, mercanti.

Il valore etico dell'uguaglianza traspariva dunque nei tipi di società antica e intermedia, eppure stentava a manifestarsi in atti.

Io penso che a voi Gracchi debba essere accreditato l'onore di avere promosso il passaggio più vicino all'autentico ideale, ma il transito di svolta radicale sull'uguaglianza, solennemente proclamata, venne più avanti nel tempo rispetto all'antichità ed altre epoche intermedie. Esso infatti si concretizzò nella Francia rivoluzionaria, due millenni dopo di me, attraverso la fulgida Dichiarazione dei Diritti dell'Uomo e del Cittadino, adottata nell'Assemblea Nazionale in data 26 agosto 1789. Un principio anticipato dagli Stati Uniti con la Dichiarazione di Indipendenza del 4 Luglio 1776.

Quell'altissimo valore, inespresso prima di allora, assunse la forma scritta in documenti ufficiali con giurisdizione limitata alla Francia e Stati Uniti. In seguito furono confermati a livello planetario grazie a un'altra Dichiarazione, del 10 Dicembre 1948, dalla Organizzazione Nazioni Unite, ente istituito dopo la seconda guerra mondiale.

Si realizzarono pertanto in questi atti conquiste epocali per l'umanità sull'uguaglianza, seppure difettose perché non vincolanti. Non poche fra le nazioni aderenti all'ONU, infatti, restano nel terzo millennio governate senza rispetto alcuno per i diritti umani.

La Cina, per esempio, laddove un principio di uguaglianza era stato imposto dal grande timoniere Mao persino nel vestiario, continua ad alimentare imbarazzo per la violazione dei diritti umani, giacchè non soltanto aderisce all'ONU ma addirittura esercita il ruolo di membro permanente nel Consiglio di Sicurezza.

A voi Kennedy, come già poc'anzi ai Gracchi, devo a questo punto conferire un sentito elogio per avere partecipato in ampia misura ad eliminare una fonte di imbarazzo non meno avvilente per il vostro paese: gli Stati Uniti furono sì ispiratori delle Nazioni Unite ma, al tempo stesso, sono colpevoli di una discriminazione razziale indegna di paese evoluto, perpetrata a lungo nei confronti del popolo negro.

Sono infatti convinto che la presidenza Obama, il culmine di crescita virtuosa in senso egalitario negli Stati Uniti, abbia garantito sviluppo a una fase di maturazione eccellente prendendo le mosse proprio dal vostro impegno, Kennedy, contro la segregazione razziale.

L'uguaglianza dunque, seppure carente al livello umano quanto la giustizia, deve sussistere fra gli uomini in dignità personale e parità di fronte alla legge, all'autorità costituita, in diritto di accesso al voto e all'elettorato passivo, in indiscriminata opportunità ad inserirsi nel tessuto economico.

Ora io non dubito della vostra adesione unanime a un simile assunto, illustri convitati, però prevedo che per altri aspetti non sarete affatto concordi, come cripticamente ho accennato poc'anzi.

Dicevo dunque, è giusto, oppure è equo, che la società adotti sistemi perequativi attraverso cui siano erogate sempre uguali ricompense a tutti gli uomini, indipendentemente dalle capacità e dall'attitudine?

Vedete bene che nel quesito io ho introdotto alcuni parametri in base ai quali stabilire l'utilizzo di criteri distintivi che contraddicono alla radice il sacrosanto principio dell'uguaglianza.

Naturalmente io do per scontata la risposta negativa da parte vostra, cioè un'avversione all'uguaglianza senza se e senza ma.

Cicerone per esempio ha accennato alla comparsa di *homines novi* in Roma rivendicandone i meriti di fronte alla nobiltà.

La dottrina cristiana propone la parabola dei talenti secondo la quale verrà infine premiato solo chi li avrà impiegati al meglio.

Persino in regime comunista è considerata apprezzabile, e per certo degna di riconoscimento, la figura del lavoratore stacanovista.

E' indubitabile pertanto che invero non esiste uguaglianza fra uomini in natura, proprio per le tante motivazioni collegate all'età, al sesso, alla salute, alla prestanza del corpo, alla potenzialità dell'intelletto.

Ed è per tale motivo che la società tende ad identificarsi nella natura, ad agevolare le diverse condizioni, attribuendo i maggiori privilegi e ricchezza a coloro che possono dare di più perché hanno ricevuto di più e lo sanno meglio sfruttare.

Ma se, per diversi aspetti, noi abbiamo consolidato alcuni principi in piena armonia sul tema dell'uguaglianza, nel senso che essa non può essere interpretata come un valore assoluto, privo di ogni distinzione applicativa, come è possibile conciliare tali contrastanti visioni sul piano dell'ideologia?

La risposta è una sola, secondo me: equità sociale.

In uno stato di natura primordiale l'evoluzione non può condurre ad altro che allo sterminio o alla sottomissione in schiavitù degli strati composti dai soggetti più deboli.

La Storia dimostra l'amara verità dell'assioma, ma al tempo stesso abbonda di rivolte di oppressi culminate a volte in sconfitte e stragi, a volte in vittorie e vendette truculente, a seconda che lo spirito della rivolta contenesse o meno in se stesso una proposta alternativa.

Tuttavia una crescita virtuosa dell'umanità esige non lotte e tumulti bensì che la società migliori e si auto regoli per non autodistruggersi. A questo punto, peraltro, subentra essenziale una considerazione di carattere etico su cui già mi sono intrattenuto in esordio.

Mi riferisco alla digressione in cui apparentemente ho tessuto le lodi del sistema economico liberista occidentale in confronto al metodo di pianificazione centralizzata da parte dello Stato.

L'autonomia di mercato, dicevo, comporta un rischio formidabile di squilibrio sociale e pertanto è indispensabile che un egoismo innato delle classi privilegiate si ridimensioni in una visione più aperta.

I migliori per nascita devono accettare una ridistribuzione avveduta delle risorse tesa alla ricerca di un equilibrio volto alla convivenza civile, non rinunciando peraltro alle diversità presenti in natura, e poi tutti ne dovranno accettare le conseguenze.

Poiché siffatti intenti non possono essere realizzati se non in politica, noi possiamo constatare nella Storia come tanti uomini eccellenti abbiano dedicato la vita nel perseguire tale programma di solidarietà verso le aggregazioni più deboli. L'elenco sarebbe interminabile, ma sull'appartenenza di voi, amici Gracchi e Kennedy, a tale categoria di uomini eminenti non sussiste alcun dubbio.

Schierati dalla parte dei deboli, agiste da autentici democratici e audaci riformatori

Tutti i convitati, ciascuno a modo suo, hanno riconosciuto il vostro merito e posso affermare senza timore di smentita che la valutazione nei vostri confronti si è rivelata ampiamente lusinghiera nel contesto di questo simposio, che ora andiamo a concludere.

Sicuramente lo è stata con approvazione e plauso da parte di Thomas Jefferson, Karl Heinrich Marx, Jean Jacques Rousseau, mentre altri, come Niccolò Machiavelli, Friedrich Wilhelm Nietzsche, Cicerone, hanno espresso critiche sui metodi del vostro operato politico, fermo restando tuttavia per tutti i convitati il riconoscimento di un coraggio e determinazione d'animo non comuni nel perseguire la promozione degli strati sociali economicamente più deboli. Tale è stata la vostra dirittura categorica, nessuno lo può negare.

Per quanto mi riguarda non posso che confermare un simile assunto, e ciò indipendentemente dalla forma di governo nella quale la vostra azione è stata attuata, democrazia statunitense o aristocrazia romana. D'altronde io non ho voluto indicare la forma di governo migliore in assoluto, ho solo delineato gli archetipi che l'esperienza vissuta mi pose davanti agli occhi.

Ogni tipologia di governo, in realtà, non è idea astratta della forma di governo, ovvero quella che potremmo definire la Città Ideale.

Sono possibili applicazioni concrete, sempre e in ogni caso soggette a censura, comunque anche noi, Platone e Aristotele, accordiamo a voi Gracchi e Kennedy tutta la nostra stima e considerazione.

236

III *Atto*

Movente — La confessione

PREMESSA

Nobile ispirazione è amare il popolo, però non come lo amano i ricchi e liberali, a distanza, bensì come lo capiscono quelli che vengono dal popolo o ne hanno davvero compreso le aspirazioni.
L'assunto introduce un ultimo quesito

> Su quali istanze Gracchi e Kennedy sovvertirono la loro tradizione di famiglia privilegiata e quale fu il movente che li orientò sul fronte opposto alle prerogative di nascita. Un nobile ideale altruistico o la più smodata ambizione?

Sciolto il simposio, i protagonisti rispondono raccontando se stessi e svelando in prima persona il movente all'azione politica in una sorta di confessione alla quale soltanto Santo Agostino assiste.
Agostino infatti, l'unico titolare nel simposio di una conoscenza che supera il limite cronologico degli altri convitati, concentra valenze religiose cristiane che trascendono la Storia, la filosofia, la scienza, l'economia, ma soprattutto sono superiori all'ideologia.

Personaggi in scena

Santo Agostino
Tiberio e Caio Gracco
Jhon e Robert Kennedy

Scena

Nella sala del simposio i convitati in piedi si scambiano cordiali e affettuosi abbracci all'atto del congedo. Gracchi e Kennedy sulla porta salutano tutti al passaggio, invitano quindi Santo Agostino ad accomodarsi su una poltrona all'angolo e siedono sulle altre intorno a lui.

Scena 1 — Il racconto

SANTO AGOSTINO – Eccomi a voi, Gracchi e Kennedy, in colloquio circoscritto che costituisce il tratto conclusivo a lungo predisposto entro un gruppo più vasto di anime eccellenti.

Non dubito che chiunque fra gli intervenuti in questa indimenticabile serata sarebbe stato in grado di assistervi nella confessione al posto mio con uguale fine sensibilità e sapienza, a me tuttavia è consentito in particolare un vantaggio notevole rispetto agli altri, vale dire la conoscenza dello sviluppo temporale del mondo oltre all'inizio del terzo millennio dopo Cristo.

Si tratta di una posizione privilegiata, come ha evidenziato Platone, persino con troppa enfasi, ma che, seppure acquisita non per merito, bensì datami in concessione dalla Divina Provvidenza, mi permette di superare i confini della Storia e di sovrastare civiltà e ideologia.

Civiltà e ideologia invero rappresentano riferimenti dominanti atti a delineare le personalità e l'azione politica di voi Gracchi e Kennedy in Roma antica e Stati Uniti d'America, ed in questa direzione si è svolto il nostro dibattito, ma al tempo stesso si frappongono come un limite al libero esplicarsi del vostro anelito verso la Giustizia, talché si impone un drastico mutamento di rotta.

Ciò che conta infatti più di tutto il resto, una volta pervenuti a questa fase, non è la civiltà, né l'ideologia, bensì l'intima coscienza di sé.

Accingiamoci pertanto a parlarne con animo aperto e sincero, senza diffidenza o pregiudizio, ma in prima istanza, onorando Platone, re del simposio, io intendo innanzitutto ribadire il quesito principale che già è stato adombrato ed a tale fine richiamo qui la sua opera più significativa: Πολιτεία.

Noi sappiamo come in essa l'obiettivo primario consista innanzitutto nella definizione della Giustizia intesa come scopo da perseguire per il suo valore esclusivo, oppure per la mercede che potrebbe seguirne all'uomo, o contemporaneamente per l'uno e per l'altro aspetto.

Comunque sia Platone, per bocca di Socrate, indulge nel distinguere l'intendimento dell'uomo ingiusto, che desidera apparire giusto, da quello del giusto che non vuole sembrare bensì essere giusto.

Essere o apparire? Tale dunque è l'essenza del quesito che vi pongo.

In quanto giovani uomini appartenenti a famiglie illustri ed a classi privilegiate, riteneste nobile superare la fortuna e darvi alla politica al fine della tutela dei meno abbienti per ideale, o cercaste attraverso l'esercizio dell'impegno, la gloria e gli onori idonei a soddisfare una frenetica ambizione, tale per cui in realtà neppure avreste concepito il contatto diretto con la gente semplice e vi sareste anzi mantenuti protetti da altero distacco e velato disprezzo?

In quale stadio intermedio tra gli estremi dell'antitesi platonica deve annoverarsi il vostro peculiare atteggiamento politico e sociale che animò le intenzioni? Apparire o essere?

Al riguardo sarei propenso ad escludere che sussista una soluzione univoca e quindi cedo la parola a voi per un'articolazione sfumata in analisi da parte di ciascuno.

Si inizi dunque da te, Tiberio Sempronio Gracco, il più anziano tra voi e quindi primo a cimentarsi nell'arena politica. Procederemo poi per ordine di coppie e ne trarremo insieme le conclusioni.

TIBERIO SEMPRONIO GRACCO – Rammenti Sant'Agostino come già Cicerone, nel narrare del sogno di Scipione Emiliano che conclude il *De Republica*, abbia attribuito al mio insigne antenato, l'Africano, un'aspra critica nei miei confronti per il fatto di avere sovvertito gli equilibri dello stato provocando anarchia e disordini inaccettabili?

E tu fratello Caio hai replicato d'impulso, perché ti sei sentito leso in prima persona per l'insinuazione di un sospetto di colpevolezza sul presunto omicidio di Scipione Emiliano.

Io desidero riprendere l'argomento con lieve serenità ma comunque ne utilizzerò tutto il potenziale dirompente al fine di formulare, per la parte che mi compete, una risposta attendibile al quesito.

Vediamo, Sant'Agostino, avrei forse imboccato una strada difforme dalle tradizioni di un'eccelsa famiglia aristocratica presentandomi in candidatura al tribunato della plebe?

Avrei disprezzato tutte le lusinghiere prospettive di fama e ricchezza ricavabili dal *cursus honorum*, abbandonando la progressione già sin dal primo gradino di questore e rinunciando così alla carriera politica usuale tra i giovani nobili romani, alle gratificazioni economiche e morali che ne seguivano ai miei tempi?

Perché mi sarei intestardito in tale opzione autolesionista?

Ebbene sì, Sant'Agostino, con qualche riserva tuttavia. Quella fu una mia scelta, consapevole e determinata, che non soltanto mi indusse per collocazione istituzionale sulla sponda opposta rispetto al partito degli *optimates*, ma addirittura ispirò in modalità di esercizio un mio intento a esumare le antiche prerogative del tribuno, volte com'erano alla reale e genuina tutela della povera gente.

Fu una vocazione dura e pura, agli albori della Repubblica romana, però imbastardita ormai alla mia epoca per le compiacenti alleanze sviluppate fra le classi sociali migliori in corruzione politica diffusa.

Né corrisponde del tutto al vero d'altronde che nella mia ascendenza familiare facessero difetto tendenze filo democratiche e che soltanto io per primo me ne fossi reso interprete.

Già il nonno materno, Scipione Africano, cultore del mondo ellenico nel quale la democrazia si era delineata nelle sue forme più evolute, era convinto che al popolo si dovesse riconoscere spazio adeguato in politica per assicurare stabilità e potenza allo stato ed all'impero che si andava consolidando sotto l'egida di Roma. Mamma Cornelia ne parlava spesso a noi bambini e mio padre Tiberio trasmise solenne esempio di virtuosa gestione pubblica.

Egli fu anche tribuno, sia pure non distinguendosi nei provvedimenti popolari, bensì dando il meglio di se stesso come militare piuttosto, nonché censore, console, diplomatico.

Per parte mia comunque sono particolarmente orgoglioso di avere realizzato in Roma Repubblica qualcosa di indubbiamente originale rispetto all'azione degli antenati imprimendo al tribunato della plebe una linea in controtendenza.

Però debbo anche ammettere, purtroppo, la mia disillusione poiché l'efficacia del sistema innovativo da me instaurata, e confermata da te fratello Caio, si rivelò effimera infine. Il feroce dittatore Cornelio Silla ridimensionò brutalmente il carisma genetico del tribunato.

Pompeo lo ripristinò, ma pure sempre nella pedissequa conformità all'edulcorata prassi mediatrice dell'istanza popolare, come già da molto tempo era consolidata nella Repubblica intermedia nei termini graditi a Cicerone, vale a dire non per un'autentica conformazione bellicosa, così come enucleatasi in seguito alla prima secessione dei plebei nell'arcaica Repubblica.

Sarei propenso peraltro a spiegare il livore di Cicerone contro noi Gracchi, innocui antecedenti storici, morti e sepolti rispetto a lui, attribuendolo ad una sorta di risentimento trasversale alimentato in effetti nei confronti di un suo acerrimo nemico coevo, vivo e vegeto, nonché insidioso quanto intelligente rivale.

Mi riferisco qui a Publio Clodio Pulcro, del quale appare opportuno a questo punto percorrere la carriera al fine di delineare l'evoluzione della carica che per me e te, Caio, fu il veicolo della missione.

Clodio dunque non è altro che la riscrittura in versione plebea del gentilizio Claudio ed egli infatti, discendente da mio suocero Appio Claudio Pulcro, si diede assai da fare per ottenere l'adozione da una famiglia plebea proprio al fine di accedere alla carica tribunizia.

Publio Claudio Pulcro era un giovane aristocratico, ambiziosissimo e vanesio, ed il precedente dal quale scaturì l'inimicizia con Cicerone, che poi crebbe inestinguibile per molti anni a venire, sorge da un goliardico e buffo episodio.

Nel 62 avanti Cristo, appena eletto questore, mentre si officiavano in casa di Giulio Cesare, neo eletto Pontefice Massimo, i riti della *Bona Dea*, nume tutelare della fecondità femminile, a cui erano ammesse soltanto donne, vestali e matrone del più sussiegoso *jet set*, Clodio, avvalendosi della complicità di un'ancella, si introdusse camuffato da suonatrice d'arpa al fine di insidiare la moglie di Cesare, Pompea, alla quale competevano gli onori di casa e tutti i doveri di ospitalità. Ma prima di raggiungere le stanze di Pompea, Clodio fu smascherato nel ridicolo tentativo di imitare la voce femminile da un'altra ancella che diede l'allarme.

Ne conseguì un clamoroso processo pubblico, talché il divo Giulio respinse sdegnato l'innocente Pompea, affermando che la moglie del Pontefice non può essere sfiorata neppure da un labile sospetto.

Fra sedute burrascose al Foro, nelle quali si invocò persino la pena capitale, fra generose offerte per corrompere i giurati, fra ricerca di testimoni pronti a dichiarare l'assenza di Clodio da Roma in quella giornata, Cicerone, seppure fosse stato sostenuto da Clodio ai tempi della congiura di Catilina, testimoniò di averlo incontrato nei pressi del Palatino poche ore prima dell'inizio della festa.

La parola di Cicerone sembrò decisiva per orientare la sentenza sulla pena di morte, ma più del suo prestigio personale si impose il denaro di Crasso e così Clodio venne infine assolto con appena trentuno voti su cinquantasei. Egli comunque non dimenticò lo sgarbo del vecchio alleato e due anni dopo maturò la vendetta promuovendo, in carica di tribuno della plebe, un plebiscito che decretò l'esilio per Cicerone, reo di procurata condanna illecita contro i catilinari.

Clodio seguì poi in prima persona e con zelante fervore la confisca dei beni conseguente all'esilio ed addirittura fece abbattere la *domus* di Cicerone sul Palatino per erigere sul luogo un tempio dedicato alla libertà, salvo con l'occasione ampliare la propria vicina dimora.

In corso del tribunato nel 58 avanti Cristo, infervorato dagli istinti demagogici rampanti, Clodio ottenne approvazione di alcuni decreti idonei a favorire la massa rumoreggiante del proletariato urbano, ridimensionando al tempo stesso il potere del Senato, e quindi, sulla tua onda virtuosa, Caio, avviata 60 anni prima, il tribunato conseguì nuovi successi.

Innanzitutto una *lex frumentaria*, anche più generosa della nostra, talché le periodiche distribuzioni al popolo sarebbero avvenute in misura maggiore ed a titolo gratuito, abolendo il prezzo politico.

Quindi una legge atta a contrastare l'ostruzionismo senatoriale con la quale fu abolita ogni facoltà di interdire le assemblee popolari nei giorni ritenuti infausti per motivi religiosi.

E ancora una legge che ridusse il potere censorio nella compilazione delle liste dei soggetti che aspiravano al Senato.

E infine un'altra, rivolta ad abolire il cosiddetto *senatus consultum ultimum*, atto con cui era stata sancita la strage in cui peristi, Caio.

Dismessa la carica di tribuno, Clodio mantenne influenza indiscussa sul popolo e continuò a imperversare assoldando bande di facinorosi squadristi con cui fomentò disordini e tafferugli frequenti contro le iniziative aristocratiche volte ad abrogare le sue leggi e, soprattutto, alla linea di tendenza sempre più riottosa in Senato per il ritorno di Cicerone, che peraltro Clodio non riuscì a scongiurare.

Egli, in effetti, aspirava a conseguire il primato assoluto come capo supremo dei *populares* e per molti anni ancora funestò di violenza e scontri di piazza la città secondo la sua asfittica visione demagogica. Morì infine, nel corso di una delle tante spedizioni punitive da lui organizzate, assediato dai nemici in un'osteria di campagna.

Ecco Sant'Agostino, mi sono dilungato su Clodio per riallacciarmi a un discorso sul tribunato e sulla mia vocazione. Clodio infatti, anche in misura maggiore rispetto a noi Gracchi, interpretò l'essenza della carica secondo la nostra visione di lotta alla corruzione.

Ma, e questo è il punto, al contrario di noi Gracchi, egli se ne servì più per una smodata brama di potere che per autentica inclinazione democratica. Vale a dire che la distinzione fra l'impulso primordiale proprio di Clodio Pulcro e di noi Gracchi, volto in ricerca del favore di popolo al fine di raggiungere il vertice, fa la differenza tra mera ambizione personale e ideale universale.

Cicerone stesso d'altronde conferma in implicito la mia congettura sulla linea trasversale dell'acredine nutrita contro noi Gracchi.

Egli si vede costretto ad ammettere che "non potrei criticare la legge agraria di per se stessa quando rammento che uomini illustrissimi, molto intelligenti e legati al popolo, distribuirono alla plebe le terre possedute dai privati. Non sono io il console che, come i più, ritiene obbrobrioso elogiare i fratelli Gracchi".

Il riconoscimento è notevole, per quanto attesti non l'ammirazione nei nostri confronti, bensì l'opportunismo di un console che parla al popolo e riabilita i nemici scomparsi solo per screditare gli attuali.

Si rammenti infatti quello che precedentemente scrisse Cicerone in un'altra opera nella quale egli manifestò il suo vero pensiero: "quale equità è questa che la terra posseduta da generazioni debba averla chi mai la possedette e debba invece perderla chi la possedeva?"

Ribadisco pertanto che a noi soli, Tiberio e Caio, sarebbe dovuto il riconoscimento per avere inaugurato una tendenza alla restaurazione della missione storica tribunizia: accontentare senza fraintendimenti personalistici la volontà della più umile plebe e curarne gli interessi. Attraverso siffatto confronto con la spregevole demagogia clodiana, dunque, intendo esporre in buona fede un'introspezione dell'animo dal quale penso debba emergere infine l'impronta del mio passaggio politico, oggetto di analisi nell'intricato coacervo di fonti storiche, critiche o plaudenti, malevole o benigne, obiettive o inquinate.

E' proprio nel modo più degno di credito che desidero esibire la mia immagine con assoluta franchezza, ma non per la frenesia di apparire o esaltarne i lati migliori, bensì, e per quanto possibile rammentando la congenita tendenza umana all'auto assoluzione, per presentarmi libero da sovrastrutture, Sant'Agostino, al tuo sereno giudizio.

Comincerò pertanto parlando di noi Gracchi, ma abbandonerò subito il plurale poiché non intendo prevaricare su te, Caio, e mi rivolgerò quindi a te John Kennedy, scegliendo un personaggio che desidero assumere come un termine diretto di confronto, lieto di constatare le affinità intercorrenti fra noi che già altri hanno rilevato.

Caio ed io dunque, grazie a Plutarco, godiamo in inconscio collettivo storico di un'apparenza umanitaria filantropica eccellente, un'aura che ci configura e propone al cospetto dei diseredati come eroi votati alla lotta contro le avversità del destino, portatori di nobile missione altruistica, ma che finiscono sconfitti dallo sfavore della fortuna e dall'egoismo degli avversari.

Tale è l'archetipo diffuso di noi Gracchi nella Storia ed io sarei pure tentato di confermare a parole l'immagine lusinghiera e accattivante, ma in realtà io non posso onestamente ritenere congeniale a noi una rappresentazione di così leggendaria memoria, che ci accomuna alle più splendide figure della romanità, e d'altronde mi pare un carico scomodo e arduo da sostenere.

Sono propenso a ritenere piuttosto che nella storiografia siano state celebrate con solennità eccessiva le motivazioni di carattere etico e idealistico sottese alle nostre riforme ma, parlando solo per me, devo dire che furono importanti sì, ma non le sole a determinare l'azione. E mi spiego: la contrapposizione politica in Roma tra *optimates* e *populares* iniziò a delinearsi alla mia epoca e si sviluppò in un'ottica di conflitto fra la tendenza conservatrice e quella riformista.

Ispirata a quest'ultima linea guida, la mia legge agraria diede origine ad una faida permanente, ad una lotta furiosa di smodata passione politica persino a livello personale. La Repubblica ne fu lacerata dal profondo e così rimase inevitabilmente determinato il suo tramonto a partire dai sanguinosi tumulti cittadini dei miei tempi, e poi dalle rovinose guerre civili nel secolo successivo.

Entrambe le fazioni aspiravano al potere e rivendicavano il diritto a perseguire l'interesse generale dello stato.

L'una per incensurabile autorità senatoria, l'altra in preponderanza di clamore assembleare. Simile antinomia concretizza un'esemplare rappresentazione della diarchia emblematica di destra e sinistra che per mirabile classificazione Plutarco ha tentato di nobilitare.

Ma non è questa invero una questione di ideologie politiche e sociali poiché, nonostante le asperrime diatribe intercorse tra le due fazioni in Roma, esse convennero in una sottintesa armonia di intenzioni su uno scopo unico, essenziale se non esclusivo, vale a dire innanzitutto la gloria eterna di Roma e l'espansione territoriale dell'impero.

Mario e Silla, Cesare e Pompeo, Marco Antonio e Ottaviano, vissero un periodo di lotta reciproca sino al sacrificio estremo del nemico, ponendo altresì sempre più in ombra il contrasto ideologico rispetto alle mire personali fondate sull'ambizione al principato, ma nessuno di essi, venne mai meno all'ideale patriottico per le sorti della città di Roma che collocavano in primo piano.

Thomas Jefferson d'altronde ha già altrove evidenziato un uguale tratto comune in ordine ai Presidenti degli Stati Uniti, nel senso che un Presidente è americano innanzitutto e poi, eventualmente, fedele ad una linea politica di destra o di sinistra, che dire si voglia.

Corrisponde al vero ad esempio, John Kennedy, che la propensione all'assistenza economica nei confronti delle aree più disagiate nel mondo, in Africa, Asia, Medio Oriente, America latina, fu attuata da te sempre con occhio rivolto alla temuta influenza sovietica in quei luoghi? E soprattutto avendo riguardo al *gap* sempre più ridotto fra l'arsenale nucleare americano, preponderante all'origine, rispetto a quello dell'Unione Sovietica?

Prevengo la scontata obiezione, John, nel senso che gli Stati Uniti non perseguivano allora politiche espansionistiche di tipo imperiale, bensì erano animati da un mero spirito difensivo, al contrario di noi romani, imbaldanziti per la vittoria su Cartagine e quindi desiderosi di accrescere il dominio sull'intero Mediterraneo.

Sì, questo è vero, John, ma soltanto in parte, e comunque ravvedo la necessità di un chiarimento in merito.

Quella vostra epoca appena successiva alla seconda guerra mondiale, fratelli Kennedy, instaurò un nuovo metodo di concepire l'egemonia nazionale sul resto del mondo, o anche oltre se consideriamo la tua ambizione, John, nel campo dei progetti di esplorazione spaziale.

Non si parlava più infatti, se non in scenario ipotetico, di spedizioni militari per terra e per mare, di battaglie in campo aperto, di lunghi e spietati assedi, di invasioni territoriali con imposizione del controllo di governo da parte del vincitore e raccolta di odiosi tributi in truppe ausiliarie o denaro e materie prime.

Siffatto era uno stile imperiale che anche noi romani applicammo, prima nella penisola italica e poi nel Mediterraneo e nelle lande del Nord Europa. Non fummo i primi del resto e neppure gli ultimi nella Storia a concepire un programma di guerra permanente teso all'avida e rapace conquista territoriale.

Ma siffatto metodo non era più realisticamente ripetibile alla fine del secondo millennio dopo Cristo.

No, Kennedy, un'aspirazione alla supremazia mondiale verteva su altri temi dopo la seconda guerra mondiale, cioè su prospettive che si sarebbero sviluppate in seguito per sequenza inarrestabile sino alla sconvolgente crisi economica e finanziaria che affligge ed ammorba tutto il mondo occidentale dal principio dell'attuale terzo millennio. Il colonialismo europeo, francese, inglese, olandese, spagnolo, che si andò diffondendo come ultima forma di imperialismo conquistatore sulle nuove terre scoperte, esaurì la forza di dominazione diretta nel tratto compreso fra le guerre mondiali, dopo di che intervennero gli Stati Uniti con interferenza fondata non sull'aggressione militare ma sull'influenza del potere finanziario, commerciale, energetico.

Stile di imperialismo formale, privo di manifestazioni eclatanti, ma proprio per questo anche più efficace perché insidioso ed ambiguo, nascosto, ipocrita e strisciante.

Sia chiaro comunque che, pur essendo persuaso sulla correttezza di questa mia interpretazione, io non ritengo voi Kennedy colpevoli di così nefande intenzioni, però sono convinto che il vostro autentico sentimento patriottico, come le iniziative di carattere assistenziale e solidaristico, erano comunque finalizzate ad una prevalenza, sia pure etico morale, degli Stati Uniti d'America nel resto del mondo.

D'altronde come potrei muovere una critica nei tuoi confronti, John, laddove io vedo confermata come inscindibile legame quell'analogia tra di noi che già altri, dicevo, hanno constatato.

La Storia riconosce a te un'aureola di martirio, un alone di santità, e ti accredita fascino, coraggio, intelligenza sociale, tuttavia, al tempo stesso, tende a ridimensionare il tuo apporto effettivo nelle vicende mondiali adombrando piuttosto un connotato retorico in parvenza di un vuoto ed insulso carisma esteriore a cui non fecero seguito fatti di incontestabile pregnanza storica.

Francamente non saprei giudicare.

Nonostante il simile e presunto eroico epilogo, anche nei miei confronti la Storia, prodiga e generosa sulle mie doti individuali, tende ad attribuire effimera attendibilità nonché un esito finale evanescente rispetto a promesse travolgenti che un'illustre origine di famiglia e gli audaci propositi coltivati in politica avrebbero lasciato presagire.

Per certo non compete a me esprimermi al riguardo, ma su te John è doveroso rammentare come la tua indole ribelle, scaturita in forma puerile già da ragazzo, si mantenne e si perpetuò nell'arena politica statunitense in una linea di tendenza innovativa che entrò in conflitto con forze di pressione tradizionali, agevolato peraltro dalla sicurezza economica sociale che ti era assicurata dalle fortune di papà Joe.

Siffatto spirito "rivoluzionario" comunque maturò solo dopo alcune esperienze collegate al più conservatore principio emergente in un contesto di benessere e prestigio.

Neppure tu infatti rimanesti indenne dalla suggestione patriottarda che papà Joe introdusse in famiglia coltivando l'amicizia con l'ultra reazionario senatore McCarthy, e così pure molti dei tuoi interventi in Congresso furono ispirati alla prudente linea di difesa dello Stato piuttosto che ad aperture sulle problematiche sociali.

Io stesso d'altronde non me ne interessai per nulla in quel periodo di prima gioventù, quando la gloria acquisita sul campo di battaglia a Cartagine sembrò proiettarmi a un brillante futuro nell'*establishment* aristocratico della Repubblica.

Soltanto più tardi mi volsi a diverse prospettive, consone a una presa di coscienza sul fronte "popolare".

Altrettanto può affermarsi sui tuoi trascorsi, John, celebrato eroe di guerra, quando abbandonasti gli indugi e abbracciasti da Presidente un ideale di pace universale in politica estera ed istanze di solidarietà sociale estese nella lotta contro la segregazione razziale.

Noi, avviati nel comune destino, diventammo personaggi influenti e imprevedibili agli occhi di *lobbies* possenti e privilegiate che mal tolleravano le nostre iniziative e quindi destammo fra esse la gelosia che le indusse a concepire piani infami di soppressione fisica, portati a compimento senza scrupoli e rimorsi.

Sulla tua presenza storica comunque desidero porre in rilievo, oltre ai contraddittori giudizi postumi e soprattutto in aperto contrasto alla critica di imbelle vacuità, che nessun uomo si trovò mai costretto ad affrontare un'uguale terrificante tensione come toccò a te nel 1962 per la crisi dei missili sovietici a Cuba.

Eri consapevole, allora, sulla colossale portata della posta in gioco e sulle conseguenze imprescindibili e irreversibili per l'intera umanità, che una tua parola, pronunciata in quelle logoranti riunioni, avrebbe determinato. Guidavi invero una schiera di consulenti qualificati, ma ti rendevi conto che la responsabilità spettava a te solo, collocato al vertice della federazione statunitense.

Oppresso da un'insostenibile angoscia, sentendoti tremare i polsi di fronte alle alternative, dall'esito comunque imprevedibile, ascoltasti tutte le voci e mantenesti lucidità nello spaventoso stress sinchè, tra un lassismo colpevole e un rigore maldestro, optasti per la soluzione che ritenesti più saggia ed equilibrata.

Discutibile? Forse sì, ma andò bene per te e per l'umanità intera, sia pure soltanto grazie ad un lancio dei dadi ben riuscito.

Comunque sia, John, non sussiste dubbio sul fatto per cui meriteresti la celebrazione solo per l'esserti destreggiato da protagonista in quei fatidici tredici giorni dell'Ottobre 1962, se non altro perché la Storia stessa sarebbe potuta finire proprio allora se tu avessi dato seguito ad un'altra fra le prospettive.

Al tempo stesso però sono persuaso che anche in quell'occasione tu tenesti presente *in primis* un interesse strategico degli Stati Uniti, come avvenne al Presidente Truman, quando in frangenti altrettanto drammatici autorizzò l'impiego di ordigni atomici (non è credibile la sua affermazione per cui non perse mai il sonno a causa di ciò).

Da qui giungo al punto centrale della mia precedente affermazione sulla concorrenza di diversi impulsi che ispirarono in concomitanza la politica da me intrapresa in Roma.

Mi risulta difficile valutarne la misura più o meno determinante ma posso dichiarare senz'altro che tali motivi non devono definirsi di carattere esclusivamente umanitario ed altruistico, tuttavia neppure preordinati soltanto a soddisfare la mia ambizione.

Fu per certo un progetto di stampo riformista ed assistenziale quello che mi orientò a perseguire la rivincita dei piccoli proprietari terrieri, autentici contadini lavoratori nell'origine, di fronte al dilagante ed invasivo potere esercitato dai latifondisti aristocratici.

Ma al tempo stesso mantenni a cuore le sorti della Repubblica e mai avrei dimenticato di essere cittadino romano, innanzitutto, ansioso di conservare intatto il vigore delle legioni.

Al nostro potenziale militare per consistenza e valore da sempre era dovuto il benessere cittadino: struttura che nei secoli passati consentì a noi di prevalere sui vicini del Lazio, sui sanniti, sui galli, sui greci di Pirro, su Cartagine e sui popoli della Grecia e dell'Oriente.

La mia Roma, una volta sconfitti e sottomessi i nemici formidabili e minacciosi, godeva di una pace generalizzata portatrice di ricchezza, eppure effimera, a causa delle laceranti controversie intestine, ed io temevo, per la mia patria, il malcontento ed il livore acerbo delle classi meno favorite nella distribuzione della grande prosperità.

Reputavo giusto, pertanto, ripartire in maniera equa il prodotto delle immani fatiche guerresche, mitigando il contrasto fra latifondisti e piccoli possidenti, i quali invero garantivano il maggiore contributo umano per l'esercito, ma in una più ampia prospettiva mi premeva di preservare Roma sicura, invincibile e preparata, nell'armonia delle componenti di Senato e popolo, onde fronteggiare scenari di ostilità e premeditata vendetta da parte dei popoli sottomessi.

Lo vedi pertanto, John, come entrambi noi credessimo nel progresso sociale delle classi meno abbienti, ma pur sempre all'ombra di uno spiccato sentimento patriottico, non inquinato da manie di grandezza peraltro, bensì nell'intento di tutelare la nostra identità nazionale di fronte al temibile nemico incombente, che per voi era uno soltanto e per noi parecchi.

In siffatta disposizione d'animo tu ed io nutrimmo al tempo stesso spunti tipici delle ideologie di destra e di sinistra, talché convivevano nell'animo istanze contrastanti che si annullavano in linea reciproca, con una differenza di non poco conto, tuttavia.

Nella nostra cultura romana antica, infatti, sussisteva la propensione generalizzata a dichiararsi sostenitori di una tendenza conservatrice, se non reazionaria, come matrice di buon senso generalizzato idoneo a non destare denuncia di sovversione nelle enclavi del potere.

Le opposte inclinazioni innovative volte alla promozione sociale del popolo, a distribuzione della ricchezza, a immissione di nuove classi nell'agone elettorale con intento partecipativo di più vasta portata, al cambiamento del sistema costituzionale, erano nascoste dall'uomo nuovo dedito in politica, mitigate attraverso una fervida professione di fede per il sacro destino di Roma dominatrice.

Sembrava quasi una vergogna, politicamente scorretta, auspicare un avvento di riforma e cambiamenti strutturali nelle aule e nei consessi più esclusivi, salvo poi farne un uso a piene mani nelle assemblee al cospetto del popolo. Per voi Kennedy invece, nel contesto politico tipico occidentale del XX° secolo, si verificava l'esatto contrario.

Qualunque aspirante alla pubblica gestione non poteva prescindere dalle più pure evocazioni progressiste e sociali, neppure il più retrivo nazionalista, per non apparire un pericoloso guerrafondaio portatore di intolleranza xenofoba, destinato perciò all'insuccesso elettorale.

Il concetto invalso di "politicamente corretto", negli Stati Uniti e in Europa, è diametralmente opposto rispetto a quello divulgato da noi romani antichi. E questo voglio sottolineare nelle mie considerazioni di confronto fondato su presupposti di tendenza elementare.

Ma se d'altro lato è vero che l'ispirazione politico sociale manifesta molti tratti comuni tra noi, amico John, oltre ad ogni prefigurazione che potrebbe rendere censurabile la nostra condotta sotto il profilo di più retta coerenza, a me piuttosto pare assolutamente priva di senso la distinzione tra destra e sinistra.

Sant'Agostino stesso, d'altronde, ci esorta a disfarci di un carico di ideologie tradizionalmente intese nei *cliché* convenzionali, se non in futili e fuorvianti etichette, per privilegiare invece, in luogo di siffatti schemi logori e stantii, un'analisi individuale profonda.

Mettiamo al bando perciò quelle classificazioni totalmente inutili e guardiamo a fondo dentro di noi, alla ricerca del comune connotato idoneo a definire la risposta sul quesito che ci pone Sant'Agostino in ordine al nostro comune ed autentico principio guida, considerando innanzitutto i suoi ammirabili interventi durante il simposio.

Il nostro mentore ha parlato del messaggio sociale elaborato in seno alla dottrina cristiana sul quale poi ha raccomandato una riflessione da parte degli intervenuti al simposio.

Potremmo quindi noi, statisti romani e americani, affermare che fu una motivazione ispirata alla pura compassione per la povera gente, avulsa da considerazione sulla colpa o sull'incapacità del non sapersi sottrarre alla prevaricazione altrui, quella che ci portò alle scelte?

Io non lo credo.

Siffatta dirittura si fonda infatti su un ideale estraneo alla giustizia umana e conforme alla Carità cristiana, una nozione che fu acquisita da te nel corso della formazione giovanile, John, in quanto impartita per tradizione di famiglia, ma che non generò in te alcuna vocazione interiore, o almeno non è dato rinvenirne traccia nei tuoi discorsi e nella memoria storica.

Tanto meno altresì potrebbe riconoscersi il sentore di Carità cristiana in me, Tiberio Gracco, pagano politeista, e nemmeno "praticante".

Mi rincresce, Sant'Agostino, ma temo che noi, Gracchi e Kennedy, salvo approfondimenti in contrasto che voi minori, Caio e Robert, potreste opporre, dobbiamo escludere ogni coinvolgimento religioso dai nostri propositi politico sociali.

Sono propenso a ritenere, piuttosto, che non sussista dubbio sul fatto per cui il tema in discussione, cioè le motivazioni profonde, presenti una valenza esclusivamente politica, sicché, in siffatta ottica, debba essere trattato il tema in proprio svolgimento individuale sì, ma con una premessa generale che espongo ora.

Ben duemila anni di Storia ed un'incommensurabile distanza fisica, secondo il mio limitato parametro, separano Roma Repubblica dagli Stati Uniti, così come un altrettanto gigantesco divario sussiste tra l'evoluzione tecnologica e culturale delle due realtà imperiali.

Nondimeno sono convinto che, malgrado la difformità di spazio e di tempo, almeno una considerazione specifica resti valida: la politica non deve essere disgiunta dall'etica, talché la struttura costituzionale di qualunque Stato, come la collocazione egemone o succube nello scenario dell'umana società, conta assai meno delle qualità morali ascrivibili a chi esercita la funzione di governo.

Su questo assioma noi dovremo misurare pertanto la nostra analisi autocritica incardinata nelle specifiche e diverse realtà transeunti, tenendo in debita considerazione peraltro come le pur indispensabili qualità morali non siano da sole sufficienti ad assicurare il successo dell'uomo politico, poiché un uomo buono non è necessariamente un buon politico. E d'altronde non è per certo il successo, inteso come risultato conseguito, oggetto di analisi al cospetto di santo Agostino, bensì quello spirito con cui i mandati vennero assolti e soprattutto la coerenza profusa nell'impegno civile.

Io quindi non posso negare il movente dettato dall'ambizione come primario stimolo alla mia carriera politica, anche se non saprei dire a quale punto ne maturai in effetti una piena consapevolezza.

Conservo intatte delle mie reminiscenze adolescenziali l'impressione solenne che provocava in me la presenza nelle penetralia dell'avita dimora di austere maschere funerarie riproducenti gli antenati.

Esse erano in numero tale che poche altre famiglie patrizie avrebbero potuto mai eguagliare, come del resto mamma Cornelia non perdeva occasione di rimarcare.

E rammento anche il corteo funerario di mio padre Tiberio, al quale partecipai indossando la superba toga candida, rifinita di porpora e ricamata in oro, da primogenito maschio di un uomo che era stato già due volte console ed aveva celebrato due trionfi per le campagne militari vittoriose in Iberia e Sardegna.

Ero un fanciullo sereno, dalla natura pacata e riflessiva, tutt'altro che ribelle, remissivo all'autorità di genitori e maestri. Chi mai potrebbe rimproverarmi per aver perseguito quelle suggestioni così forti senza alcuna riflessione critica?

Siffatta fedeltà alle eccellenti tradizioni di famiglia era del resto una virtuosa propensione, tra i giovani della cosiddetta migliore società, non esecrabile di per sé stessa qualora perseguita in onestà di intenti.

Anch'io quindi volevo partecipare seguendo tale direttiva. Intendevo farmi onore in fama più che in ricchezza, ma avvenne in seguito ad un'educazione di grado superiore, impartita da selezionati istitutori, e all'articolato coacervo di circostanze e di alterne vicissitudini, che cominciai a intravedere Roma in prospettiva diversa, direi critica e rivoluzionaria.

Da un lato infatti l'ideale stoico di genuina radice ellenica incontrò il terreno fertile della mia mente grazie agli appassionanti discorsi di Blossio da Cuma, permeati dal culto di una società egalitaria. D'altro lato concorsero a schierarmi contro l'aristocrazia l'amara delusione derivatami dalla tacita emarginazione che, a causa delle sciagurate avventure belliche numantine, il Senato decretò contro di me, sia pure costretto poi a rimangiarsi le infamanti accuse già formulate per compiacere il popolo. Il popolo, appunto, che invece mi onorò allora di un commovente omaggio e mi salvò dalla morte civile.

Ero un giovane ufficiale al servizio del console Gaio Mancino e mi vidi costretto, giacchè il nemico mi attribuiva l'autorità in memoria di mio padre, a negoziare la pace in stato di coatta dipendenza, e il Senato non perdonò.

Il *cursus honorum*, al quale aspiravo avendo già raggiunto il primo passaggio nella carica di questore, poteva dirsi ormai drasticamente precluso alle mie aspirazioni, malgrado potessi contare sull'amicizia non ancora compromessa di Scipione l'Emiliano, assai importante in quanto autorevole membro degli *optimates*.

Rimaneva invece aperta per me, plebeo in linea paterna, la carica di tribuno, che peraltro si prospettava congeniale alle idee maturate nel severo periodo di studio, quanto meno se interpretate secondo le più pure prerogative delle origini.

Non fu quindi, Santo Agostino, una mera vocazione altruistica quella che determinò la mia scelta, o almeno non in funzione esclusiva.

E così confesso, sciogliendo le riserve, che mi accostai al tribunato innanzitutto perché vidi che Roma non offriva sbocchi adeguati per la mia ambizione.

Ciononostante io ritengo di essermi comportato onestamente con me stesso ed il popolo che mi elesse in un entusiastico consenso poiché credevo nella missione riformista popolare, ma non sovversiva anti Repubblica, alla quale arrecavo indiscutibile fedeltà.

E sia chiaro pertanto che la leggenda costruita intorno a noi Gracchi, invalsa nella letteratura avversaria in forma tale per cui noi saremmo tacciati da pionieri del comunismo, è una ridicola bufala storica che si fonda su un'esegesi distorta della dottrina stoica sul primordiale diritto di proprietà.

Un diritto che intesi difendere invero giacchè la riforma prevedeva sì l'esproprio di terra in eccedenza, ma confermava il diritto stesso nel contenuto più ampio entro il limite di 500 iugeri. Come si può darmi impunemente del comunista!!!

Ispirato all'insegnamento ricevuto, ordinai pertanto la mia condotta all'ideale stoico, volto a concepire la comunità dell'uomo nella città del Sole, e seguii così, nella prima istanza applicativa, gli obiettivi di immediata percezione che una prospettiva pragmatica e contingente della società poneva davanti ai miei occhi.

Né guardavo soltanto all'interesse del cittadino romano ma anche a quello dei nostri alleati italici che stavano a Sud ed a Nord di Roma, ma devo rammaricarmi per non avere io perseverato abbastanza sulla via riformista in favore dei popoli italici, giacchè immaginavo che il popolo minuto, in quanto sostenitore, non avrebbe mai approvato misure estese a beneficio di gente non romana.

Individuai così la pressante esigenza nella ridistribuzione equilibrata della ricchezza terriera, materia tipica della potestà tribunizia che, affrontata già in epoche trascorse ed in diversi luoghi, non trovò mai una soluzione adeguata.

Concepii quindi la dignità tribunizia come lo strumento per servire il popolo, non come mezzo della pura ambizione personale, essendo io persuaso che il benessere del popolo, in intento primario, si sarebbe trasfuso anche nel vantaggio dello stato.

Ma io non posso neppure, in onestà, dissimulare come l'ambizione, seppure non ispirata a becera propensione demagogica menzionata a proposito di Appio Clodio Pulcro, abbia rappresentato anche per me un ruolo non certo indifferente.

Sin dai primi atti in cui mi presentai in Foro rendendo pubblici i miei progetti, le folle riunite gridavano il mio nome in un assordante coro ritmico, accompagnato dalla rissosa gestualità.

Tale clamore, che si produsse febbrile dai primi comizi elettorali alla nomina tribunizia mise a dura prova l'equilibrio psico fisico di cui francamente mi sentivo dotato, provocando un'irresistibile reazione adrenalinica che ottunde la percezione mentale e fomenta formidabili emozioni, dalle quali avrei dovuto guardarmi.

Mi ritrovai, così, subissato da una frenetica furia popolare ma non mi pentii mai di una scelta che ormai avevo intrapreso senza la facoltà di potermi ritirare. Ne' avrei voluto farlo, anche per sentito dovere di riconoscenza verso il popolo.

Divenni così infine un eroe immacolato per le masse ululanti e, al tempo stesso, un traditore sovversivo per l'aristocrazia da cui traevo i natali. Antinomia più o meno sfumata, a seconda del punto di vista politico, ma ora è giunto il momento di concludere.

Se non ho risposto al quesito come ti saresti atteso, Santo Agostino, attendo il tuo giudizio come uomo semplice, con tanti pregi e difetti, ingenue speranze, vano orgoglio, debolezze e contraddizioni.

SANTO AGOSTINO – Non comprendo bene, Tiberio Sempronio Gracco, perché mai tu abbia inteso precludere con così inappellabili parole una motivazione di carattere religioso dall'analisi del tuo profondo sentimento civile. Poiché in effetti la tua adesione alla dottrina stoica appare meditata e consapevole per aspetti politici sociali conseguenti all'etica dominante in tale filosofia, mi domando come sia possibile dimenticarne il risvolto religioso.

Proprio dagli stoici, più che da altri studiosi e sapienti nell'antichità, venne perseguito l'intento di innalzare il mito del politeismo pagano a un anelito di autentica ricerca divina, grazie al quale essi colsero il valore fondamentale delle virtù dell'anima, e pertanto individuarono nel Πνεῦμα e nel Λόγος gli anticipatori della Divina Provvidenza.

Se si rivelarono a te una guida encomiabile i principi di giustizia, di prudenza e di temperanza, tipici degli stoici, sarebbe anche intuibile come tu, coerente a tale insegnamento, non avresti dovuto trascurare la contestuale problematica religiosa.

E invece privilegiasti gli errori di quella savia dottrina confidando in modo esclusivo nella forza d'animo dell'uomo, né andasti oltre. Ma d'altronde è da considerarsi che a te non fu consentito accogliere la Fede in una società permeata di illusorio antropomorfismo.

Non avresti mai potuto prevalere in saggezza, come inevitabilmente accadde, senza un aiuto dal Progenitore divino in quella passionale discordia che nella tua epoca iniziò a caratterizzare la Repubblica.

Ma io sono persuaso che la tua indole, unita a eccellente formazione, avrebbero dovuto comunque produrre in te, così intelligente e di alto livello morale, almeno un'intuizione di tale carenza, non fosse altro perché la filosofia che abbracciasti aveva elaborato in embrione una parvenza della Verità, ancorché inquinata di superbia.

Absit iniuria verbis Tiberio, poiché non voglio muoverti rimprovero. Mi preme esternare una considerazione generale e onnicomprensiva invece che potrebbe essere svolta, tale e quale, per tanti personaggi eminenti dell'era precristiana, migliori di altri che conobbero Gesù. Cito in via particolare Platone, Aristotele, Cicerone. Costoro, al pari tuo Tiberio, non ebbero Fede, ma ne intravidero la portata immensa come componente essenziale della vita in terra, e sul tema religioso hanno parlato durante il simposio con intensità straordinaria.

Platone invero è pervenuto ad uno sviluppo esteso di pensiero che lo conduce, unico fra i filosofi antichi, non solo al monoteismo bensì al cristianesimo, ad un punto tale per cui da Platone stesso prese avvio la filosofia patristica delle origini e la scolastica medioevale.

D'altronde io stesso mi onoro nel dichiararmi un platonico.

Fra gli altri ospiti del simposio, peraltro, di nessuno può affermarsi che la Fede abbia illuminato l'esistenza in terra, seppure nati dopo l'avvento di Gesù Cristo. Marx e Nietzsche la respinsero sdegnati, e Machiavelli, Rousseau, Jefferson, non ricavarono il puro nutrimento dell'anima giacchè la subordinarono allo Stato riconoscendo solo in tale ottica il valore.

"Amor che muove il sole e le altre stelle" epilogo della Commedia di Dante Alighieri compensa tuttavia ampiamente in direzione opposta la breve rassegna sugli amici del simposio che ho menzionato.

A te quindi, Tiberio Sempronio Gracco, discendente di nobile stirpe, come a voi, di pari illustre provenienza, possa giovare la coscienza di

avere agito in tutta onestà e buona fede, anche indipendentemente dalla Guida Divina, e rammento che a Dio solo compete il giudizio.
Acquisita siffatta premessa, rinvio ogni altra considerazione e cedo la parola a te, John Fitzgerald Kennedy.

JOHN FITZGERALD KENNEDY – Grande magnanimità, sant'Agostino, è la tua, se concedi a me l'augurio di sentirmi appagato dall'esistenza senza rimprovero per non avere saputo percepire quel grande dono della Fede.
Fui cresciuto nella tradizione cattolica di una famiglia d'ascendenza irlandese, ma non ne rimasi affatto ispirato e in seguito, intrapresa la carriera politica, l'appartenenza religiosa si trasformò addirittura in una tara opprimente della quale avrei desiderato svincolarmi al più presto poiché regalava agli avversari facili temi di critica, cosa che si accentuò poi con una formidabile potenzialità distruttiva soprattutto nella campagna elettorale presidenziale.
Nessun cattolico era apparso mai da candidato alla Presidenza degli Stati Uniti d'America e pertanto avvenne che nei comizi mi ritrovai quasi a scusarmi davanti al pubblico per risalire una china di atavica diffidenza nell'opinione pubblica, protestante in grande maggioranza e occlusa da pregiudizi invalsi contro la Chiesa Romana.
Affermavo spesso che "non sono candidato cattolico alla presidenza, bensì candidato democratico, al quale è capitato di essere cattolico".
Anche se non lo hai dichiarato esplicitamente, santo Agostino, io per questo motivo mi sento compreso nel novero da te menzionato degli uomini che conobbero Gesù ma non apprezzarono l'insegnamento.
Mi risolvo altresì a condividere il tuo pensiero, Tiberio, sull'assenza di impulso a carattere religioso nella nostra azione politica, simile per molti aspetti, e al tempo stesso confermo in una linea reciproca l'empatia che tu hai manifestato nei miei confronti.

D'altronde è anche facile per me immedesimarmi nella tua persona, rammentando la metafora suggestiva che Dante ha delineato durante il simposio. Egli, infatti, ha configurato la controversia medioevale tra Papato e Impero come confronto tra due Soli e poi si è soffermato ad estendere un'uguale matrice al conflitto tra il mondo dell'Est e quello dell'Ovest ai miei tempi, per un aspetto, e alla diarchia tra gli *optimates* e i *populares*, in Roma antica, per un altro.

Rifacendosi a quello scenario Cicerone inventò la metafora dei Soli confliggenti, idonea ai suoi tempi ma non estranea ad altre epoche: un eccezionale fenomeno aveva provocato la visione illusoria di due soli all'orizzonte di Roma, solo pochi anni dopo la tua fine, Tiberio e Cicerone, in apertura al *De Republica*, ne fa tema di conversazione fra Scipione Emiliano ed altri personaggi, ospiti nella sua sontuosa villa suburbana per le ferie latine.

Gaio Lelio, il Sapiente, amico di Scipione Emiliano e interlocutore nel *De Republica*, paragona i due soli alle fazioni contrapposte in quei tempi di torbidi sociali, di cui l'una facente capo all'Emiliano stesso e l'altra a te, Tiberio.

Richiamando la similitudine, Lelio invita gli ospiti a distogliere lo sguardo dalla volta celeste per rivolgerlo alle controversie politiche in atto al fine di definire la migliore forma di governo.

Appare significativo come Cicerone non lasci perdere un'occasione di denigrare ancora una volta il tuo operato, Tiberio, esprimendo per bocca di Lelio rammarico e deplorazione perché in Roma non venne costruita una statua, in segno di gratitudine, al tuo acerrimo nemico nonché *killer*, Publio Cornelio Scipione Nasica Serapione, per avere liberato l'Urbe dalla tua tirannide prevaricante... dice lui.

Scipione Emiliano d'altronde dà un'equilibrata risposta che però non contraddice l'amico Lelio: "una vita immortale, premio più duraturo di una statua saldata nel piombo, è riservata ai benemeriti".

Qualora volessimo dare credito alle disquisizioni ciceroniane svolte nel *De Republica*, Tiberio, il tuo Sole avversario, cioè l'Emiliano, avrebbe approvato e addirittura lodato con entusiasmo l'atto di colui che fomentò l'odio contro di te dando avvio non al motto liberatorio da una presunta odiosa monarchia, bensì al linciaggio collettivo che insanguinò Roma e per sempre disonorò le sue civili tradizioni.

Il mio Sole avversario invece, Nikita Sergeevič Chruščëv, Segretario del partito comunista sovietico e Presidente dell'Unione omonima, uomo scaltro, spregiudicato, duro, intransigente, non fu dissacratore nei miei confronti, anzi mi risulta che reagì per istinto alla notizia della mia morte con autentica costernazione ed interruppe la riunione in corso per raccogliersi in solitario isolamento di pensiero dedicato, come a me piace immaginare, non solo alle inquietanti implicazioni internazionali possibili dall'evento ma anche alla mia persona.

Ne sono persuaso perché, durante il nostro unico incontro a Vienna, ove fui surclassato dalla sua massiccia esperienza e dall'implacabile dialettica, un'impercettibile corrente di simpatia ci unì.

Come potrei non apprezzare e condividere un senso dell'umorismo così poco consono all'austerità e al rigore di un classico boiardo del Kremlino che, durante un solenne banchetto diplomatico, narrò una divertente storiella.

Un suddito sovietico venne arrestato per avere detto in pubblico che Chruščëv è un imbecille, e quindi fu condannato a ventitré anni di prigione: tre per ingiuria e venti per divulgazione di segreto di Stato. Ma soprattutto condivisi con lui l'avversione viscerale per la guerra termonucleare che, una volta iniziata, non avrebbe più ammesso la sopravvivenza di una Roma egemone, amico Tiberio, bensì di due Cartagini distrutte.

Ecco, Sant'Agostino, come proprio sull'argomento "guerra fredda" mi accingo ad affrontare il quesito da te formulato sull'impulso alla mia azione politica.

Mantenni infatti quel tema sempre in prima evidenza e non soltanto nei termini che allora era dato concepire tra la gente comune, vale a dire nel timore generato dall'instabile equilibrio degli armamenti nucleari, di bombe, missili, basi militari aeree e terrestri, bensì come un conflitto di ideali sulla libertà e la democrazia, sulla tutela dei diritti civili e umani, sull'uguaglianza e l'equità sociale.

Il tutto, come già hai posto in evidenza Tiberio, dal punto di vista di un americano, amante del suo Paese, poiché è indubbio che il senso patriottico assunse per entrambi noi la valenza essenziale.

E tuttavia su altri personaggi che hai citato, Tiberio, non condivido la medesima certezza in ordine al conflitto interiore tra ambizione personale ed ideali patriottici.

Mi riferisco ai tuoi posteri immediati Mario e Silla, nonché a Cesare e Pompeo, uomini eccezionali da condottieri e strateghi sul campo di battaglia, ma non incensurabili su un piano politico e sull'autentica subordinazione dei propri interessi e della loro sfrenata brama di potere alla grandezza della Repubblica romana.

Non credo, Tiberio, alla prevalenza in loro di un senso dello stato sul tornaconto personale e sull'ambizione al potere.

Ma invero quelli erano tempi diversi dai miei, quando accadde che un comandante militare, Dwight Eisenhover, si diede alla politica, ma per certo senza ambizioni "imperiali".

Comunque sia, per quanto mi riguarda, non ritengo affatto rilevante ricordare come aderii ai democratici, piuttosto che ai repubblicani.

La differenza in realtà non è così eclatante. Non è mai esistita infatti negli Stati Uniti una frattura insanabile e foriera di odio reciproco fra classi dominanti e subalterne, confrontabile a quella che in Roma antica diede origine alla diarchia fra *optimates* e *populares*.

Una diversa contrapposizione ideologica costituì infatti per noi due lo scenario nel quale ci ritrovammo a combattere.

Anche nei miei Stati Uniti avvenne qualcosa di simile a Roma antica per quanto si delineò nei tratti di fazioni in conflitto entro il corpo di un gruppo in teoria uniforme per tendenza politico sociale.

Mi riferisco alla parte progressista presente nell'oligarchia senatoria, propensa all'innovazione ed alla giustizia sociale, che si oppose alla tipica linea reazionaria e appoggiò le tue iniziative riformatrici.

Tale tendenza appare analoga a quella che, nel partito repubblicano statunitense, di spirito decisamente conservatore, coltiva una visione dei problemi in senso liberale. Esiste infatti una matrice che si pone in netto contrasto con l'anima retriva del partito repubblicano, a cui appartennero alcuni Presidenti dalla forte personalità sì, ma al tempo stesso contestati sia all'interno che a livello mondiale, come Richard Nixon, Ronald Reagan e George W. Bush.

Costoro rientrano nello stereotipo di arcigni esponenti dell'Amerika col kappa, gendarme del mondo, ma a simile interpretazione, reale o propagandistica che sia, appare ammissibile opporne un'altra.

Pochi infatti del grande pubblico comprendono quanto più riveazionari si siano rivelati nel tempo, e quindi abbiano agito di conseguenza, molti politici del Sud degli Stati Uniti, sedicenti democratici ai tempi della mia battaglia per i diritti civili.

Personaggi sinistri invero, eredi dei latifondisti del cotone, schiavisti, molto vicini agli oligarchi romani che volevano mantenere intatto lo *status quo* per non perdere la proprietà, e non diversi da quel Clodio di cui ci hai narrato le peripezie politiche e personali.

In ogni caso ai miei tempi e non esisteva una così drastica divisione poiché aderivano all'uno o l'altro partito persone di tutti i ceti e categorie: contadini, operai, imprenditori, professionisti, protestanti, ebrei, cattolici, radicali, moderati e conservatori.

Sussistevano sì concezioni di fondo contrapposte sin dall'epoca della fondazione degli Stati Uniti, ma non tanto per un aspetto ideologico quanto per i principi ed i metodi di attuazione pratica in economia del puro sistema capitalistico.

In tale contesto la mia militanza nel partito democratico non sortì da alcuna valenza di carattere idealistico ma da semplice opportunità.

Il sogno di papà Joe infatti, cioè quello di sistemare un figlio in Casa Bianca, concepito per mio compianto fratello Joseph, e poi trasferito su di me, corrispondeva all'ambizione naturale, perciò tanto valeva che anch'io lasciassi prevalere senza sottili distinguo l'appartenenza consolidata in famiglia.

E' tutto qui, sant'Agostino. E non potrei immaginare null'altro di più elevato per quanto concerne mio padre, giacchè fu solo il suo innato fiuto per gli affari che lo indusse a schierarsi con un giovane oscuro politico democratico del quale aveva intuito la potenzialità: Franklin Delano Roosevelt.

Papà Joe nutrì un'incrollabile devozione e amore per la famiglia, ed io devo a lui incondizionata riconoscenza per il successo, ma sono convinto che, se mai Roosevelt fosse stato invece un repubblicano, neppure la fulgida figura di suo padre, mio nonno P.J. Kennedy, un esponente del partito democratico in Boston a inizio secolo XX°, lo avrebbe dissuaso dal sostenere un progetto presidenziale contrario alla tradizione dei Kennedy.

Roosevelt proponeva una politica promettente per brillanti prospettive economiche e commerciali che, indipendentemente dalla matrice di partito, lasciava intuire a mio padre, e soprattutto alla sua spiccata vena di businessman rampante e già milionario, eccezionali profitti. Papà Joe ha sempre avuto visioni lungimiranti e fu molto generoso allora in sovvenzioni a Roosevelt *for President*, guadagnando poi in favori altrettanto fruttuosi.

Mi adeguai pertanto alle orme paterne e intrapresi la carriera politica in tale direzione, seppure non avessi sperimentato l'impulso ruspante che peraltro papà Joe aveva alimentato in via esclusiva nei confronti di mio fratello Joseph.

Mi accostai così all'esperienza di campagna elettorale e non ne trassi all'inizio alcun entusiasmo missionario.

Desideravo corrispondere alle aspettative di papà ma non mi piaceva presentarmi nei luoghi di lavoro o nei pubs per porgere la mano agli sconosciuti con un sorriso preconfezionato e falso modo cordiale del tipo più invadente "Salve, sono John Kennedy!"

Temo proprio, sant'Agostino, che in quel tratto mi mossi seguendo la deteriore prevalenza dell'apparire sull'essere, alternativa platonica che hai prospettato a noi nel discorso introduttivo.

Per me comunque era più che sufficiente l'amore ed il rispetto che nutrivo per papà ad assicurarmi il coraggio e l'onore che intendevo perseguire. Ma qualcosa cambiò in seguito nel mio atteggiamento verso la gente a cui mi rivolgevo per ottenerne il favore giacchè mi accorsi che i discorsi preconfezionati non davano a me soddisfazione personale né incontravano la partecipazione del pubblico.

Cominciai allora a cercare la comunicazione vera, a comprendere le aspettative della gente che mi stava a sentire, a rendermi partecipe dei loro problemi e sentimenti, ad identificarmi nei singoli individui per coglierne le affinità con me stesso, ed avvenne quindi che, senza avvedermene, maturai una sensibilità sociale inesistente prima.

Infatti, sino ad allora, ero stato null'altro che un facoltoso e gaudente universitario, sfaccendato figlio di papà, almeno sino all'ingresso in guerra per gli Stati Uniti.

La vita sino a quel punto fu prodiga per me e gli altri miei fratelli e sorelle, non con tutti però, se penso a Joseph, Rosemary, Kathleen.

Papà Joe non lesinava le risorse, e neppure gli ammonimenti solenni a fare sempre del proprio meglio per vincere, ma io in particolare mi ritenevo un privilegiato.

Non so perché, ma piacevo alla gente, suscitavo tenerezza e languore fra gli anziani, allegria e cameratismo fra gli amici, attrazione fra le ragazze, il che mi faceva sentire a mio agio in qualsiasi situazione, o almeno compensava una mia natura crepuscolare e riflessiva che si irradiava permanente, spesso immotivata, in tutte le mie giornate con un velo di malinconia impalpabile.

Naturalmente, non ero maldestro al punto di pensare che quei doni di natura avrebbero determinato da soli il mio trionfo in politica.

Essi costituirono sì un ausilio non indifferente per la fase elettorale, in cui conta parecchio un tipo d'approccio aperto a livello sensitivo e partecipativo con la gente in piazza, ma in aula e nei corridoi del Campidoglio il vantaggio venne meno, ed anzi tramutò in aggravio notevole poiché i modi informali e l'accattivante aspetto esteriore diedero adito da parte dei colleghi e degli avversari a pregiudizievoli valutazioni nei miei confronti.

Mi si addebitavano pecche di inesperienza giovanile e superficialità diffusa, se non critiche pretestuose e malevole determinate da invidia per avere raggiunto una posizione straordinaria grazie alla ricchezza di papà e senza merito, come molti pensavano.

Tuttavia non mi persi d'animo e, malgrado ostacoli insormontabili determinati all'appartenenza al credo cattolico, nonostante sottili ed insidiose manovre contrarie organizzate nell'opposizione strisciante dal partito, il quale non mi perdonò un'indipendenza economica tale da consentirmi di agire da battitore libero non aderendo ad alcuna corrente interna, venni eletto Presidente degli Stati Uniti d'America e così iniziò l'avventura rivolta al mondo, sul quale imperversava la minaccia della più catastrofica distruzione.

La guerra fredda invero, già in corso da 15 anni, si sarebbe conclusa 30 anni dopo con l'abbattimento del famigerato muro di Berlino, ma durante la mia amministrazione dovetti assistere alla fase più tesa del braccio di ferro: la costruzione del muro stesso che non rappresentò soltanto un confine entro la città, bensì il simbolo dell'irriducibile frattura tra mondi che professavano entrambi, più o meno in buona fede, una concezione della società fondata sulla giustizia.

Io, americano, stavo dalla parte in cui non si davano modi autoritari per ottenere il consenso del cittadino ma rifiutavo al tempo stesso di pensare che davvero fossimo noi i buoni e loro i cattivi.

Ero ormai abbastanza maturo per capire, e quindi ammettere, che neppure gli Stati Uniti avevano le carte in regola, sul fronte interno come in politica estera, per presentarsi puliti al mondo intero.

Una verità incontrovertibile, questa, e attestata dal fatto per cui la guerra fredda sembrò ad un certo punto edulcorarsi nella distensione, perseguita da alcuni successori miei e di Chruščëv.

Si trattò invero di un ipocrita *modus vivendi* compromissorio, tale da garantire la pace attraverso pacifici negoziati di disarmo bilaterale, ma anche inquinato da reciproca acquiescenza per chiare nefandezze sovietiche in Ungheria, Polonia, Cecoslovacchia, e latenti americane in Iran, Guatemala, Cile.

Per quello che mi riguarda tuttavia ribadisco che fui sempre fervente assertore di pace fondata sulla democrazia, libera determinazione dei popoli, non sul terrore e prevaricazione, ma sul fronte internazionale non potevo esimermi dal preservare la sicurezza del mio Paese.

E quindi cominciai a muovermi essendo persuaso che l'impiegare miliardi di dollari ogni anno allo scopo di incrementare ed adeguare gli armamenti, pure augurandosi di non doverli mai utilizzare, fosse un principio essenziale atto a maetntenere la pace per gli Stati Uniti. Se appare contraddittoria questa affermazione, sant'Agostino, come altrimenti avrei mai potuto configurare un confronto con l'Unione Sovietica? Forse in rapporti fatti di fiducia unilaterale?

Non lo credo. Il popolo americano non avrebbe perdonato una simile ingenuità al Presidente e fu proprio questo il ragionamento che mi orientò allorché commisi il grave errore di autorizzare l'impresa alla baia dei porci. Decisi di accantonare le perplessità su un'operazione che mi sembrava dall'inizio incerta e malamente organizzata proprio perché temevo la disapprovazione dei cittadini se allora avessi osato sprecare un impegno profuso dalla CIA per la sicurezza degli Stati Uniti nel corso dell'amministrazione Eisenhower.

Sappiamo come andarono le cose: lo sbarco dei guerriglieri cubani anticastristi, addestrati in Guatemala da istruttori statunitensi, venne arrestato con carri armati ed aerei, e non ricevette supporto alcuno dalle Forze Armate americane a causa della resistenza che riuscii a mantenere contro le alte sfere militari.

Ammiragli e Generali Comandanti dell'Aeronautica e dell'Esercito, esponenti CIA, mi implorarono e minacciarono affinché ordinassi il bombardamento congiunto navale e aereonautico delle difese cubane per poi lanciare una seconda ondata di sbarco composta dai Marines degli Stati Uniti e idonea a rinforzare l'assalto dei guerriglieri.

Fu una prova difficile e snervante, che comunque superai pensando all'inevitabile rappresaglia sovietica su Berlino ed alle conseguenze irreparabili per la pace mondiale.

Però dammi credito, sant'Agostino, se dico che la mia propensione alla pace universale non si fondava sul malinteso primato strategico militare, da perseguire attraverso la dissennata corsa agli armamenti, bensì soprattutto su un'istanza di giustizia e solidarietà sociale, linea virtuosa da applicare sia in politica interna che nell'assistenza verso le aree mondiali più povere e sottosviluppate.

Dovetti cimentarmi naturalmente su questioni di strategia militare, e in particolare sull'arduo tema dei colloqui per la sospensione degli esperimenti nucleari, intesa come premessa indispensabile alla firma di trattati per il disarmo generale.

I miei anni di presidenza tuttavia furono difficili ed il contributo che mi fu consentito di apportare assai modesto.

Infatti, al tratto lusinghiero post stalinista che si presentò negli ultimi anni cinquanta, gestito dall'esperto Ike Eisenhover, era succeduto lo *stop* delle trattative, determinato da una riottosa diffidenza generata per molteplici ragioni, tra cui quella crisi dei missili a Cuba che tu hai citato, Tiberio, come il tratto cruciale della mia amministrazione.

Sì Tiberio, fu una prova angosciosa e segnata da micidiale tensione emotiva da cui uscii vincente anche grazie all'aiuto di tanti eccellenti collaboratori e circostanze fortuite.

Al mondo intero tuttavia è ancora ignoto quanto costò a Chruščëv l'esito della vicenda in termini di autorità nel partito e di incidenza sulla salute. Per quanto l'*establishment* sovietico abbia ammesso la trasparenza, in seguito, è evidente che proprio dalla crisi dei missili iniziò il declino di uno straordinario *leader*.

Ricavai poco, dicevo, dall'impegno sulla riduzione degli armamenti, quanto meno però, un mese prima di Dallas, ebbi l'onore di sancire un piccolo passo avanti nella sinuosa strada del disarmo con la firma di un trattato che stabilì un bando parziale dei *tests* nucleari.

Anche questo purtroppo si rivelò non solo un atto effimero ma venne ampiamente disatteso in seguito, osteggiato come fu da stati in teoria alleati dell'una e l'altra parte (Francia e Cina), talché l'equilibrio del terrore atomico, aborrito da tutti in teoria, si perpetuò coinvolgendo i successivi Presidenti russi e americani.

Ma consentimi ora sant'Agostino un breve passo di autocelebrazione e lasciami parlare di un versante alternativo all'opzione militare sul quale tentai di interagire per la pace in grado spiccato di autonomia, cioè l'istanza della solidarietà universale.

Quando nel mio discorso inaugurale alla Presidenza pronunciai la frase di cui non potrei mai ringraziare abbastanza il geniale estensore (*ask not what your Country can do for you*) io ebbi in mente tra l'altro un ambizioso progetto già concepito durante la campagna elettorale e che realizzai da Presidente prima dell'assalto in baia dei porci.

Alludo ai *Peace Corps*, l'idea che apparve al mondo di mia esclusiva appartenenza ma in verità da attribuirsi a Huberth Humphrey, il mio concorrente democratico alle elezioni, e che, nonostante le critiche dell'antagonista Nixon, riscosse un successo notevole anche con altri Presidenti sino al nuovo secolo ed oltre.

Grazie alla mia condizione privilegiata e facoltosa derivante da papà Joe, avevo accumulato da studente e da politico alle prime armi tante esperienze di viaggio, maturando così le personali vedute sul ruolo degli Stati Uniti come potenza economica di primo piano.

Pensavo allora di dedicarmi al giornalismo da grande. In vista della tesi in Scienze Politiche, poi, approfondii le vicende contemporanee europee che sfociarono infine nella seconda guerra mondiale mentre, in carica di deputato e di senatore, osservai con maggiore attenzione i paesi in via di sviluppo nel quadro della guerra fredda.

In tale contesto, i Corpi della Pace, approvati al Congresso su mia proposta esecutiva si sarebbero conformati nelle intenzioni come una agenzia governativa, autonoma e organizzata in base al volontariato *no profit*, per realizzare programmi di assistenza tecnica, economica, sociale, culturale.

Con i cospicui fondi stanziati dal Dipartimento di Stato, migliaia di persone aderirono prestando opera di studio qualificato come medici, fisici, geologi ingegneri, insegnanti, ciascuno per due anni in nazioni d'Asia e Africa malate di miseria, fame, sottosviluppo, ignoranza.

Inutile negarlo, Sant'Agostino, con quell'iniziativa contavo anche di creare un contraltare alle non infondate critiche di imperialismo che già allora serpeggiavano fra alleati ed avversari, ed inoltre pensavo che un approccio fondato sulla solidarietà umana avrebbe distolto molti popoli dalla sponsorizzazione sovietica.

Ma anche questa è politica, che io perseguii nell'interesse degli Stati Uniti d'America, tuttavia credevo in sincerità nell'ideale ispiratore del progetto e nell'efficacia pratica.

Non ne avrei altrimenti affidato la direzione a un personaggio come Sargent Shriver se non ne fossi stato intimamente convinto.

Sargent era mio cognato, lo conoscevo bene per la sua impeccabile dedizione allo spirito missionario senza corruzione o convenienza. 200.000 persone hanno militato nei *Peace Corps*, almeno sino al Presidente Obama, il quale ne ha raddoppiato la consistenza e la potenzialità. Tuttavia, agli originari intenti di promuovere sviluppo economico disinteressato in aree del pianeta arretrate e bisognose, il Presidente Bush *jr.* vi diede seguito in funzione antiterroristica.

Sono orgoglioso comunque per la mia iniziativa in quel settore e la considero particolarmente gratificante rispetto ad altre meno riuscite, segnatamente sul fronte della politica interna.

Invero, già da deputato, seppure in ambito collegiale, privilegiai il tema dell'assistenza sociale nel settore dell'edilizia popolare e mi occupai delle relazioni sindacali per sostenere più cospicui salari e migliori condizioni di lavoro.

Da senatore poi rinnovai l'opera in ambito pubblico assistenziale e diedi un contributo in diverse commissioni dedicate.

Queste scelte furono determinate da un senso di gratitudine poiché percepivo il dovere di adempiere alle promesse che erano state alla base dei miei comizi nei quartieri più disagiati di Boston, prima, e poi dell'intero Massachusetts.

In realtà io non ottenni grandi risultati come umile portatore d'acqua nel *mare magnum* in Congresso, però posso affermare che ormai la mia dedizione era maturata dalla riconoscenza verso gli elettori ad una persuasione acquisita di essermi messo al servizio di una causa giusta, dal punto di vista ideale, e dalla quale non potevo scindere il coinvolgimento in prima persona.

Mi balza ora in mente una parte della critica storiografica moderna sulla tua persona, Tiberio, secondo la quale un malinteso dovere di gratitudine nei confronti del popolo fu causa della tua rovina.

Ebbene, non ci posso credere se guardo a me stesso, al modo in cui crebbero in me i principi della consapevolezza sociale.

Non è possibile, infatti, restare immuni dalla partecipazione più completa alla necessità di fare bene per la gente una volta intrapresa la via, fosse pure per opzione diretta alla salute dello stato.

Per quanto mi riguarda, questa è la dirittura che intrapresi in politica interna da Presidente, con spiccata vocazione riformista in campo sociale, una tendenza che non mi fu concesso di portare a buon fine.

Ora non vorrei attribuire un'enfasi eccessiva alle mie iniziative nel campo giacchè non fui per certo io il primo Presidente che intuì la portata delle problematiche legate all'assistenza pubblica.

Negli anni trenta del XX° secolo esse concretizzarono la rivoluzione del Presidente Roosevelt, però nei miei anni sessanta i tempi erano radicalmente mutati: non più la depressione economica affliggeva la società intera a tassi di disoccupazione enormi, bensì una condizione di prosperità diffusa faceva emergere sacche di miseria persistente, intollerabili per una comunità all'avanguardia nel contesto mondiale.

Di siffatto andamento mi occupai dapprima in termini generali.

Sollecitai il Congresso a politiche federali di supporto finanziario, preordinate ad azioni da affidare ai singoli Stati dell'Unione secondo un principio tale da bandire il puro assistenzialismo improduttivo e promuovere nei confronti dei nostri concittadini più bisognosi l'aiuto ad aiutare se stessi.

In seguito cominciai a selezionare gli interventi in materie specifiche usando lo strumento della decretazione d'urgenza, atti dotati sì della forza di legge ma non disciplinati in Costituzione quanto ad effettiva autorità, e perciò spesso contestati in sede congressuale.

Intervenni così nella spinosissima questione dell'assistenza sanitaria per gli anziani e mi battei contro un sistema consolidato che negli Stati Uniti era in realtà un "non sistema".

Si trattava invero di un'accozzaglia di consuetudini fondate sulla prevalenza di interessi privati e logiche affaristiche entro una materia che, per l'imponente rilevanza sociale, avrebbe dovuto invece essere disciplinata a un livello pubblico obbligatorio, con garanzie diffuse sull'intera popolazione, e non ammessa soltanto per coloro che in effetti potevano permettersi di pagarla.

Siffatta iniziativa prevedeva l'istituzione di programmi (*Medicare* e *Medicaid*) tali da includere nella fascia protetta quante più persone possibile a prescindere dal reddito.

Ma la mia amministrazione non fece a tempo nel tradurla in legge, ed anzi, l'obiettivo non è mai stato realizzato, neppure da Obama.

Ora quindi colgo il riferimento a questo settore di tanta rimarchevole importanza al fine della solidarietà, vale a dire la tutela della salute nei confronti della gente anziana e bisognosa, per ritornare al quesito sulla nostra intima motivazione in cui, senza intento prevaricatore, debbo coinvolgere anche te, Bobby.

Dopo gli agguati a Dallas e Los Angeles proliferarono in cronaca e letteratura accrediti di adesione da parte nostra alla tendenza liberale radical progressista già configuratasi nel partito democratico con la storica politica riformatrice di Franklin Delano Roosevelt.

Molti giornalisti e scrittori rappresentarono me e te, Bobby, simboli immacolati della lotta contro la guerra e la povertà.

Addirittura qualcuno creò e diffuse una curiosa immagine pittorica a colori sfumati di me a capo chino, con le spalle rivolte al tramonto, circonfuso da una fittizia aureola.

Mi pare che il quadro sia ancora appeso da qualche parte nella Casa Bianca, accanto ad altri di retorica fattura. Un'icona simile a quella delineata dalla tradizione su voi fratelli Gracchi che tu, Tiberio, hai già provveduto a stigmatizzare come assolutamente inattendibile.

Anch'io ovviamente respingo una retorica così smaccata da rendersi persino ridicola, ma sul punto della sincera disposizione alla pace e giustizia sociale rivendico la mia adesione completa e disinteressata, vale a dire non dovuta a disciplina di partito o di corrente bensì ad un'autentica pulsione d'animo che fiorì dalla puerile indole ribelle all'autorità da te menzionata, Tiberio, in chiara difformità rispetto al tuo *aplomb* fanciullesco.

E' vero, infatti, che alcune delle mie prese di posizione nei confronti dei cosiddetti poteri forti furono alimentate anche da uno spirito di contraddizione di genere più istintivo che meditato.

Mi accinsi così a sferrare terribili colpi d'ariete creando non pochi problemi ai soggetti ritenuti in qualche modo affamatori di popolo, ovvero banchieri e petrolieri, magnati dell'acciaio ed imprenditori legati all'*establishment* militare.

Non ne giunsi a capo, tuttavia, in modo definitivo, anzi mi procurai possenti ed astiosi nemici.

Contro la Federal Reserve, per esempio, Banca Centrale degli Stati Uniti e detentrice del potere di stampa delle banconote, ma di fatto sodalizio privato caposaldo della finanza mondiale, disposi la facoltà concorrente di stampa per il Dipartimento del Tesoro allo scopo di ridimensionare i profitti esclusivi realizzati per pochi eletti a scapito della pubblica economia.

Contro i petrolieri del Texas tentai di abolire le generose esenzioni fiscali in vigore sui loro immensi guadagni.

Contro i magnati dell'acciaio inaugurai un accordo tra il governo ed i sindacati di settore teso a proibire aumenti arbitrari sui prezzi e mi collocai di traverso alla loro fedifraga e falsa disponibilità.

Contro le imprese appaltatrici del Pentagono imposi un sistema di controllo sul bilancio affidato a funzionari di estrazione civile.

Anche in campo internazionale, d'altronde, assunsi spesso linee di tendenza contrarie, in particolare contro l'agonizzante colonialismo europeo e soprattutto in Africa.

Già da Senatore sostenni la causa di indipendenza algerina colpendo un importante alleato come era la Francia con un discorso di vasta risonanza che non piacque né al Presidente Ike Eisenhower né ai colleghi del partito democratico.

Il mio impegno anticolonialista divenne allora notorio per l'opinione pubblica, al punto che la CIA intervenne in Congo (ex colonia belga) prima che io succedessi al Presidente Eisenhower e mettessi bastoni tra le ruote alle pressioni anti indipendentiste (Patrice Lumumba, il filocomunista premier congolese eletto, venne assassinato appena tre giorni prima del mio insediamento).

Per l'America latina poi, se non proprio terzo mondo ma comunque area soggetta a deliri di dittatura militare o tentazioni filosovietiche, varai un ampio programma di finanziamenti.

Esistesse ancora uno, di tutti quei provvedimenti, sopravvissuto alla mia gestione! Successivi Presidenti, sia democratici sia repubblicani, che dir si voglia, altresì conservatori o progressisti, non ardirono mai abrogarli in una forma esplicita e tuttavia ne sancirono in prudente silenzio la desuetudine.

Non sono propenso a parlare degli avversari in termini di congiurati nel complotto che decretò la mia fine a Dallas e, del resto, soltanto tu Sant'Agostino conosci la verità sul se ci fu davvero il complotto o si trattò invece di un'azione individuale.

Fra le tante teorie spuntate in seguito, tuttavia, quella che attribuisce ai banchieri la responsabilità, vale a dire la meno insistente fra tutte le altre, a me pare invece la più attendibile.

Con la mia soppressione, infatti, sarebbe venuto meno il devastante effetto delle banconote stampate dal Tesoro in concorrenza alla *Fed* e quelle poche in circolazione avrebbero al più mantenuto un valore da collezionisti, come in effetti avvenne.

Ma torniamo al tema generale. Anche per i miei tempi dunque non sussiste alcuna distinzione sulla storica diarchia ideologica di cui si è disputato nel simposio, destra e sinistra.

Io penso che tu hai ragione da vendere, Tiberio, omologo compagno di battaglia contro le *lobbies* americane e le *sodalitates* romane, ove affermi quanto sia inutile sottilizzare sullo schieramento di destra o sinistra e accrediti piuttosto la prevalenza di virtù quali l'onestà, la competenza, la dirittura morale.

E il coraggio! Aggiungo io, che per certo non mancò in voi Gracchi, come attesta Plutarco, il quale sottolinea con enfasi la vostra comune prerogativa, e sia pure nelle divergenti note caratteriali.

Egli scrisse per voi parole di profonda ammirazione per i lodevoli connotati umani, cosa che lusinga anche noi Kennedy, in quanto da lui riconosciuti come epigoni, però mi sembra che il suo giudizio in ordine all'azione sociale da voi svolta non vi corrisponda per nulla, almeno in alcuni dei suoi scritti.

Nei "consigli ai politici", infatti, trattato ricco di esempi da seguire o evitare, enucleati dalla Storia di Roma e di Grecia antiche, Plutarco include te, Caio, nella categoria negativa con severo verdetto: "non bisogna dedicarsi alla politica guidati soltanto dalla frenesia, come avvenne a Caio Gracco il quale, bruciando d'ira per l'insolenza e le offese altrui, si buttò a testa in giù e finì eliminato".

Tale disapprovazione del ciclo graceano, impietosa soprattutto per la parvenza di un velato consenso al tragico destino, mi pare assai poco generosa nei vostri confronti, Tiberio e Caio, e degna piuttosto di avversari dichiarati come Cicerone o Scipione Emiliano.

Né d'altronde ritengo che noi Kennedy meriteremmo critiche uguali, come neppure a te Bobby, emulo tuo Caio, potrebbe addebitarsi con assennata ragione la frenesia quale spinta iniziale all'azione politica.

A me piuttosto, e sia pure ritenendomi coraggioso però equilibrato, dovrebbe imputarsi, se non una frenesia, quanto meno una sorta di propensione al rischio, qualità che rientra tra le *chances* adatte al politico ma non certo del tipo più saggio e lungimirante.

Ed invero tu hai accostato, Tiberio, ad un riuscito lancio dei dadi l'opzione che io adottai nella complessa vicenda dei missili a Cuba, e non sei andato lontano dal vero.

Ma in realtà fu un'altra la scommessa vincente nella quale mi giocai il tutto per tutto e che, in una misura notevole, condizionò l'elezione a Presidente degli Stati Uniti e alimentò la vocazione di noi Kennedy contro la segregazione razziale.

Sulla questione dei diritti civili nei confronti dei negri afroamericani devo ammettere che nella mia avventura politica in Congresso non manifestai un atteggiamento coerente. Soprattutto da Senatore, votai contro provvedimenti adeguati a estenderne la portata.

In campagna presidenziale invece mi impegnai, a parole, per una politica aperta in senso univoco a favore dei negri. Purtroppo i miei precedenti destavano più diffidenza che non approvazione, non certo ingiustificata peraltro, considerati i miei timori male dissimulati di irritare l'elettorato bianco nel Sud.

Avvenne così che, quando Coretta King invocò il mio intervento per rendere la libertà al marito Martin da un'ingiusta carcerazione, io da solo, contro il parere di tutti i consulenti e collaboratori in campagna elettorale, decisi di lanciare in aria il dollaro d'argento.

L'esito della sorte mi disse di sentire Coretta, assicurandomi che la mia solidarietà venisse bene pubblicizzata, e fu una scelta vincente, talché la ricompensa si realizzò nel voto risolutivo del settanta per cento di popolazione negra.

Ne conseguì allora il debito di riconoscenza che, come ho accennato, si trasformò nell'autentica missione in cui credetti profondamente, inducendomi ad un impegno quale mai avrei immaginato di dare con tanta dedizione nel seguito degli eventi.

Comunque sia, non credo di meritare un encomio solenne per questo poiché, se l'attribuire il risultato alla fortuna pare null'altro che una paradossale forzatura, non sarebbe neppure lecito vantarmi di avere agito come un avventuroso precursore giacché, e più di quanto abbia potuto la forza dell'ideale, fu piuttosto l'incalzare di fatti quotidiani a dirigere le mie mosse sulle aspirazioni che avevo maturato.

Cent'anni di Storia preludevano allora all'iniziativa di consegnare un organico progetto al Congresso contro la segregazione razziale e la tutela dei diritti civili (1863, proclama di emancipazione di Lincoln, 1963, epilogo della mia amministrazione presidenziale), ma di tale interludio, colmo di episodi degni di memoria, rammenterò soltanto gli ultimi sei anni durante i quali la progressione di eventi funesti si intensificò in una dirompente spirale a tale punto catastrofica che mi ritrovai costretto ad agire con la massima urgenza, accantonando il temporeggiamento della strategia elettorale architettata in vista delle consultazioni per il secondo mandato.

Già al Presidente Eisenhower incombette l'onere di provvedere per la prima volta ad una sedizione dalla quale si ingenerò il conflitto tra un singolo Stato, l'Arkansas, e la Confederazione Stati Uniti: nove studenti negri ottennero così accesso alla *Central High School*.

Fecero seguito alcuni saggi provvedimenti di legge, denominati *Civil Rights Acts*, che peraltro rimasero lettera morta, poi sopravvenne un ciclo di aspre vicende con cui dovetti cimentarmi e lo feci esitando, in parte, in parte mettendo in pratica azioni contingenti e circoscritte: ordini esecutivi sulla commissione della pari opportunità d'impiego, divieto di discriminazione per l'assegnazione degli alloggi popolari, interventi *pro* Freedom Riders e James Meredith.

Ma quelli erano ormai tempi in cui la rivolta negra, seppure divisa tra i poli della violenza reattiva e della resistenza passiva, infuriava implacabile, sinché quattro ragazzine negre, trucidate in settembre 1963 dall'esplosione di una bomba in chiesa battista di Birmingham, durante la Santa Messa, mi fecero rompere gli indugi e accelerare le procedure legali

280

per una soluzione reale rispetto alle parole con cui mi ero esposto in pubblico.

Nel precedente mese di giugno, infatti, avevo parlato alla nazione a reti unificate con l'intento di manifestare senza più remore il senso di autentica solidarietà per il popolo afroamericano che aveva ormai travalicato in me quell'iniziale opportunismo elettorale e politico.

Il seguito, trasferito nei testi di legge, è noto a te, sant'Agostino, e tu fratello Bobby ne fosti l'artefice in mio nome.

Ancorché il successore alla mia presidenza, Lyndon Johnson, abbia acquistato per se stesso il nostro merito, condannando poi te, Bobby, alla più triste emarginazione politica, debbo rammentare anche mio fratello Edward, il quale, appena prima di raggiungerci, impegnò la reputazione di famiglia, e la sua personale di anziano senatore, per un altro accento della nostra attenzione all'opera di rinascita negra, l'elezione del primo Presidente negro degli Stati Uniti.

Soltanto tu, sant'Agostino, con la tua percezione ultratemporale puoi dire a me se la vittoria di Obama rappresenti un picco permanente o se, come altre mie iniziative, cadrà nel nulla.

Quell'unico successo comunque, seppure mediato, mi gratifica.

Per quanto mi sia consentito non mi resta ora altro se non chiudere il monologo riprendendo il quesito che hai posto in esordio.

Ciò che ho narrato qui attesta come la vocazione ideale non fu per me un imperativo categorico ma solo il prodotto di eventi casuali in un particolare contesto storico.

Ci credetti davvero, comunque, e quindi consentimi Sant'Agostino di citare un aforisma che mi viene attribuito, malgrado io non ricordi in quale occasione lo avrei pronunciato.

"Se la libera società non è in grado di aiutare quei molti cittadini che sono poveri, non dovrebbe neppure salvare i pochi che sono ricchi".

Con tale affermazione tuttavia non avrei inteso per certo costituirmi un alibi per l'opulenza di famiglia o garantirmi un posto in Paradiso, sminuendo una citazione molto più autorevole di Matteo evangelista: "E più facile che un cammello passi attraverso la cruna dell'ago, che un ricco entri nel Regno dei Cieli".

Né d'altronde io mi sarei lasciato andare a un tipo di demagogia che non fu mai una mia prerogativa.

Per tutto il resto posso affermare di avere vissuto la mia esperienza politica come comune uomo di buon senso e ne sono riconoscente a Dio, nonostante la fine prematura.

SANTO AGOSTINO – Certo, John, d'altronde La Storia non si smentisce sul ripetersi degli eventi e sull'insegnamento che ciascuno potrebbe trarne qualora fossero considerati con la profondità necessaria.

Personaggi insigni come voi, John e Tiberio, risplendono per aspetti comuni memorabili che, non dubito, si riprodurranno tali e quali nei fratelli minori: una morte prematura e clamorosa glorificò la vita di ognuno, più di quanto abbia potuto la devozione estrema a una causa meritevole e non realizzata.

Ed a te in particolare, John, si addice il percorso, già sapientemente rappresentato in una celeberrima immagine tua affiancata a quella di papa Giovanni, i seminatori della pace nell'anno 1963.

Ma dimmi John, corrisponde al vero che proprio papa Giovanni fu l'arbitro della crisi dei missili a Cuba, giacché allora fece pervenire a te e Chruščëv il testo del terzo segreto di Fatima, che a quell'epoca era ancora ignoto all'umanità?

"Fuoco e fumo cadranno dal cielo, le profonde acque degli oceani si trasformeranno in vapori tossici, la schiuma sconvolgerà e affonderà ogni cosa, milioni e milioni periranno e coloro che resteranno in vita invidieranno i morti".

La domanda è retorica perché noi sappiamo, John, ma se pensiamo a come venne annunciato a voi in quel messaggio l'avvento della terza guerra mondiale entro la fine del XX° secolo, scongiurata invero per criptiche vicende, la voce insistente e mai confermata sull'influenza di papa Giovanni verso di voi, *leaders* mondiali, pare suggestiva e al tempo stesso indubbiamente verosimile.

D'altronde il tuo nome, John, è indissolubilmente legato a quello di alcuni altri illustri profeti della pace, più o meno contemporanei a te, come il Mahatma Gandhi ed il Reverendo Martin Luther King.

Dell'uno, il Mahatma Gandhi, tu rammentasti la potenza di pensiero aleggiante nelle pagine indimenticabili che ispirarono la tua politica quando Jackie, al ritorno da un suo viaggio in India, ti parlò della sua emozione vissuta di fronte al multicolore sepolcro costruito per lui in Nuova Delhi. Dell'altro, il reverendo King, appare persin superfluo menzionare la sinergia degli intenti che vi unì in battaglia contro la segregazione razziale negli Stati Uniti d'America, sia pure originata da diffidenza iniziale via via edulcorata nel tempo.

E invero, John, nonostante una collaudata retorica che include la tua immagine fra le icone più rappresentative del movimento mondiale per la pace e della lotta contro l'iniquità sociale e la discriminazione razziale, esiste una tenace letteratura assai critica nei tuoi confronti. Molti infatti tesero ad accreditare un mito ingannevole fondato sulla mistificazione mediatica costruita ad arte intorno a fasulli *cliché* di un'illusoria parvenza esteriore e di immeritato valore per le presunte linee di tendenza progressista e liberale.

Molto materiale proveniente da siffatta cultura disgregatrice merita un disinteresse uguale rispetto a quanto dovuto alla futile agiografia, ma la Storia non ha pronunciato un giudizio definitivo su di te, John. Rimane qualche lato oscuro da approfondire nel tempo.

Perché, ad esempio, non ci hai parlato della guerra in Vietnam?

Se è da un lato indubbio che nella tua amministrazione la presenza militare americana nel Sud Est asiatico ebbe una crescita imponente, le tue pubbliche dichiarazioni lasciavano intendere invece intenzioni di disimpegno, quanto meno graduale, che peraltro non ebbero modo di essere verificate sul piano dei fatti.

E d'altra parte noi due sappiamo anche se corrisponde al vero che avvennero bombardamenti per tua autorizzazione nel Nord Vietnam con aerei e piloti statunitensi camuffati da sud vietnamiti. Toccherà a te Robert raccontarci qualcosa con un'uguale cognizione di causa.

Ma procediamo per ordine e torniamo a Roma con te, Caio Gracco.

CAIO SEMPRONIO GRACCO – Mi sembra di ravvedere, sant'Agostino, rispetto all'indubbia somiglianza individuale che hai sottolineato fra noi Gracchi e voi Kennedy, un'altra relazione connessa alle epoche storiche nelle quali è ricompresa la nostra presenza, configurata però in direzione contraria e caratterizzata da discrasia cronologica.

Hai rilevato, infatti, come sussista un denominatore comune di morte violenta e clamorosa che unisce noi nel destino e trasfigura in eroica leggenda le nostre vite onorandoci con suggestiva glorificazione.

Per quanto, osservo, in più obiettiva analisi, dovrebbe affermarsi che si tratta di una percezione ingannevole, di credito falso, seppure atto ad alimentare la percezione onirica e travalicare in un unico balzo le critiche più o meno ponderate e asettiche accumulate nella tradizione attraverso i secoli e nel più esiguo cinquantennio.

Il corso delle nostre esistenze è dunque parallelo per coppie, entro lo schema di geniale intuito fatto celebre da Plutarco, ma i tempi in cui esse si svolsero sono assai diversi se valutati in riferimento a un altro paradigma concepito dall'inglese Eric John Ernest Hobsbawm.

L'eccellente storico, di tendenza marxista, definì invero il ventesimo come *secolo breve* delineandone i confini temporali dal 1914 al 1991 (dall'inizio della Grande Guerra allo sfacelo dell'Unione Sovietica e del sistema comunista mondiale) dilatando al contrario i limiti del diciannovesimo in *secolo lungo*: dal 1789, la rivoluzione francese, al 1914, inizio della Grande Guerra.

Siffatta ricostruzione non costituisce una manomissione fantastica ed arbitraria bensì il risultato di un'esegesi storica affascinante, fondata sull'inconfutabile motivazione per cui i tratti assunti a parametro di misura del *secolo breve* rappresentano in evoluzione degli eventi una straordinaria fase di mutamenti epocali, più di quanto legato alle date impresse dal movimento dei pianeti nell'Universo.

Entro il vostro secolo, Kennedy, Hobsbawm elabora una divisione in tre sotto periodi.

Nella "catastrofe" egli compatta le due guerre mondiali in un unicum caratterizzato da un conflitto di religione laica tra il nazionalismo e il socialismo, quindi in "oro" definisce una fase di crescita virtuosa in cui inserisce anche la vostra breve esperienza politica, e conclude con "frana" il transito sino alla caduta del muro di Berlino.

Rispetto a tale disquisizione storica non esiste la stessa continuità cronologica fra il vostro secolo, Kennedy, ed il nostro.

Non credo quindi di allontanarmi troppo dal vero se colgo fra noi un rapporto uguale e contrario: intendo sostenere cioè che l'inizio del primo secolo avanti Cristo coincise con la nostra attività in Roma (130 – 120) e si concluse 30 anni dopo l'anno zero, periodo in cui Augusto consolidò l'impero architettato da Cesare.

Il vostro fu *secolo breve*, Kennedy, il nostro fu *secolo lungo*.

La riforma agraria infatti, come progetto principale di noi Gracchi, si rivelò un evento importante, vero e proprio spartiacque di un'epoca: l'inizio della fine della Repubblica.

I conflitti pregressi a noi tra plebe e aristocrazia non comportarono discordie sanguinose sinchè si trattò di dibattere sulla condivisione delle cariche, o sui matrimoni misti, o sulla remissione dei debiti.

Quando però proprio noi iniziammo a porre in discussione i diritti di proprietà terriera, la "roba", il patriziato si trincerò nella difesa più agguerrita e, di fronte agli espropri, reagì sul piano dell'aggressione fisica, non più o non solo con dialettica di parte, dando seguito per la prima volta ad un'indelebile infamia di strage cittadina.

Noi Gracchi non desiderammo essere promotori di un simile evento sconvolgente, né tanto meno delle conseguenti infinite faide interne e guerre fratricide. Anzi, non fummo per nulla consapevoli di avere intrapreso il nuovo corso, tuttavia è incontrovertibile che proprio da allora la lotta sociale assunse caratteristiche tali da sovvertire la città sino al punto del non ritorno.

Non inventammo alcunchè di nuovo, in realtà, tentammo soltanto di riesumare gli antichi provvedimenti disapplicati come la prima legge agraria, attribuita al console Spurio Cassio Vecellino, anteriore di 4 secoli, e quella successiva di cent'anni dei tribuni Licinio e Sestio.

L'una promulgata a seguito di un trattato sottoscritto con l'indomita popolazione latina degli ernici, nel 484 avanti Cristo, e l'altra varata dopo la conquista dell'etrusca Veio, nel 396 avanti Cristo.

Nel 121 quindi, il convenzionale inizio del *secolo lungo*, fu edificato in Roma un tempio alla Concordia impiegando il denaro confiscato alle famiglie dei miei seguaci condannati a morte o esilio perpetuo e si realizzò quella beffarda ed atroce contraddizione, esito di miopia politica, poiché proprio da allora, ribadisco, cominciò la catastrofica discordia urbana che divenne elemento essenziale della vita politica in Roma Repubblica.

Al riguardo hai ragione tu purtroppo, John Kennedy, laddove affermi che non vi fu sentimento patriottico negli uomini che raccolsero la nostra eredità riformista, o la contrastarono in nome dell'immutabile *status quo* aristocratico.

Lo schema bipolare accolse tali istanze contrapposte ma la smodata ambizione personale di spregiudicati condottieri, più o meno abili in politica, prevalse sull'anelito di incontaminata fede alla Repubblica. La forza delle legioni, sino allora impiegate per crescita del dominio romano, degenerò in feroce opposizione fratricida e dissanguò tutto il patrimonio umano e militare dedicato alla protezione ed alla gloria di Roma, sancendo così il tramonto della sua più antica virtù.

Uomini dotati di eccezionale carisma in battaglia, o di eloquenza in Foro e in Senato, o tra i ranghi delle truppe schierate, di preveggenza in politica e di talento in diverse discipline, di fortuna nel pericolo e prudenza nella meditazione, non intesero mai unire le energie vitali per Roma e combatterono soltanto per se stessi sino alla morte.

Per alcuni si cristallizzò il mito, al pari di noi fratelli Gracchi e voi Kennedy. Così avvenne a Cesare, neutralizzato da mano traditrice, od a Catone uticense, il suo pervicace avversario.

Quest'ultimo, unico tra altri per autentica passione patriottica, persa ogni speranza sulla sopravvivenza della Repubblica, si trafisse con la spada e, medicato mentre era incosciente, strappò le bende una volta rinvenuto ed infierì sulle proprie viscere.

Intendo ricordarlo perché io non fui capace di tale fanatico coraggio all'atto estremo e quindi ordinai ad un mio schiavo di uccidermi.

Ma questa fu la fine, Sant'Agostino, laddove tu ci stai chiedendo di risalire al principio per comprendere la nostra intima motivazione.

Pessimi homines Tiberium fratrem meum optimum interfecerunt! Em videte quam par sim.

Perdona l'autocitazione, sant'Agostino, ma è necessaria per illustrare nella più efficace maniera quanto un'educazione di famiglia abbia influito sui miei propositi, che mai avrei inteso tradire, fosse pure per la pace del focolare domestico o la stabilità della Repubblica.

Così avrebbe desiderato mamma Cornelia, invero, ma riposi in gloria quell'anima santa la cui ambizione non fu l'origine della mia rovina, giacché ella, dopo la tua fine, Tiberio, ne depose ogni velleità.

In siffatta direzione, pertanto, la dignità tribunizia rappresentò anche per me l'unica strada percorribile.

Comunque, essendo io presunto avversario dell'aristocrazia solo per essere tuo fratello, Tiberio, provvidi anche di mia iniziativa a destare l'inimicizia del Senato quando ancora avrei potuto avvalermi degli uffici migliori per accedere ai massimi gradi della Repubblica.

Avvenne così che venni eletto tribuno della plebe, esercitai la carica per due anni consecutivi e vi impressi un segno peculiare.

Se pertanto a ragione veduta può anche affermarsi che tu, Tiberio, ne ripristinasti la funzione concepita dalle origini nei termini negativi di contraltare al potere aristocratico, siffatto metodo non si manifestò soltanto per l'intercessione contro atti altrui, bensì con esercizio del potere legislativo costruttivo già da molto tempo attribuito anche alle assemblee popolari.

Ma tu, Tiberio, non intendesti per certo imprimere una connotazione rivoluzionaria alla linea d'azione o quanto meno, ponendo me stesso in confronto a te sotto questo profilo, ritengo che a me piuttosto sia attribuibile un progetto che avrebbe puntato a ristrutturare le basi istituzionali della Repubblica.

Non posso gloriarmene, peraltro, giacchè il fallimento travolse infine le mie migliori aspettative, che inizialmente parevano bene orientate, e pertanto è indubbio come debba accettare serenamente una critica postuma di fondo sul metodo, cosiddetto, rivoluzionario.

Pochi anni dopo il transito di noi Gracchi, le gesta di un'altra illustre coppia di tribuni, Lucio Apuleio Saturnino e Caio Servilio Glaucia, ne diede conferma.

Aristocratico pentito, l'uno, autentico plebeo, l'altro, essi agirono in sintonia e instaurarono la loro battaglia contro gli *optimates* sotto la protezione del trionfante Mario, che militava allora con i *populares* godendo del carisma sacrale del salvatore della patria per le vittorie conseguite contro Giugurta ed i popoli germanici Cimbri e Teutoni. Saturnino e Glaucia rinnovarono le nostre riforme di distribuzione dell'*ager publicus* ed apertura della cittadinanza romana agli italici.

Traditi tuttavia dalla condotta ambigua del possente *sponsor* Mario, i tribuni in fuga dal Campidoglio posto sotto assedio, come te Tiberio, morirono lapidati con tegole di ardesia scagliate in abbondanza da squadre di facinorosi prezzolati.

Evidentemente la questione agraria e l'attribuzione della cittadinanza agli alleati italici non furono propizie ai tribuni delle plebe in genere se ricordiamo qui come Livio Druso, figlio dell'omonimo collega e avversario mio, come il padre legato agli aristocratici, perì di morte violenta per averle perseguite.

Comunque sia, Sant'Agostino, se invero la Storia riconosce a me per primo il merito di avere concepito un originale progetto di riassetto costituzionale, di cui poco è rimasto nei modi che avrei desiderato, sia chiaro che nulla di ciò fu estraneo alla tua mente, Tiberio.

Ma tu invero non avesti neppure il tempo materiale di annunciare le lungimiranti prospettive e fu così, tanto per iniziare, che scegliesti di cimentarti soltanto con la riforma agraria.

Una sfida ambiziosa, peraltro, e degno esordio rispetto all'imponente opera riformatrice che avesti in animo.

Purtroppo ti mancò il tempo, dicevo, e quindi toccò a me ricevere il testimone, dopo la tua morte, come un lascito ereditario ispirato ad una profonda saggezza politica democratica.

Siffatta dottrina, pervenuta a noi dal nonno Scipione Africano per il tramite di mamma Cornelia, e di eccellenti maestri, aveva sospinto te, Tiberio, a stili aperti di gestione pubblica, onde fosse agevolato un equilibrio sociale virtuoso, idoneo ad evitare devastanti ostilità nel tessuto sociale urbano.

Per me invece, un giovane di temperamento irruente ed impulsivo, il movente per l'intervento in politica fu dato *in primis* da un sordo desiderio di vendetta, e pertanto non potrei in buona fede sostenere che si trattasse di una lodevole ispirazione, ma tant'è, e in tale senso elaborai i primi provvedimenti una volta eletto tribuno.

Con essi io intendevo onorare la memoria tua Tiberio, innanzitutto, e resuscitare i tuoi progetti, nel contesto di una realtà sconvolta in cui la fazione popolare era stata sconfitta sì, ma nient'affatto piegata.

Della più genuina vocazione sociale dunque rinnovai i principi con una nuova legge agraria per le campagne e provvidi anche alla plebe urbana assicurando a tutti periodiche dotazioni di frumento a titolo pressoché gratuito.

A una più profonda riflessione, tuttavia, non avrei potuto illudermi di condurre al trionfo quegli ideali egalitari, coltivati da noi Gracchi, attraverso atti artificiosi, espedienti disorganici e poco efficaci.

Cominciai allora a maturare un ripensamento nel più ampio respiro globale sulla struttura costituzionale della Repubblica romana e, sia pure restando devoto alla fede patriottica, respinsi ogni infingimento conservatore e individuai nell'aristocrazia e nella sua aggregazione assembleare, il Senato, la roccaforte da espugnare onde conseguire l'autentica libertà ed equità sociale per il popolo.

Non intendevo però destabilizzare il sistema nell'ottica demolitrice marxista, sicché anch'io come te, Tiberio, respingo interpretazioni di tal fatta che alcuni storici hanno contrabbandato nei nostri confronti. Distinguevo piuttosto che l'equilibrio delle forze in campo era assai precario ed esigeva un mutamento radicale talché era necessario per i miei progetti di riassetto cogliere il fulcro sensibile sul quale colpire concentrando ogni energia.

Vi meditai a fondo e infine addivenni a una conclusione tale per cui il settore giudiziario si sarebbe rivelato un cavallo di battaglia adatto, il grimaldello con cui scardinare uno *status quo* consolidato da secoli di alterigia patrizia. Ma in merito occorre una premessa

Io non vidi il popolo come alleato poiché non lo ritenevo affidabile, lo considerai piuttosto il beneficiario finale della mia azione se fossi riuscito ad incrinare l'intesa tra le classi detentrici del potere politico ed economico, vale a dire senatori e cavalieri.

Ebbene, sant'Agostino, devo pure ammettere che permaneva in me una discreta componente di furore demagogico iniziale e congeniale alla mia indole battagliera. Avevo comunque imparato a nascondere i sintomi, memore dei trascorsi colpi di testa che per poco non mi screditarono in via definitiva, e non solo di fronte al potere costituito ma anche al cospetto del popolo, come quando, irato per il puntiglio in Senato, abbandonai l'ufficio di questore in Sardegna.

Affrontai lo scenario che mi si prospettava e considerai innanzitutto come un'economia agricola di sussistenza nell'arcaica Repubblica avesse da tempo ceduto il passo a sviluppi commerciali improntati su vasta scala e dovuti all'operosità della nuova plebe che identificai principalmente nell'ordine equestre.

Quest'ultimo, non più disposto ad accettare che restasse nelle mani del patriziato il monopolio politico, gli si era ribellato con successo ed ai miei tempi condivideva il potere in un'armonica e compiacente combutta, con buona pace del popolo minuto.

Occorreva interrompere il circolo vizioso che soffocava la plebe vera nelle sue più elementari esigenze, come d'altronde tu Tiberio avevi per primo intuito.

Cornelii e Semproni, gli eminenti nostri progenitori per discendenza femminile e maschile, nonché fautori e componenti di quel sodalizio fra le classi dominanti, forse non avrebbero approvato i nostri intenti perseguiti in netto contrasto alla tradizione di famiglia.

Ma è forse verosimile per questo affermare che noi fummo infausti demagoghi e malfidenti sovversivi, desiderosi di potere tirannico, di onore smodato e indebite ricchezze? Che fummo colpevoli per avere sfidato gli interessi materiali della nostra progenie, fucina nei secoli di eccellenti risorse per la classe dirigente romana, e ciò allo scopo di conseguire transeunti vantaggi personali?

Sì, come dice l'insigne Cicerone, neppure disposto ad ammettere che a titolo personale ci premeva piuttosto l'anelito di memoria storica.

Io dico invece che a te solo, Sant'Agostino, compete il responso sul quesito che hai proposto e desidero almeno ricordare, per quanto mi riguarda, come nella lotta ho sempre impegnato tutto me stesso.

Compresi dunque, come dicevo, che sul tema giudiziario io mi sarei giocato la reputazione di difensore del popolo.

Ottenni così un felice esito nel fomentare la discordia tra gli ordini alleati, senatori e cavalieri, portando all'assemblea della plebe un atto che avrebbe rinnovato antiche rivalità.

La mia *lex repetundarum*, superò la prova senza difficoltà grazie alla dirompente portata rivoluzionaria di un meccanismo procedurale che invero era piuttosto semplice.

Fu sufficiente infatti stabilire che, in processi per concussione contro i governatori provinciali uscenti, la giuria non venisse più composta da senatori, disposti all'indulgenza in futura memoria reciproca fra appartenenti allo stesso ordine, bensì dai cavalieri.

Alcune scandalose assoluzioni da poco tempo emesse impedirono ai senatori di opporsi con argomenti credibili ed i cavalieri accolsero la legge con entusiasmo.

Fui buon profeta e conseguii il risultato voluto di seminare in Foro gli acuminati pugnali con cui i privilegiati per nascita o per denaro si sarebbero scannati a vicenda in vantaggio del popolo.

E d'altronde la questione giurisdizionale assunse proprio allora una funzione di riferimento caratterizzante nella battaglia tra gli ordini.

Essa divenne in seguito la vertenza alimentata di continuo al fine di rafforzare i rispettivi ambiti di potere nell'agone politico cittadino.

Il dibattito sulla competenza in tema di concussione infatti subì dopo di me ondivaghe revisioni entro serrati avvicendamenti.

Una *lex Servilia Caepionis* ricondusse ai senatori metà dei membri delle giurie, una *lex Glaucia* ripristinò la competenza esclusiva dei cavalieri, una *lex Plautia* dispose l'estrazione a sorte delle giurie tra tribù, indipendentemente dall'appartenenza, una *lex Livia* introdusse una facoltativa rinuncia da parte dei cavalieri a ulteriori seggi giurati in cambio dell'ingresso in Senato, una *lex Cornelia Silla* restituì ai senatori il monopolio delle giurie, ed infine Giulio Cesare intervenne con un parziale ritorno al mio schema originario.

Siffatta strategia di rottura venne peraltro da me applicata non solo in campo giudiziario ma improntò tutta la mia produzione legislativa accentuando il conflitto tra i senatori e cavalieri che, in prospettiva futura, avrebbe giovato al popolo grazie ad un'esasperazione diretta anche verso altri settori, come ad esempio quello tributario.

Con un'altra legge infatti stabilii che venisse affidata ai cavalieri, in particolare ai cosiddetti pubblicani, la riscossione delle tasse in Asia, la provincia più opulenta dell'impero, sottraendo il lucroso onere al governatore senatorio. Un'altra pugnalata all'aristocrazia!

Non mi illudevo tuttavia che i cavalieri si sarebbero sempre attenuti a principi virtuosi, come tali carenti nei senatori. Anzi ritenevo che lo spirito imprenditoriale tipico di quegli abili mercanti e faccendieri tagliagole non promettesse nulla di buono una volta che fosse stato permesso a loro di trafficare fra processi penali e libri contabili.

Ma quanto meno era verosimile attendersi che alimentare l'enorme sviluppo commerciale, diffuso oltremare alle province conquistate e sottomesse, avrebbe determinato la fine di una catena ininterrotta di conflitti e di impegno militare.

L'aspirazione espansionistica, la politica, la religione, sono state da sempre nella Storia ineluttabili fonti di guerra, ma non il commercio. Per quanto anche siffatta affermazione presenti una valenza relativa: la camaleontica spregiudicatezza propria della versatilità mercantile è sempre adattabile a ogni situazione pur di ottenere vantaggio.

Questo è il conflitto tra classi privilegiate che si stava cristallizzando in Roma alla mia epoca e quindi, *a la guerre comme a la guerre*, mi ci buttai a capofitto senza andare troppo per il sottile.

Con tale dirittura esacerbai la guerra tra gli ordini ma, nonostante i trascorsi cruenti collegati alla tua esperienza, Tiberio, desideravo in buona
fede realizzare una rivoluzione pacifica.

Mi inganno forse, sant'Agostino, se dal tuo benevolo sorriso deduco
che hai accolto esattamente per quello che intendeva essere la mia menzione sui pugnali disseminati in Foro: nient'altro che metafora, fantastica
ed efficace, sebbene il solito antagonista nostro, Cicerone, l'abbia poi ri-
scritta nella sua opera letteraria e storica distorcendola consapevolmente
in tutt'altra esegesi.

Ebbene sì, sant'Agostino, agii da pirata, non nego, ma assai più di te,
Tiberio, intrapresi la mia azione politica con approccio religioso che definirei quasi un barlume di carità cristiana.

Infatti, come l'impetuoso temperamento mi induceva all'aggressione
verbale nei confronti degli avversari, ero facile alla pietà dinnanzi alla
miseria dilagante nelle *insulae* neglette proletarie di Roma, e fu proprio
seguendo una siffatta propensione che sancii, fra i primi miei provvedimenti, la distribuzione di grano al popolo.

Non ero affatto favorevole tuttavia al metodo assistenziale puro, che
ritenevo dannoso per le masse cittadine e agresti poiché ne avrebbe sicuramente alimentato la componente infingarda, bensì mi adoperai per
individuare settori di intervento che, in promettente potenzialità, garan-
tissero anche al popolo migliori opportunità di crescita, come ad esempio l'erezione di colonie e la promozione di lavori pubblici. Il fenomeno
della colonizzazione romana in penisola italica aveva trascorso i tempi
migliori tra l'espansione dell'arcaica Repubblica e le guerre puniche, ma,
dopo queste, si era completamente atrofizzato e così pensai di attivarlo
ex novo, nell'ottica dei diversi rapporti che intendevo instaurare tra il popolo e le classi dominanti.

Non costituiva certo una novità il fatto per cui un tribuno della plebe
assumesse l'iniziativa di dedurre colonie per plebiscito assembleare, contro la consolidata competenza senatoria.

Esistevano infatti alcuni precedenti, come le colonie dedotte da tale Caio Atinio 70 anni prima di me, fra cui Salerno e Crotone, però si trattava ancora di insediamenti marittimi a scopo difensivo.

Il mio piano invece, rivolto a luoghi che presentassero prospettive di sviluppo, cercava una valvola di sfogo per l'incremento demografico del proletariato cittadino e, nel contempo, attraeva il capitale privato.

Ne avrebbero beneficiato gli investitori del ceto plebeo commerciale e l'intera comunità coloniale composta da nullatenenti.

Appare pressoché superfluo osservare, Sant'Agostino, come tutto ciò lavorasse in conformità a una strategia di riforma che io perseguivo. Al riguardo avevo acquisito cospicua notorietà nell'ambito urbano e così mantenevo la situazione saldamente sotto controllo mentre ogni cosa andava per il meglio.

Godevo di un sostegno pressoché incondizionato in città, soprattutto dalla parte popolare, ma anche dalla plebe imborghesita.

Il Senato invece, più isolato che mai nel suo anacronistico orgoglio, fremeva arroccato nello stallo improduttivo e assisteva senza alcuna reazione all'ascesa di un Gracco redivivo.

Ero talmente popolare che riuscii persino ad eludere l'ostacolo della seconda elezione tribunizia consecutiva, che fu fatale a te Tiberio, né facevo mistero alcuno di ambire al terzo mandato.

Avevo raggiunto l'apogeo ma, per un'eccessiva sicurezza, commisi il fatale errore per cui la fortuna mi si ritorse contro all'improvviso.

Confidando disinvolto sul gradimento pubblico maturato allora, osai affrontare un tema molto controverso, che già altri audaci personaggi avevano perseguito inutilmente: proposi all'assemblea plebea un atto di estensione della cittadinanza a tutti gli alleati italici.

Mal me ne incolse!!! La sudditanza degli alleati rappresentava sì una problematica da risolvere in qualche modo per il bene di Roma, ma i tempi non erano ancora maturi per una serena valutazione. Meglio avrei fatto a tenerne conto.

Avevo in animo, d'altronde, di assegnare altri punti contro il Senato: neutralizzare una consuetudine invalsa di concedere la cittadinanza in maniera discrezionale a singoli soggetti delle aristocrazie locali in cambio di compiacenti favori.

In questo modo, cioè concedendo alle comunità alleate il diritto della cittadinanza in via generalizzata, avrei sottratto al Senato un potere arbitrario di attribuire il privilegio per mero vantaggio di casta.

E d'altronde per quella via avrei anche perfezionato la tua riforma, Tiberio, nel senso che gli alleati italici sarebbero stati annoverati ed inclusi a pieno titolo nel sistema di distribuzione terriera.

Ma in quel disegno sottovalutai l'atteggiamento xenofobo del popolo e avvenne così che, al ritorno da un viaggio in Africa, affrontato per dirigere la fondazione della colonia oltremare Cartagine, mi accorsi che il sostegno del popolo, suggestionato nel frattempo dalle subdole trame patrizie, era mutato in ostilità nei miei confronti.

Persi allora tutto il credito e venni sconfitto alle elezioni per il terzo mandato a tribuno. Non rinunciai tuttavia all'intrapresa missione per il popolo e lottai ancora con l'ausilio dell'unico amico rimasto dalla mia parte, Marco Fulvio Flacco.

Gli avversari però, essendo io ormai privo di cariche istituzionali, si avvalsero della mia precaria posizione e sfruttarono una propaganda contraria che mi dipingeva a fosche tinte come nemico dello Stato, desideroso di farsi tiranno.

Si profilava per me uno scenario molto pericoloso ma io non prestai ascolto a nessuno, neppure a mia madre e mia moglie, naturalmente. E così avvenne che sopraggiunse la condanna nei miei confronti in Senato, sostenuta non solo dalla fazione più reazionaria.

Mi fu imputato allora ogni misfatto possibile e immaginabile contro la Repubblica: vilipendio della Curia, premeditata sovversione della concordia urbana, la più sordida adulazione nelle assemblee, il furto di legittime proprietà terriere, l'indisciplina e l'anarchia tra i giovani, la disaffezione instillata tra il popolo per il governo dei migliori.

La furia aristocratica montò sino a quel fatidico *senatus consultum ultimum* che infine deliberò l'esecuzione della condanna attraverso una battaglia assai più cruenta di quella in cui perdesti la vita dieci anni prima, Tiberio. Fui massacrato come avvenne a te, Tiberio, e al pari tuo neppure mi vennero concesse degne onoranze funebri. I nemici confermarono la *damnatio memoriae* e, con questo evento, si conclude il racconto della mia parabola politica.

Hai potuto rilevare sino a questo punto, sant'Agostino, come abbia aperto l'anima senza concedermi attenuante alcuna per tutti gli errori commessi a causa del mio temperamento innato, talmente ostinato e polemico da collocarmi agli antipodi rispetto alla tua indole mite e pacifica, Tiberio.

Una differenza che si intravede delineata, nel medesimo profilo, tra voi Kennedy, talché le coppie sono accomunate in una stupefacente analogia trasversale.

La flemmatica moderazione tipica vostra, maggiori John e Tiberio, si contrappone in modo radicale ad un'ardente passionalità mia e tua, Robert, talché l'ingresso in politica venne intrapreso da parte nostra, fratelli minori, per modalità in stridente contrasto ai predecessori, ma l'ideale comune a tutti noi quattro fondato su autentico sentimento di generosità e di abnegazione, per quanto forse ingenuo ed utopistico, rimane fuori da ogni discussione.

Consentimi pertanto sant'Agostino, prima di pronunciare il giudizio, di esprimere alcune considerazioni generali da ritenersi una matrice comune a tutti noi quattro, nonostante i caratteri umani contrastanti. A te solo, Robert, proporrò invece uno spunto di riflessione su nostre affinità personali, valutate in rapporto analogo a quelle già viste in via reciproca tra voi, Tiberio e John.

Parliamo dunque di ambizione, il tratto che unisce senza distinzioni di sorta la natura dell'animo assegnata nella lotteria dei talenti a noi, Gracchi e Kennedy.

Se è indubbio al riguardo che ne fummo gratificati tutti insieme ed in uguale misura, sia per l'innata propensione che per stimoli trasmessi dalla famiglia e dall'ambiente sociale circostante, non è di certo per caso che ora ne andrò trattando in accentuazione lusinghiera.

Nel formulare all'esordio il quesito sul nostro impulso dominante, Sant'Agostino, hai collocato in evidenza immediata la diarchia tra i termini dell'ideale e dell'ambizione come fossero rispettivamente il polo positivo e negativo di una pila elettrica.

Osservo però che tu non hai accompagnato il termine ideale ad alcun aggettivo, tale da restringerne in qualche modo il significato, mentre, per quanto concerne l'ambizione, ne hai circoscritto il concetto entro una determinata qualifica: "frenetica".

Mi sembra pertanto lecito dedurre che tu non intenda stigmatizzare l'ambizione come una prerogativa deteriore sempre e comunque, ma soltanto quando si manifesti in una forma determinata.

Per agevolare quindi la comprensione delle mie parole, menzionerò lo scritto di un grande uomo di pensiero in espressione integrale:

Esiste politica, la Storia in atto, senza ambizione? L'ambizione ha assunto un significato spregevole per due principali ragioni:

1) perché si è confusa l'ambizione grande con piccole ambizioni;

2) perché l'ambizione ha spesso condotto al basso opportunismo ed al tradimento dei vecchi principi.

Si tratta di un brano dai Quaderni dal carcere di Antonio Gramsci, il padre fondatore del partito comunista italiano, e tuttavia propenso ad una forma di evoluzione democratica della sua fede marxista.

Riprendo quindi tale insegnamento e, trasponendo una distinzione tra piccole ambizioni e grande ambizione in noi Gracchi e Kennedy, io non penso di escludere la componente personalistica a conseguire una posizione di potere nell'ambito del nostro contesto.

Ma, se corrisponde al vero che noi fummo sì gratificati dal consenso popolare anche per una forma di vanità, che peraltro sarei disposto in tutta sincerità ad ammettere soltanto per me stesso, sulla finalità del potere acquisito in Roma e negli Stati Uniti respingo qui l'addebito di venalità esclusiva o sete di dominio.

Piccole ambizioni queste ultime, invero, mentre accolgo per noi una propensione di carattere idealistico alla crescita della povera gente, senza cedimenti alla bieca demagogia.

Da quest'ultimo metodo di esercizio di potere, infatti, che tu Tiberio hai attribuito a Clodio Pulcro come contrario rispetto a noi Gracchi, noi fummo estranei, sia che demagogia si intenda in deteriore forma di democrazia, secondo la dottrina platonica, sia che si configuri in impulso a servirsi delle masse per i propri interessi.

In realtà ciascuno di noi, Gracchi e Kennedy, si pose al servizio del popolo con animo altruista, né volle servirsi del popolo soltanto per convenienza utilitaristica, morale o materiale che dire si voglia.

Ma, esaurita la valutazione congiunta, ed ammesso che voi, Tiberio e John, non vi foste invaghiti in un modo viscerale da una nobile causa sino dal principio dell'azione, tuttavia l'accoglieste infine con afflato autentico, senza condurla a termine, mentre a noi, Robert, pervenne l'onore di perfezionare e concludere l'opera, in qualche modo.

E non mi riferisco con questo alla favoletta di un sogno premonitore, conforme alla tradizione mitica romana, o chissà a quali altri artifizi retorici, fedeli al *cliché* patriottico statunitense.

In prospettiva più attendibile è vero piuttosto che entrambi, legati da vincoli di lealtà e di profondo affetto, accogliemmo il testimone dai fratelli maggiori però facemmo in modo di imprimere all'azione una traccia peculiare, anche perché non fummo affatto sicuri che l'alone di martirio ereditato si sarebbe rivelato di buon auspicio.

Evitammo perciò di ricordare troppo spesso al pubblico che eravamo fratelli di Tiberio Sempronio Gracco e di John Fitzgerald Kennedy.

Io smisi subito, dopo le prime perorazioni, e tu Robert ti allontanasti dal mito della Nuova Frontiera per ottenere il voto di gente propensa alle legge e all'ordine in periodi incandescenti di ribellione razziale e contestazione per la detestata guerra nel Vietnam.

Pare quasi una dissacrante provocazione la tua uscita estemporanea, Robert, in contrasto con te John, su progetti di esplorazione spaziale quando proclamasti in pubblico: "io penso sia importante che l'uomo possa camminare sulla Luna, ma anche più importante è che di notte l'uomo possa passeggiare tranquillo per le vie della nostra capitale e delle altre città della nazione"

E torniamo a noi, Robert. Se io, come ho narrato, ampliai l'azione e tentai quindi di favorire la gente attraverso un riassetto della struttura costituzionale di vasta portata, anche tu accentuasti tratti percorsi e creasti *ex novo* una vocazione pauperistica.

La assumesti a direttiva dominante, da senatore a New York e nella campagna presidenziale, nella lotta contro la miseria e la fame negli Stati Uniti e nel mondo.

Ora io non saprei esprimere un'opinione sul se la programmatica da te dichiarata fosse di natura ideologica od emotiva, di carità cristiana o laica solidarietà sociale, desidero comunque citare la testimonianza di collaboratori che ti videro profondamente scosso e provato tornare da incontri ravvicinati con la povertà e le malattie devastanti per il corpo e per l'anima.

Avesti l'occasione di ritrovarle nelle riserve indiane e nel delta del Mississippi, nei ghetti negri a New York e Chicago, nei villaggi dei *chicanos* in California e Texas, nelle *favelas* di Rio in Brasile, nei sobborghi di Joannesburg in Sud Africa.

Sono propenso a pensare al riguardo, Robert, che proprio per questa partecipazione così intensa di carattere sensitivo, della quale peraltro fosti sempre schivo a manifestare espressioni esteriori, debba essere attribuita a te la più genuina adesione al principio comune.

Un afflato tale per cui la sorte di una nascita privilegiata e prospera deve essere ricambiata, senza francescane rinunzie tuttavia.

La tua campagna elettorale presidenziale, brutalmente interrotta alla vigilia di un successo assai superiore alle migliori aspettative, venne fondata su tale assioma, oltre che sul disegno di porre la parola fine alla guerra in Vietnam. Tu d'altronde affrontasti anche siffatta ardua tematica in ottica sociale, cioè nel senso che la gente ricca riusciva a evitare il richiamo alle armi ed i poveri partivano e non tornavano.

Naturalmente con contributo sproporzionato da parte dei negri.

Rinnovasti poi una sintonia con Martin Luther King su quest'ultimo versante, ma occorre anche rammentare al riguardo che tu non fosti limpido nei suoi confronti quando nella carica di *Attorney General*, ordinasti l'intercettazione telefonica sui suoi apparecchi nel sospetto di amicizie assai poco rassicuranti.

Fu forse tale azione una reminiscenza dei tuoi ambigui trascorsi in seno al Comitato MacCarthy?

Perdona quest'impertinenza, Robert, a volte mi scappa una parola di troppo, né d'altronde io vado esente da una critica per frequentazioni discutibili, come avvenne con Marco Fulvio Flacco.

Ho menzionato lui poc'anzi: un cattivo soggetto del quale peraltro io non potrei mai lodare abbastanza la lealtà e l'ardore con cui si batté sino all'ultimo respiro al mio fianco.

Comunque sia, almeno sulla disinteressata dedizione alla causa del popolo negro da parte di entrambi voi Kennedy, tardiva ma sincera, io non ritengo ammissibile alcun dubbio postumo.

A mio parere, tra tutti i Presidenti degli Stati Uniti, spetta a te John Kennedy il primato per azioni svolte contro la segregazione razziale, mentre a te Robert, collaboratore proattivo e instancabile, è dovuto il riconoscimento di un impegno senza il quale nulla sarebbe avvenuto. Voi foste autori di una lotta indomita contro la condizione dei negri negli Stati Uniti d'America, la peggiore fra tutte le minoranze, salvo quella riservata ai nativi. E notorio del resto che per costoro, abitanti originari del Nord America, fu praticato durante il XIX° secolo uno sterminio di misura dieci volte superiore a quanto in effetti produsse l'Olocausto nazista (Hitler, in *Mein Kampf*, citò con ammirazione la fase espansionistica ottocentesca degli Stati Uniti come esempio per i suoi programmi di crescita territoriale in Unione Sovietica).

Neppure il più celebre paladino della libertà a favore dei negri nella storia degli Stati Uniti, il Presidente Lincoln, vi potrebbe stare alla pari, se è vero che, dopo l'emancipazione dalla schiavitù, dichiarò in privato: "se mi fosse consentito di salvare l'Unione senza liberare un singolo schiavo negro, lo farei".

Lincoln si servì allora della dicitura "nigger" in un senso spregiativo che fu connaturato sin da prima della dichiarazione di indipendenza mentre tu, Robert, proferivi "nigger" con il rispetto dovuto che tale parola sottintende quando è utilizzata all'interno della comunità. E tu ti sentivi membro della comunità.

Non amavi poi altri termini del tipo "politicamente corretto" come *coloured*, perché ti irritava quel recondito sentore di condiscendenza bianca, e odiavi cordialmente *afroamerican*, come vezzo intellettuale intriso di snobistica superiorità. Aborrivi, d'altra parte il semplice *black* poiché la parola conteneva l'indizio di una appartenenza tipica di gruppi dediti alla violenza e alla lotta armata.

La battaglia intrapresa da voi Kennedy contro la bieca segregazione razziale rivoltò contro voi una banda imponente di nemici astiosi ed irriducibili talché tu stesso, in quei giorni che seguirono all'attentato contro Martin Luther King, quando nelle città del Nord e del Sud imperversò la rivolta incendiaria negra, evocasti i fucili spianati tra te e la Casa Bianca.

Persino le classi lavoratrici operaie del Nord nutrirono diffidenza nei vostri confronti, John e Robert, temendo l'invasione e la concorrenza del proletariato negro che la politica di apertura avrebbe determinato ponendo a rischio i posti di lavoro, unico patrimonio sicuro per tutti. Un'altra affinità dunque ci unisce, Robert.

Ho narrato infatti come qualcosa di simile avesse rappresentato per me il principio della fine, quando la plebe di Roma, timorosa persino di cedere ai neo cittadini alleati italici i posti migliori sugli spalti del Circo Massimo, osteggiò la proposta di apertura e quindi mi voltò le spalle nella battaglia contro gli aristocratici.

Così concludo, sant'Agostino, e grazie per la benevola attenzione.

SANTO AGOSTINO – Grazie a te, Caio, e non solo per la disposizione d'animo sincera con cui hai narrato le tue vicende politiche, che non è mancata peraltro in Tiberio e John, ma soprattutto per quella lucida trasparenza del tuo discorso svolto con trasporto vivace ed accorato, più candido rispetto all'eloquenza disincantata che ha caratterizzato gli altri monologhi.

Sono portato infatti a ritenere il tuo intervento come manifestazione dell'insolente passionale entusiasmo che ti induceva, nel quotidiano dibattito pubblico, a parlare con amici o avversari ostentando il tono di sfida aperta che, a livello subliminale, intimava all'interlocutore di accettarti così, altrimenti non saresti stato disposto a cambiare.

Come vedi io sorrido ancora, perché non soltanto ti accetto come sei ma anzi ti apprezzo proprio per quella tua incapacità di dissimulare e poi eventualmente piantare un pugnale nella schiena a chicchessia.

Il problema però sussiste, in ordine ad uno stile intransigente di tale fattura, nel senso che assai poche persone, in realtà, sono in grado di proiettarsi oltre alla prima sgradevole impressione.

E così succede purtroppo che un potenziale rapporto positivo viene irrimediabilmente perduto.

In siffatto *handicap* si riassume probabilmente la parabola della tua carriera: le brillanti premesse di intelligenza e di coraggio, volontà e indomito carattere, ideale orientato ai migliori sentimenti, andarono sprecati a causa della febbrile impazienza a realizzare i tuoi disegni travolgendo ostacoli da te ritenuti arbitrari, ostili per partito preso.

Rammenta quindi, Caio, come invece sia Tiberio che John avessero preferito aspettare il loro secondo mandato, rinunciando in parte al dispiegamento dei programmi, proprio perché percepirono enormi difficoltà frapposte dagli infidi avversari o dal fisiologico rigore del sistema consolidato.

E tale fu di certo una saggia opzione, che comunque non si realizzò, ma estranea al tuo temperamento di "Cuore Impavido".

Deliberatamente utilizzo qui il nome indiano che gli abitanti della riserva di Pine Ridge appiccicarono a te, Robert Kennedy, per avere trascorso, in campagna elettorale presidenziale, un'intera giornata con Christopher Pretty Boy, povero malato fanciullo da poco orfano, mentre il tempo stringeva e lo staff ti pregava di non gettarlo via.

In risposta tu ordinasti l'allontanamento immediato delle telecamere e dei giornalisti al fine di cancellare ogni traccia dell'incontro con il piccolo indiano, salvo poi menzionare in ogni occasione pubblica la condizione di vita dei nativi americani ridotti ormai ad un'esistenza senza speranza.

La breve analisi che tu hai svolto, Caio, sulle tue affinità con Robert, e sulle antinomie rispettive con Tiberio e John, è suggestiva. Ricorda peraltro che, diversamente da te e dagli altri, Robert non ebbe le tue opportunità giacchè non vide neppure il primo mandato.

304

Prima di cedergli la parola comunque desidero intrattenermi in breve sul tuo accenno all'ambizione come prerogativa comune di voi tutti. Si tratta in effetti di un talento umano del quale hai tessuto le lodi come imprescindibile dote per acquisire il potere e quindi governare, purché essa venga diretta a concretizzare l'interesse comune e non a soddisfare l'orgoglio personale.

Sia pure così, Caio, sono anche disposto ad avvalorare tale premessa, dal momento che l'ambizione non fu una componente estranea nella mia vita di tumultuoso conflitto e di spasmodica ricerca, seppure non orientata, come avvenne per voi, alla politica.

Invero la Città Ideale non fu mai per me un oggetto di speculazione politica se non nel confronto diretto alla Città di Dio.

Respingo pertanto qualunque disputa ideologica, ma sull'ambizione, grande o piccola che sia, nonché priva di altri aggettivi qualificanti, io dico a voi, attenzione!!! E' brevissimo il passo alla superbia, e questo è il tema su cui articolerò l'approfondimento conclusivo.

A te ora, Robert Fitzgerald Kennedy, porta a termine la rassegna.

ROBERT FITZGERALD KENNEDY – Hai rilevato qualche differenza tra le esperienze politiche incompiute altrui e la mia, sant'Agostino. O meglio, dovrebbe dirsi che la mia non è mai neppure iniziata, se non per passaggi propedeutici, comunque ardui e coinvolgenti. Il che mi colloca in posizione privilegiata rispetto a voi Jack e Gracchi.

Se infatti la tradizione storica ostile non risparmia impietose critiche a voi in riferimento a errori commessi, veri o presunti che siano, per quanto invece riguarda me è plausibile ipotizzare che sarei diventato un grande Presidente degli Stati Uniti.

Ma invero l'acquisizione della carica da parte mia rimane per sempre nell'immaginario collettivo niente di più che una congettura di pura fantasia senza riscontro, tanto più sul come avrei potuto condurla in una valutazione consuntiva.

Tutto quanto sopra concretizza una discrasia nel confronto parallelo tra noi Kennedy e voi Gracchi.

Se infatti, Tiberio, ti occupasti della riforma agraria in via esclusiva, realizzandone peraltro in buona parte i contenuti, in effetti trattasti il tema avendo in animo solo la plebe agreste, ma per l'azione politica non apportasti cambiamenti negli equilibri di potere in Roma.

Adottando una visuale più estesa, Caio, tu invece agisti su molteplici aspetti critici e pervenisti a cospicui risultati di carattere economico sociale, ma soprattutto realizzasti provvedimenti di radicale modifica istituzionale che in parte rimasero inalterati nel tempo.

Caio, in quanto autore di un corpo legislativo più massiccio rispetto a Tiberio, ti emancipasti presto da un blocco psicologico consistente nell'essere fratello di Tiberio. Rammento che il Mommsen non solo ti dichiara superiore a Tiberio, per l'ingegno e il carattere, ma altresì ti riconosce il talento di autentico uomo di Stato del quale tu Tiberio saresti stato privo.

Al contrario io riuscii soltanto in parte a scrollare da me il medesimo limite di sudditanza psicologica dovuta all'autorevolezza altrui. Non ottenni la carica ambìta, però bisogna almeno riconoscere che a me fecero difetto tempo e occasioni, non le attitudini individuali.

Non sussiste tra le nostre coppie pertanto una simmetria tale per cui il più anziano risulta nel contempo il più imponente.

Anzi, è vero il contrario poiché, come in Agide e Cleomene, anche in voi Gracchi il più giovane supera l'anziano in risultato conseguito, mentre ciò non avviene in noi Kennedy.

Quindi, per quanto possa dire che in vita mi dedicai esclusivamente alla politica, in realtà io navigai entro ruoli minori o gregari, rispetto ad altri, sinchè annunciai la mia candidatura alla Casa Bianca.

Prima di allora, tutto quanto di notevole si sarebbe potuto attribuire a me aveva invero subìto l'influenza tua Jack e, sebbene avessi tentato di distinguermi in iniziative proprie, un alone dominante e protettivo, sia pure fraterno, neutralizzò qualsivoglia possibilità di affermazione esclusiva che, ritengo, avrei meritato.

Ma non desidero comunque fartene una colpa, Jack, e meno che mai ti porto rancore, poiché, se di plagio si tratta, tale sarebbe dovuto non a te, neppure consapevole, quanto a suggestione di massa prodotta dal sistema mediatico tarato all'unisono, che giustamente ti eleggeva ad astro di prima grandezza.

Io accettavo sereno l'inevitabile situazione, e comunque ti ero grato per l'attenzione speciale che mi accordavi fra tutti i collaboratori, né avrei pensato di lanciarmi nel cimento in prima persona

Solo dalla tua uscita di scena, dicevo, intrapresi in proprio la contesa presidenziale sulla quale ero in effetti piuttosto scettico in cuore mio, sia perché la ritenevo ancora più dura di quanto non lo fosse stata per te Jack, sia perché non mi sentivo alla tua altezza.

Cominciai però a crederci davvero in una scintillante serata di Los Angeles in cui il trionfo parve incredibilmente a portata di mano ma, appena dopo mezzanotte, scomparve la luce e tu venisti a prendermi. Questa fu la fine, dicevi anche tu Caio, ma neppure a me pare il caso di cedere alla malinconia del momento estremo.

Un'altra motivazione, infatti, determina questa nostra presenza al tuo cospetto, sant'Agostino e pertanto, in risposta al quesito, mi sembra necessario innanzitutto tentare almeno di riportare in unità tutte le contraddittorie ragioni che guidarono le mie scelte.

Si tratta di un onere malagevole dal momento che io stesso non sono in grado di trovare un segnale univoco nel mio disordine ideologico e provo imbarazzo a dichiarare che non conosco bene me stesso.

Non è escluso, tuttavia, che proprio nell'incertezza risieda l'esegesi corretta dei miei dubbi, nel senso che non fu un'ideologia la fonte delle mie intenzioni, ovvero un'opzione deliberata e razionale, bensì prevalsero nella mia natura passionale gli impulsi occasionali, pure comunque annessi alle congiunture economiche e sociali.

Come potrei altrimenti spiegare l'ondivaga linea che mi condusse in principio a schierarmi con un'irriducibile espressione di intolleranza reazionaria anticomunista, sulle orme di Joseph McCarthy, ed infine identificarmi in atteggiamenti progressisti di liberismo democratico, sfidando sul suo terreno Eugene McCarthy.

Sembra una nemesi storica accomunare i due personaggi omonimi di cui fui un allievo (Joseph), da giovane politico alle prime armi negli anni cinquanta, ed avversario (Eugene), già maturo contendente alla *nomination* democratica nel 1968.

Invero null'altro che il cognome avvicina Joseph e Eugene, che poi faceva Joseph di secondo nome.

Essi non solo non erano parenti ma curiosamente, ciascuno nei suoi peculiari connotati, rappresentavano in stupefacente identità alcuni stereotipi diffusi dei tipici uomini di destra e di sinistra, arrogante e ubriacone Joseph, poeta acculturato Eugene.

Consentimi una divagazione chiarificatrice sul tema, Sant'Agostino, dal momento che la diarchia destra e sinistra, con tutte le connesse e fuorvianti interpretazioni, ha già impegnato gli eminenti convitati nel corso del simposio. Ora desidero dire la mia al riguardo.

Perché, io mi domando, la difesa di determinate istanze deve essere considerata appannaggio esclusivo dell'una o dell'altra parte?

Perché una persona propensa a curare il principio di legge e ordine, purché correttamente indirizzato alla civile convivenza ed al rispetto reciproco, non può sentirsi impegnata in altri e importanti segmenti cruciali dell'organizzazione, quale a esempio la tutela dell'ambiente. E perché mai, al contrario, una persona orientata all'uguaglianza in progresso e in libertà, non può ritenere moralmente lodevole la lotta per la vita del nascituro?

Non sarà perché la più pura ideologia corrompe i migliori sentimenti e impone al destrorso di trasformarsi in inquinatore, per agevolare il diritto dell'impresa, e quindi al sinistrorso in assassino per garantire alla donna, soggiacente nei secoli al monopolio del potere maschile, un piano di parità assoluta con l'uomo?

Perdonami, sant'Agostino, ora temo di avere ecceduto, me ne rendo conto, e mi accorgo di avere sfiorato con superficialità temi rilevanti, di coscienza più che di politica, e che richiederebbe altro genere di approfondimento rispetto a domande in così drastico stile.

I miei accenni occasionali sull'opportunità del controllo demografico e sulla indecente prospettiva del degrado atmosferico che gettai qua e là nei discorsi non mi autorizzano a un giudizio così draconiano.

Ma in effetti, con i ragionamenti sull'impatto della pura ideologia, ho inteso soltanto svolgere un'autocritica preventiva onde avvalorare l'ipotesi che già ho delineato per me stesso ridimensionando il tratto ideologico in favore dell'impulso nel sommovimento dell'animo.

Non vedo ad esempio perché dovrei adontarmi, Caio, a causa del tuo richiamo sull'impegno che svolsi in seno alla commissione contro le attività antiamericane del Senatore Joseph MacCarthy, ovvero per le intercettazioni telefoniche disposte alle spalle di Martin Luther King.

Potrei replicare che non comprendo come mai, nella tua battaglia per la plebe, non prendesti in considerazione la vicenda sulla remissione dei debiti, piaga aperta ai tuoi tempi che ammetteva l'incarcerazione del coartato insolvente con asservimento all'inflessibile creditore.

Fu forse perché la classe dei cavalieri da te corteggiata era composta in prevalenza da banchieri e usurai che avrebbero perso con un colpo di spugna le loro considerevoli fonti di guadagno?

Comunque sia, hai perfettamente ragione nel farmene un appunto, Caio, poiché in effetti si tratta di risvolti in stridente contrasto con l'immagine liberale progressista confezionata su misura per me in Senato, in rappresentanza dello stato di New York, e nella campagna alla *nomination* democratica condotta contro Eugene MacCarthy.

Però considera il tempo contestuale ai passaggi così accennati: avevo appena ventisei anni all'epoca in cui, anche per il desiderio di papà Joe, accolsi l'invito già rivoltomi dal Senatore MacCarthy ad entrare nella commissione investigativa contro le attività antiamericane.

E fu un errore, indubbiamente, tuttavia rimediai rassegnando al più presto le dimissioni da quell'onere che, visto dall'interno, manifestò con palese evidenza quanto fosse pretestuoso lo sbandierato movente patriottico, divulgato in spregevole inganno per il popolo americano, rispetto ad altri dissimulati intenti che non so analizzare a fondo.

Le attività comunque implicavano un metodo di indagine ripugnante, sotto un aspetto etico e morale, e comunque incompatibile con il mio spirito di crociata.

Si trattava per me di un impegno anticomunista che mi ero illuso di concretizzare nel giovane fervore, razionalmente motivato in qualche modo, ma fondamentalmente dettato da un'avversione sensoriale.

Qualcuno sostenne peraltro che la mia uscita di scena sarebbe stata motivata da ragioni personali di corrosiva gelosia nei confronti di Roy Cohn, al quale MacCarthy attribuì il conteso incarico di primo assistente, preferendolo a me soltanto allo scopo di tacitare eventuali accuse di antisemitismo (Roy Cohn era ebreo).

Devo ammettere che tale congettura non è infondata, sant'Agostino, giacchè io volentieri avrei strangolato Cohn, ma dammi credito, per cortesia, se affermo che non furono invidia e meschinità il movente vero della mia decisione.

Ebbene, Caio, torniamo a noi, valuta ancora la concatenazione degli eventi storici, cangiante nelle fasi di guerra, interstatale o civile, e di pace e ordine internazionale, nell'avvicendamento di cicli economici di espansione e di recessione, quindi osserva come sia progredita nel seguito la mia esperienza.

Passai da una linearità destrorsa e conservatrice verso atteggiamenti inversi, decisamente *liberals*.

Lasciai la Commissione MacCarthy senza rimpianto alcuno, dicevo, ma non cambiai affatto la mia propensione anticomunista viscerale giacchè, seppure non avessi partecipato alla guerra da poco conclusa, percepivo la ferita incolmabile inferta alla famiglia con la morte di mio fratello, Joe Kennedy *junior*, e temevo gli inquietanti sintomi di crescita che venivano dal blocco sovietico e che facevano presagire conflitti futuri ancora più disastrosi.

Attraversando alterne vicende, improntate alla distensione od ostilità latente, lo scenario geopolitico mondiale rimase immutato negli anni in cui lavorai in Senato, nel comitato McClellan (1956/1959), quindi al governo tuo Jack, come capo Dipartimento Giustizia (1960/1964), sino alla candidatura presidenziale 1968.

In siffatto contesto, senza scadere nella manichea classificazione che il Presidente Reagan proclamò più tardi tra il bene e il male assoluto rappresentati dai due poli di aggregazione mondiali, restai sempre legato all'ideologia patriottica che imponeva a ogni buon americano di esecrare il nemico sovietico.

Al tempo stesso però, confidando sull'istinto primordiale più che sulla fredda razionalità, non trascurai i contatti a livello individuale improntati ad una fiducia reciproca con cittadini sovietici di provata fede comunista.

All'atto più drammatico della crisi dei missili a Cuba, per esempio, mi impegnai, su incarico tuo Jack, in colloqui riservati con Anatoly Dobrynin, l'ambasciatore sovietico a Washington, cercando contatti con il Kremlino, impossibili in via ufficiale.

E dopo Dallas, addirittura, persuaso sulla matrice complottista di tale attentato, affidai a William Walton, un artista e fedelissimo amico di famiglia, il mandato di recapitare un messaggio segreto in persona a Yuri Bolshakov, in occasione di una visita ufficiale a Mosca per gli scambi culturali con artisti sovietici.

Yuri era un ex agente del Politburo a Washington, con cui tu Jack, ed io, avevamo sempre intrattenuto cordiali e leali rapporti.

Stavo cercando aiuto, fosse pure dal KGB, allo scopo di corroborare la teoria del complotto ordito entro ambienti interni statunitensi, che mai ho abbandonato nell'intimo.

Non provo alcun imbarazzo ad ammettere come, nei giorni seguenti alla tua morte, Jack, mi fidassi più del governo sovietico che non di quello entro cui prestavo servizio.

Il che vale a dire: al diavolo l'ideologia! Io sono disposto a rischiare anche un'accusa di tradimento per accertare la Verità. E chissà mai se il mondo la conoscerà un giorno.

Naturalmente fu soltanto un cedimento di breve durata, e comunque privo di esito. Yuri d'altronde conosceva bene la fedeltà patriottica e l'avversione per il nemico sovietico che io nutrivo in contrasto alla tua propensione più aperta, Jack.

In realtà già da allora carezzavo il sogno presidenziale e immaginavo di realizzarlo attraverso il governatorato del Massachusetts, anche se poi scelsi la via senatoriale come trampolino di lancio.

Un tanto lo dovevo a te Jack, e al pari tuo, Caio, rispetto a te Tiberio, volevo riabilitare i progetti incompiuti della Nuova Frontiera.

Più che un desiderio di vendetta tuttavia mi animava l'intenzione di indagare sui fatti di Dallas da un osservatorio che avrebbe consentito una ben maggiore libertà d'azione rispetto a quella di un detestato preposto al Dipartimento Giustizia (quale ero ormai al cospetto del Presidente Lyndon Johnson) o di un semplice Senatore.

Avevo quarantadue anni, cioè tutto il tempo per attendere una fase più propizia per la scalata alla Presidenza, ma il carattere impulsivo prevalse e mi buttai ignorando in blocco i nefasti auspici.

Il partito democratico mi fu ostile sino dal principio, giacchè puntava sulla rielezione del Presidente Johnson, mentre Eugene MacCarthy già rappresentava il suo correlativo contraltare *liberal* progressista per i diritti civili e contro la guerra in Vietnam.

A me pertanto, considerato un molesto *outsider*, vennero riservate le critiche più velenose talché gli epiteti meno ingiuriosi con cui mi si gratificò allora erano quelli di ambiguo opportunista sfruttatore della leggenda kennediana, o di sfacciato bambino viziato e insubordinato alla disciplina, se non bieco Giuda Iscariota traditore.

Essendo dunque privo di sostegno dalla scuderia di partito, scommisi sul contatto diretto con il popolo e organizzai la campagna elettorale alle primarie fondandola sui comizi all'aperto o in grandi auditorium nonché sul transito attraverso gli stati con estenuanti viaggi in corteo per le campagne e le strade cittadine, ove incontrai folle plaudenti in genere e me la cavai con alterna fortuna.

Penso che proprio in questi frangenti le contraddizioni ideologiche di cui ho già parlato abbiamo manifestato l'espressione più eclatante, io stesso d'altronde vivevo momenti di grande incertezza.

Se infatti avevo sponsorizzato, per un aspetto, la causa della povera gente e l'uguaglianza nel godimento dei diritti civili, la promozione dell'intervento statale in economia e, soprattutto, l'opposizione alla guerra in Vietnam, auspicavo peraltro una pressante urgenza di legge e ordine nel reprimere le rivolte e le violente esplosioni di guerriglia urbana in tutto il paese.

Washington stessa ne fu investita e ancora la violenza infuriò senza controllo dopo la fine dell'amico Martin Luther King.

A proposito, Caio, è vero che ordinai di eseguire l'intercettazione sui suoi telefoni, ma in effetti desideravo attuare una forma di difesa di fronte a quelle che ritenevo sconsiderate frequentazioni da parte sua con equivoci personaggi di tendenza filo marxista rivoluzionaria.

Comunque sia, in ordine all'ondivago mio sentimento ideologico, è sintomatico menzionare Jack Newfield, giornalista e amico che non me le mandava a dire:

"Robert Kennedy è il più genuino prodotto di idee radicali e valori conservatori, audace mix iconoclasta di moralismo fondamentalista puritano e di individualismo jeffersoniano dal quale sorge un nuovo liberalismo a sfumatura *radical*.

Ci sta dentro di tutto in quelle sue parole, ma non sono mal disposto nei confronti di Jack Newfield per questo giudizio, anzi, lo ringrazio di cuore poiché è riuscito a nobilitare l'incoerenza di fondo insita nel mio percorso politico sulla quale gli avversari concentravano le loro malfidate recensioni, peraltro assai efficaci a destare perplessità nei potenziali elettori ancora incerti.

Egli, infatti, mi ha ricucito addosso con elegante cesellatura un modo di essere anticonformista e trasgressivo, di replica reattiva immediata e intransigente alla prepotenza e all'ingiustizia, riconoscendo altresì una spontanea predisposizione ad accogliere con sincera gratitudine l'aiuto delle persone di buona volontà.

Ora non vedi, Caio, come quell'abito calzi alla perfezione anche per te? Ed è' proprio in tale identità caratteriale che vorrei confermare il parallelo tra le nostre simili avventure umane e politiche in Roma e negli Stati Uniti d'America.

Anche tu, Caio, aborrivi l'arroganza del pubblico potere in ogni sua manifestazione, ne eri disgustato nei profondi recessi umani in modo viscerale, laddove il tuo impegno politico sociale, teso all'accorato senso patriottico, era improntato per linea univoca alla promozione della povera gente, e fu questa la tua scelta indilazionabile.

Per quanto riguarda me del resto posso dichiarare che, se non fui un campione di coerenza politica, comunque interpretai la volontà degli elettori arrovellandomi nell'analisi pragmatica delle gravi tematiche sociali presenti ai miei tempi, e quindi ne intrapresi la ricerca ispirata in pari misura da ragione e passione.

Platone lo scrive, nell'Apologia di Socrate, che la vita senza ricerca non è degna di essere vissuta.

Ma veniamo all'argomento dominante della mia campagna elettorale sul quale mi hai invitato a dire qualcosa, sant'Agostino: la cosiddetta guerra in Vietnam, intervento militare mai deliberato dal Congresso. L'onere del conflitto sull'economia degli Stati Uniti e sull'immagine del paese a livello internazionale si stava facendo ormai insostenibile nel 1968 ed io lo sentivo pesantissimo sulle mie spalle.

Spesso in pubblici discorsi mi rivolgevo ai reduci con queste parole: "anche l'amministrazione della quale ho fatto parte dovrà assumersi una cospicua quota di responsabilità alla resa dei conti". Spesso poi aggiungevo: "e non solo l'amministrazione, ma io in persona".

Nel 1963 mi candidai per essere nominato ambasciatore degli Stati Uniti a Saigon e dirimere a modo mio una controversia insorta con il governo alleato in Sud Vietnam, vagamente interessato al negoziato con il Nord. Non fui però accontentato e la carica venne assegnata a Henry Cabot Lodge *jr*, concorrente tuo, Jack, al Senato nel 1957.

Il seguito è noto: nel novembre 1963, appena qualche giorno prima dei fatti di Dallas, il Presidente sudvietnamita Ngô Đình Diêm venne destituito e assassinato, con la nostra ignava condiscendenza.

In ogni caso respingo l'accusa di bombardamenti aerei ordinati da te Jack nel Nord Vietnam e guidati da militari americani sotto mentite spoglie sudvietnamite che una tendenziosa letteratura è propensa ad attribuirti come atto ignobile e proditorio.

Tu non hai risposto alle domande che ti sono state rivolte al riguardo perché giustamente ritieni una simile menzogna talmente infame da tacciarla come indegna di cenno alcuno.

Se mai ci furono sporadiche sortite oltre il diciassettesimo parallelo, confine con il Nord, esse avvennero senza la tua autorizzazione.

Come puoi constatare, sant'Agostino, io non fuggo dalla confessione scabrosa, anzi, mi spingo sino a ricordare come tu Jack, da Senatore, elaborasti un piano fondato sulla *teoria del domino*.

Rivendicasti allora, Jack, il dovere degli Stati Uniti ad evitare che un'ondata in piena del comunismo invadesse tutta l'Asia attraverso il pertugio più debole e, se tale fu interpretazione di parte, altrettanto è a dirsi sulla *teoria del buon esempio* varata dai comunisti.

In carica di Presidente poi, Jack, decidesti anche di incrementare la presenza nel Vietnam dei consulenti militari, come tali non impiegati in azioni belliche vere e proprie, ma comunque in violazione di patti internazionali che ammettevano solo le sostituzione individuali.

Tutto quanto rappresentato rientra sì nella sfera dell'amministrazione Kennedy, ma il conflitto reale cominciò nove mesi dopo la tua fine Jack, e non capisco come alcuni scrittori dell'opposizione possano in buona fede addebitarti le più scriteriate ambizioni di vittoria per una guerra che ancora non esisteva.

Comunque sia, sant'Agostino, dopo gli anni dell'*escalation* ordinata da Lyndon Johnson, il primo semestre 1968, cioè il tempo della mia campagna alle primarie presidenziali, coincise con una sequela di fatti cruciali per lo sviluppo della guerra.

Nel capodanno buddhista imperversò da parte vietcong l'offensiva del Tet, ed allora persino il nostro ambasciatore fu costretto alla fuga da Saigon per breve periodo. In marzo fu perpetrata l'abominevole strage di My Lay, disonore imperituro dell'esercito americano, la cui notizia peraltro trapelò solo in ottobre.

Sotto il profilo militare l'offensiva del Tet non fu determinante, ma generò la rottura nell'opinione pubblica statunitense poiché da allora la guerra venne percepita non più come una bagatella imbonita dalla stampa filo governativa bensì come un affare molto impegnativo che avrebbe comportato concreti rischi di sconfitta.

Alla fine marzo ancora, in seguito ad un massiccio riflusso pacifista, cessarono gli intensivi bombardamenti nel Nord Vietnam, laddove il Presidente Johnson dichiarò la sua rinuncia alla competizione per la Casa Bianca e quindi annunciò una sessione di colloqui diplomatici da tenersi a Parigi. Venne destituito inoltre il comandante generale in Vietnam, William Westmoreland.

Ora noi sappiamo come andò a finire.

I negoziati di Parigi, più volte ripresi e interrotti, decaddero in via definitiva mentre i bombardamenti ricominciarono più violenti che mai, estesi anche in Cambogia e nel Laos.

Noi fummo ciononostante sconfitti e cacciati da Saigon come volgari ladri, in fuga dall'ultimo avamposto cittadino dell'ambasciata.

Abbandonammo così al suo destino il Sud Vietnam, che si unificò al Nord nella leggenda di Ho Chi Minh, con lo sterminio perpetrato poi dai *kmehr* rossi in Cambogia e con l'esodo dei *boot people*.

Nutro la presunzione di immaginare che non sarebbe andata così se fossi diventato Presidente ma, ribadisco, è soltanto una congettura.

Invece il testimone passò a Richard Nixon il quale, nella mala parata che si delineava per dilagante contestazione interna e internazionale, inventò la teoria del pazzo, cioè lasciò capire al nemico che sarebbe stato disposto all'impiego dell'arma nucleare.

Ma non ne cavò un ragno dal buco e diede le dimissioni lasciando a Gerald Ford l'ignominioso epilogo del 1975.

Forse, Jack, tu avresti scongiurato la guerra nell'eventuale secondo mandato poiché, al contrario di Eisenhover, pensavi che la crisi nel Sud Est asiatico esigesse un intervento politico diplomatico, più che non militare, del tipo già sperimentato in Corea, ma la guerriglia era tutt'altra cosa e purtroppo anche tu, invischiato in quella palude insidiosa al punto imminente di non ritorno, non avesti il tempo di impostare un'azione alternativa di breve periodo, della quale peraltro avevi annunciato l'intento nel corso di una breve intervista rilasciata in Texas, poco prima di raggiungere Dallas.

Negli anni seguenti, tanto per non smentire la mia perenne cangiante natura, dichiarai l'adesione ai programmi americani per un crescente impegno bellico ma in seguito, uscito dall'amministrazione Johnson sbattendo la porta, fui preso dal dubbio sul se fosse ammissibile da un punto di vista etico per gli Stati Uniti arrecare immani sofferenze a un popolo civile per procedere nella crociata anticomunista.

No! Risposi a me stesso, e cambiai bandiera.

Ma sia chiaro che, maturata una simile convinzione, non aderii mai a quei movimenti pacifisti internazionali nati intorno a un detestabile slogan denigratorio "yankee go home".

Come voi Gracchi, amavo il mio paese né mai avrei inteso lasciarmi suggestionare dalla debordante marea della contestazione.

Credevo invece in una missione guida della potenza statunitense nel mondo libero e, dando seguito a tale convinzione, non accettavo il discredito che si andava consolidando contro gli Stati Uniti a causa della guerra in Vietnam.

Quell'evento infatti fu il catalizzatore che unì in qualche modo le rivolte studentesche del 1968 in Europa e negli Stati Uniti, concepite all'origine per altri e diversi sentori di malessere giovanile.

A Parigi ed a Berkeley, centri ideali della protesta, come in tutto il mondo occidentale, ebbero luogo enormi assemblee e manifestazioni di piazza in cui il nemico era individuato nell'imperialismo a stelle e strisce e l'alleato nei ritratti di Che Guevara e Mao Tse Tung.

Io ne restai emotivamente sconvolto, anche perché non negavo certo una quota di buona ragione a quei ragazzi, e quindi andai alla ricerca di una giustificazione ideale all'imperialismo americano che, alla fine, trovai collocandomi in sintonia con Martin Luther King.

Mi schierai all'unisono con lui nei comizi ed ampliai il limite da lui individuato nella denuncia contro la guerra soltanto in riferimento a un iniquo onere patriottico imposto ai giovani negri.

E' ben vero infatti che i negri rappresentavano l'undici per cento del popolo americano mentre la proporzione di negri morti ammazzati in Vietnam si attestava al ventidue per cento, ma l'impari distribuzione pesava comunque sulle classi più povere negli Stati Uniti, vale a dire quelle che non potevano permettersi il grave onere di mantenimento dei figli all'università, titolo di rinvio per la leva obbligatoria.

Pensavo inoltre, e lo rimarcai nei pubblici discorsi, che gli Stati Uniti avrebbero dovuto recuperare il credito perduto in comunità mondiale accingendosi ai negoziati con la rinuncia alle categoriche condizioni aprioristiche, come la prosecuzione dei bombardamenti terroristici e il bando ai comunisti nel futuro governo di Saigon. Il che è tutto dire rispetto alla mia vena anticomunista.

Riflettendo pertanto sul concetto di imperialismo, Tiberio Gracco, mi sembra ammirevole la distinzione fondamentale che hai delineato tra americani e romani: la nostra egemonia economica e tecnologica non fu meno spregevole della vostra enorme esuberanza militare, ma su un punto di comune necessità a legittimare le nostre imprese devi ammettere una cospicua dose di ipocrisia.

Entrambi i nostri imperi infatti sostennero gli interventi armati come se fossero mirati al fine di difendere l'alleato e garantire la giustizia nei territori di loro competenza.

Un vizio diffuso nella Storia: comodo *alibi* del resto, se rammenti, per esempio, le spedizioni di soccorso che gli ateniesi promossero in Sicilia con la motivazione di tutelare i propri coloni dall'arroganza siracusana, ma in realtà con il dissimulato intento di disporre le basi di un'invasione maggiore sino ad includervi l'intera penisola italica, l'Iberia, Cartagine.

E d'altronde, la sussistenza stessa di siffatta ansia giustificatrice non depone in nostro favore. Ciò comunque affermo da fervente patriota, come indubbiamente foste anche voi, fratelli Gracchi.

L'argomentazione religiosa che traspare in Livio e Cicerone, tale per cui la benevolenza degli dei sarebbe stata concessa al popolo giusto e misericordioso dei romani accordando ad esso la guida dell'intero mondo conosciuto, non regge alle critiche di altri autori antichi e più pragmatici, Sallustio e Tacito (*essi rubano, massacrano, rapinano, e con falso nome, ove hanno creato il deserto, lo chiamano pace*).

Menzionai anch'io questo brano, in cui Tacito presta la propria voce a un *leader* britannico all'epoca dell'invasione romana. Lo feci in un discorso che tenni alla Kansas University in marzo 1968.

Meno che mai l'agiografia filo romana potrebbe rimanere indenne di fronte alla magistrale ed impietosa analisi moderna, come quella di Emilio Gabba, sia pure percorrendo le teorie di Polibio, un fervente ammiratore ellenico del sistema romano.

Mi domando quindi come potremmo noi, americani, in un contesto così smaliziato del ventesimo secolo e del nuovo millennio, illuderci di ottenere consenso mondiale per aggressioni perpetrate in Vietnam, in Afghanistan, in Irak.

Naturalmente, in riguardo a quest'ultima azione, alludo alla seconda guerra del golfo, quando gli Stati Uniti presero un'iniziativa del tipo unilaterale in base a motivazioni nebulose, fondate su apocalittiche minacce di distruzione di massa rivelatesi infine inconsistenti.

Ma invero un intenso livore antiamericano proliferò anche in seguito alla prima guerra del golfo, quando gli Stati Uniti vennero eletti alla guida di un'alleanza costituita in tutta legittimità per una risoluzione ONU deliberata unanimemente in Consiglio di Sicurezza contro un atto arbitrario da parte irakena, l'invasione del Kuwait.

In siffatto marasma di contraddizioni legate alla guerra nel Vietnam, che alimentavano la diffidenza sempre più sorda e rancorosa da parte del mondo contro gli Stati Uniti, iniziai a riflettere sulla possibilità di un riscatto attendibile per il mio amato paese e pensai alle promesse incompiute della Nuova Frontiera inaugurata da te, Jack.

Senza menzionarle in maniera esplicita, mi accinsi così a rinnovare il periodo non da molto trascorso e cercai di individuare i termini di una soluzione catartica universale.

Queste però sono parole altisonanti, pretenziose, Sant'Agostino, che immagino tu tacerai come sintomo di superbia latente della quale, purtroppo, mi vedo costretto ad ammettere una persistente influenza negativa sulla mia dirittura ideale.

Comprendo ora infatti che meglio avrei fatto, secondo il tuo esempio Jack, a purgarmi, prima di proclamare la candidatura presidenziale, dalla vanagloria che spesso non sapevo respingere.

Tornando indietro nel tempo, ad esempio, medito sull'intensa attività che svolsi come consulente nella Commissione McClellan.

Lì diedi prova di ostinata tenacia tesa ad estirpare il laido marciume di corruzione dominante nel macrocosmo sindacale americano, entro cui era divenuto impossibile distinguere tra una legittima funzione di tutela dei lavoratori ed una vocazione criminale di molti alti dirigenti collusi con mafia e *racket*.

Anche tale scelta peraltro, dettata dall'intento di guidare una crociata contro la criminalità, non è esente da critiche in ordine ad una mia particolare motivazione su cui azzardo l'esegesi psicoanalitica.

In me sarebbe prevalso un motto tale per cui, seppure fossi animato da nobili sentimenti, volevo in realtà eliminare una tara di famiglia.

Una volta giunto a conoscenza, dall'esito di archivi congressuali, su loschi contatti di papà Joe in combutta con la mafia e la criminalità all'epoca del proibizionismo, mi sentii oppresso da un senso di colpa trasversale e quindi avrei impiegato l'appassionato fervore proprio al fine di cancellare la macchia delle sordide complicità pregresse.

Tali indagini invero non sarebbero rientrate nella competenza diretta del Senato ma piuttosto del Federal Bureau Investigation, la Polizia Giudiziaria delegata alla repressione dei reati federali.

Io però sospettavo la tolleranza FBI per la malavita, giacchè Edgar J. Hoover, un ombroso personaggio che divenne in seguito un acerrimo nemico mio e tuo, John, essendo stato peraltro amico di papà Joe sin dall'epoca degli ambigui affari proprio in regime di proibizionismo, ne era il longevo direttore dal lontano 1935.

Hoover gestiva in prima persona sale colme di carte con cui

avrebbe potuto ricattare chiunque, compresi noi possenti Kennedy, ma era a sua volta ricattato dalla mafia per le stravaganti perversioni sessuali. Comunque sia, forse non solo per riabilitare l'immagine di papà Joe o compiacere al devoto credo cattolico di mamma Rose, ma anche in memoria delle glorie belliche accreditate a te John e a Joseph, che io non ebbi l'occasione di emulare, dall'esperienza maturata scrissi un libro di memorie "The enemy within".

Decisi quindi che la pubblica distribuzione avvenisse in gennaio del 1960, immediatamente dopo il tuo annuncio, John, della candidatura a Presidente degli Stati Uniti.

Avrei anche desiderato ricavarne la versione cinematografica e così contattai lo sceneggiatore Budd Shulberg, autore di *Fronte del porto*, il film con Marlon Brando da cui trassi il proposito della lotta contro il racket, nonché Jerry Wald, un produttore famoso per altre pellicole di denuncia sociale. Paul Newman sarebbe stato il protagonista.

Ma Jerry Wald morì all'improvviso per un attacco cardiaco e quindi il progetto decadde, giacchè neppure l'influenza che ottenni in veste di *Attorney General* si rivelò sufficiente a contrastare le minacce e le intimidazioni che la malavita organizzata esercitò contro le altre case cinematografiche, comprese le possenti Paramount e Columbia.

Una volta insediato *Attorney General* nel 1961, ripresi in dimensione ancora più estesa la lotta contro il crimine né mostrai alcun riguardo nei confronti di ex interlocutori di papà e dei debiti da lui contratti nei loro confronti. L'ho detto a chiare lettere: in Comitato McClellan non avrei potuto non imbattermi nel nome di papà.

Su quel travagliato periodo della mia vita mi intrattengo, nel ricordo di una specifica inchiesta, domandandomi se lo zelo puritano che andai esercitando con un'implacabile alacrità contro il mefistofelico Jimmy Hoffa, Presidente federale del sindacato camionisti, non trovi un contraltare riprovevole altrove. Vale dire nell'indulgenza di cui mi sarei macchiato, secondo voci di parte politica avversa, ponendo in dubbio le prove accumulate contro Walter Reuther, Presidente dei metalmeccanici statunitensi.

Alcuni infidi colleghi sostennero che, insistendo per l'archiviazione dell'inchiesta, io avrei inteso in effetti proteggere Walter Reuther perché era un amico di famiglia.

Venni infine costretto a procedere contro di lui per fugare il dubbio instillato sulla mia reputazione, però l'esito del processo che seguì assolse anche me in formula piena dimostrando ben diversa caratura di integrità morale tra Jimmy Hoffa e Walter Reuther.

Tuttavia, un dubbio esistenziale dell'essermi lasciato prendere dalla foga dell'infallibile angelo vendicatore, tuttora mi perseguita.

Se non altro, comunque, posso dichiarare in assoluta buonafede che i lavori in Comitato procedettero sempre con uso di strumenti e modi tali da preservare le garanzie costituzionali, né permettere fughe in avanti avventurose e sconsiderate, fondate su testimonianze o prove documentali ambigue, com'era invece prassi usuale in Commissione MacCarthy, dalla quale per l'appunto ero fuggito.

Per analogia, poi, rammento la pervicacia con la quale mi dedicai al mandato, conferitomi da te Jack quand'ero preposto al Dipartimento Giustizia, di neutralizzare in qualche maniera il formidabile carisma di Fidel Castro sull'area caraibica e sull'intera America latina.

Io non sarei in grado di capire se l'accanimento profuso contro Fidel Castro fosse stato anche più intenso rispetto alla febbre delirante che mi divorò contro Jimmy Hoffa, mi preme affermare però che nessun progetto da me elaborato contemplò l'assassinio politico, come miei nemici lasciarono intendere senza osare esprimerlo apertamente.

Ordunque, sant'Agostino, una volta accennato ai trascorsi in politica, ed escludendo peraltro le fatiche che sostenni nella tua ombra, Jack, con la direzione delle campagne elettorali per il Congresso e la Casa Bianca, sulle quali posso vantare duro lavoro e devota fedeltà per il tuo successo, desidero completare il monologo parlando un po' della mia autonoma carriera.

Intendo narrare di me stesso, Robert Kennedy, non fratello di John, della corsa al primato personale e dei metodi con cui avrei concepito quello che presuntuosamente ho già definito il catartico riscatto degli Stati Uniti, una volta che fossi stato eletto.

Devo ammettere infatti, sant'Agostino, che usavo spesso nei discorsi immagini retoriche e di facile presa emozionale, però non ritengo di ingannare me stesso e voi se affermo che credevo nelle mie istanze e sentivo il consenso delle folle mentre parlavo dal palco o salutavo la gente reggendomi in incerto equilibrio dall'auto scoperta in corteo.

Fra gli obiettivi della mia campagna, dunque, oltre all'opposizione alla guerra in Vietnam, mi dedicai alla povertà, alla malnutrizione, al degrado, al dolore, come alle piaghe sociali poco diffuse invero negli Stati Uniti, eppure presenti, non tollerabili in quanto connaturate in una società fondata sulla libertà e la democrazia.

Mi stava a cuore estirpare le sacche residue secondo un principio di uguaglianza e, nel contempo, ero persuaso che: "l'America imbottita d'oro e protetta da una corazza impenetrabile, circondata da nazioni disperate in un mondo caotico, non può garantire la propria sicurezza né perseguire il sogno di una civiltà dedita al riscatto dell'uomo".

Perdona anche a me, Sant'Agostino, come a Caio, l'autocitazione da un discorso che pronunciai a una congrega di plutocrati newyorkesi, durante il banchetto al Columbus Day nel 1966, ove ardii sferrare un pugno allo stomaco all'intera assemblea come un prete dall'altare.

Ma questo era il mio stile, né vedevo metodi più blandi.

Sia chiaro tuttavia che tutti i miei piani di massima non erano diretti a eliminare la miseria fidando sulla carità dei ricchi o sull'assistenza pubblica, bensì ritenevo indispensabile intervenire con vigore sulla disoccupazione interna in visuale di autosostentamento.

Sul fronte internazionale poi intendevo creare l'immagine degli Stati Uniti in base a un programma di aiuti economici non più basato sulla forzatura verso altri paesi a piegarsi nell'assentire alla politica estera più o meno virtuosa degli Stati Uniti, bensì sulla sola condizione del perseguire avvedute riforme in campo economico e sociale.

L'alleanza per il progresso, che fu stipulata con l'America Latina, ad esempio, non avrebbe dovuto concretizzarsi, come disse Ernesto Che Guevara, ministro dell'economia cubano nel corso degli incontri tra stati americani a Punta dell'Este, in un patto squilibrato tra un unico miliardario e venti mendicanti, bensì costituire piuttosto impegni di collaborazione collettiva nell'emisfero occidentale senza ruoli guida preventivamente assegnati.

Siffatto schema avrebbe rappresentato un archetipo da estendere ad altre aree del pianeta economicamente arretrate, con aiuto crescente dagli Stati Uniti, considerando che, dall'insediamento tuo alla Casa Bianca, Jack, sino alla mia annunciata candidatura presidenziale, il prodotto interno lordo era aumentato di duecento miliardi di dollari, mentre gli aiuti verso l'esterno non erano cresciuti di un centesimo. Sul tema sempre aperto della segregazione infine, in particolare sulla recrudescenza del fenomeno drammaticamente intensificata in linea progressiva dall'epoca nostra, Jack, progettai un approccio non più di carattere contingente rispetto a crisi acute di intolleranza violenta o di reazione altrettanto sregolata.

E se questo, in effetti, fu il limite del nostro intervento, peraltro non ispirato all'inizio da autentiche astrazioni ideali, in più approfondita analisi vidi che non l'esplosione di una bomba o inquietanti bagliori di incendio andavano radicalmente combattuti, bensì altri risvolti di violenza, più lenti e corrosivi, ovvero l'immobilismo e l'indifferenza delle istituzioni per le umilianti condizioni di vita del popolo negro, frustrato dalla disoccupazione e dall'analfabetismo, dalla fame, dalla perdita del senso più elementare di umana dignità.

In veste di Senatore, nel progetto per la rinascita del ghetto negro Bedford Stuyvesant a Brooklin in New York, che avevo intrapreso, identificai tutti gli atti da adottare a capofila per applicarli, quindi, nell'estensione generale sul territorio nazionale.

Quel piano prevedeva una partecipazione attiva della comunità alla fondazione promotrice attraverso un apporto lavorativo di ciascuno, a turno, nelle funzioni ordinarie, talché ne risultasse agevolato infine lo spirito di solidarietà tra la gente. Un cospicuo apporto economico finanziario, inoltre, sarebbe affluito all'iniziativa grazie alle notevoli agevolazioni fiscali garantite all'investitore privato.

Mi accingo a concludere, Sant'Agostino, prima però consentimi di ricordare alcune persone. Amici, collaboratori, componenti di quella che amavo chiamare la *band of brothers*: i preziosi ed indispensabili anelli della catena umana che alimentò tutte le speranze della Nuova Frontiera, una generazione politica che sin troppo presto scomparve dopo la fine di noi, fratelli Kennedy.

Anche voi Gracchi confidaste su determinati fedeli collaboratori.

Tiberio, per la riforma agraria ti avvalesti di un insostituibile aiuto, assicurato da soggetti anziani, autorevoli, di collaudata esperienza.

Caio, per i tuoi lungimiranti progetti facesti invece da solo, salvo ricorrere nel momento estremo all'alleanza di un unico amico, poco raccomandabile persino agli occhi di mamma Cornelia.

Diversamente noi Kennedy ci creammo attorno la banda dei fratelli, un circolo ristretto di assistenti senza i quali la nostra presenza non sarebbe stata così leggendaria.

Grazie a voi dunque!

Kenneth O'Donnel
Teddy Sorensen
Pierre Salinger

MacGeorge Bundy
Arthur Schlesinger
Richard Goodwin
Nicolas Katzenback.

E grazie anche te, sant'Agostino.

SANTO AGOSTINO – Perdonami, Robert Kennedy, se ora io non dedico anche a te un commento al monologo, come ho già provveduto per gli altri, e valga piuttosto appena il cenno sul tuo coraggio da Cuore Impavido che, collocato in inciso nel commento a Caio Gracco, delinea in sintesi l'immagine che hai prodotto nella mia mente.

Ma poiché siamo giunti ormai alla fine del ciclo avviato da Platone, nella veste di re del simposio, non appare più rinviabile la trattazione risolutiva sul tema principale del quale forse si è diluita l'essenza nel corso delle ampie discussioni.

Intendo quindi ribadirla, prima di andare oltre, citando la distinzione emersa tra Giustizia ed Equità, come concetti a portata universale, di cui la seconda rappresenta un'espressione umana imperfetta rispetto alla pura trascendenza della prima.

In corollario ai principi ideologici richiamo poi la propensione da voi manifestata, Gracchi e Kennedy, al peculiare aspetto di equità da concepirsi nella circoscritta visione sociale e considerarsi in presunto contrasto con le origini eccellenti che vi furono elargite.

Sull'impulso individuale a siffatta tendenza, peraltro, il quesito è aleggiato fra gli intervenuti al simposio ma, salvo premonitori indizi, nessuno ha osato esprimersi in aperte parole.

Platone stesso d'altronde, re del simposio, insigne studioso di un'era precristiana, proprio per questa specifica collocazione nel tempo si è ritenuto incapace di guidarvi nella confessione ed ha piuttosto dato per scontata l'opportunità di delegarmi il compito, a cui mi accingo avvalendomi del titolo che mi è stato attribuito.

In questo passaggio pertanto, nonostante le intuizioni monoteistiche profonde elaborate da Platone nell'opera monumentale, non posso che condividere e rispettare tale sua scelta giacchè nessuna sapienza può prescindere dall'aiuto divino. Questa è Verità inculcata in tutto il mio essere, che ho appreso nell'arduo cammino alla conversione.

Essere o apparire, pertanto? Dicevo in esordio: autentica devozione alla causa o movente interessato all'ambizione personale?

Non per attitudine intrinseca, quindi, ma in veste di umile mediatore della Divina Provvidenza, io vi parlerò, Gracchi e Kennedy, prima estendendo il tema in prospettiva, e poi concentrandolo in attenzione dedicata a voi, ma sia inteso che non voglio dare giudizi morali.

Tale è una prerogativa che non mi compete poiché non mi è consentito scrutare nelle coscienze, come solo Dio Onnipotente può fare nei confronti del genere umano.

Ed è proprio per questo, fratelli Gracchi e Kennedy, che vi ringrazio dell'avere accolto il mio invito iniziale a spogliarvi da ogni tattica pregiudiziale e dissimulatrice nell'offrire, con limpida attitudine, una manifestazione aperta delle riposte pieghe dell'anima.

Solo in base a tale premessa possono emergere le riflessioni che mi saranno ispirate sull'autentica natura del movente che orientò voi in politica, conformatosi peraltro in impronta di volontà.

Quest'ultimo è argomento di cruciale importanza poiché io sostengo, con assoluta convinzione, l'esistenza del libero arbitrio, vale a dire la capacità di distinguere tra Bene e Male, e di agire in conseguenza, però non posso neppure ammettere che la volontà rimanga disgiunta dalla Grazia salvifica, la quale unica consente di dirigere l'uomo al Bene piuttosto che al Male.

Ecco ancora perché approvo la scelta di defilarsi attuata da Platone, il quale non conobbe la Grazia Divina, né d'altronde posso accettare la sua concezione della Storia fondata sul ciclico ritorno degli eventi entro cui l'uomo non ha potere di modificare alcunché del destino.

La Storia non è riproduzione eterna degli stessi fatti ma conosce un principio ed una fine nella Volontà Divina. Neppure la straordinaria rassomiglianza tra voi, Gracchi e Kennedy, potrebbe costituire prova contraria alla mia affermazione.

La persona, la società, la libertà, la coscienza, l'etica, la giustizia, il diritto, la solidarietà: da questa successione di elementi prende forma un'idea dell'equità sociale, intesa come protezione e tutela contro il sopruso e la violenza perpetrati nei confronti della persona umana, la figura protagonista della società, o contro intere categorie di persone, povere, umili, neglette, sino a generare le grandi questioni sociali.

Tra queste istanze primordiali, le prime manifestazioni dirompenti e gravide di effetti avvennero nel XIX° secolo, segnatamente sul tema del lavoro retribuito, e da esse trassero origine le divergenti dottrine del socialismo e del liberismo, rivolte entrambe alla ricerca di ordine ispirato alla Giustizia, o quanto meno alla pace sociale. Il principio egalitario di massa, con conseguenti degenerazioni, non assunse mai cittadinanza stabile nel mondo antico e medioevale, per quanto fosse presente già nella speculazione platonica e aristotelica, come pure in concreto nella democrazia ateniese.

Non si riconoscono d'altronde imponenti esempi anteriori a quello menzionato e proprio del XIX° secolo, né tale fu la vostra effimera rivoluzione, Gracchi, nell'oligarchia romana in Repubblica, giacchè l'impero cancellò le vestigia e ricondusse al Principe l'istanza.

Ma, se nei tempi moderni le colossali dimensioni della problematica sociale, sia in termini di quantità di persone che di aree geografiche coinvolte, imposero la precisa consapevole assunzione di coscienza alle nazioni più progredite, il tema è antico quanto il mondo, e non fosse altro che per l'assioma aristotelico: uomo = animale sociale.

E' d'altronde indubitabile che soltanto la dottrina cristiana, volendo trascurare l'insegnamento biblico, prima nella Storia si è prodigata in difesa delle classi più umili con impegno permanente nel tempo, profondendo la propria energia secondo il principio di Carità "ama il prossimo tuo come te stesso".

Non peraltro in prospettiva storica desidero sviscerare l'argomento, bensì aspiro a definirne l'intrinseco contenuto universalmente valido e vi invito a porre attenzione sugli elementi enumerati osservando come, in ordine agli ultimi due (il diritto, la solidarietà), sia congruo affermare che essi invero rappresentano una componente variabile, per luoghi ed epoche, rispetto al valore assoluto degli altri.

Soprattutto il diritto, inteso come diritto positivo, è un insieme, più o meno articolato di norme regolanti la vita di un gruppo, organizzato in comunità di persone, mentre la solidarietà è il metodo per l'equa distribuzione del bene comune.

Espressioni contingenti e mutevoli nel tempo e nello spazio, queste ultime, legate a specifiche esigenze e sensibilità di epoca e luoghi, ma che non possono prescindere dalla ricerca della promozione per ogni persona nella compagine sociale.

Altrove ho rilevato, altresì, come la Giustizia, nel suo risvolto ideale, rappresenti invero nient'altro che pura e irraggiungibile astrazione nell'esistenza terrena e quindi al riguardo, e nonostante il lodevole tentativo di applicazione concreta in istituzioni pubbliche fagocitate dalla pachidermica burocrazia, si evidenzia purtroppo assolutamente ineluttabile per l'uomo constatare, con grave amarezza, l'assenza di rimedio, se non il rassegnarsi all'imprescindibile limite sostanziale.

La giustizia umana, inoltre, non è un diritto per tutti, come dovrebbe, bensì un privilegio per pochi. E' roba da ricchi! Prendiamone atto, e quindi, per la nostra ricerca, si rende obbligatorio abbandonare ogni illusione e procedere in più accessibili prospettive, rispetto all'idea incontaminata di Giustizia: l'equità appunto, o se non addirittura il comune buon senso.

Si presupponga allora, innanzitutto, un assetto istituzionale di base e tale per cui, se invero sussiste una forma di predestinazione ordinata di beni e risorse naturali estesa a tutti gli uomini, senza distinzioni di nascita, di etnia e religione, essa non può essere applicabile in via indiscriminata, talché la distribuzione si attui in porzioni uguali per tutti. Un equo sistema politico deve piuttosto costituirsi per tentare di eludere il limite evidenziato, con modi idonei a garantire l'esercizio della convivenza in un clima pacifico.

E' indispensabile quindi la presenza di un'organizzazione preposta al governo della comunità alla quale sia conferito l'arduo compito di correggere gli squilibri fomentatori di ostacolo alla pace determinati da egoistici interessi di parte.

Il sistema, poi, deve essere ispirato a stile partecipativo che, senza esagerare nell'istanza interventista, si ponga a garanzia del principio di temperata uguaglianza nella distribuzione del bene comune.

Emerge così la solidarietà come lo strumento sociale e la virtù etica al tempo stesso, assumendo una duplice valenza.

La distinzione accennata è molto importante poiché in base ad essa viene a caratterizzarsi la vocazione laica alla solidarietà rispetto a quella religiosa.

Se infatti Carità e amore per il prossimo, i moventi esclusivi della dottrina cristiana, si pongono oltre alla Giustizia e ne trascendono l'ideale in opere di misericordia, talché ogni risposta ai bisogni altrui corrisponde all'impulso morale del proprio essere, sia che pervenga dalla persona o da un ente religioso, la battaglia istituzionale contro la povertà è, invece, un dovere per l'organismo civile.

Ma non si tratta in realtà di una cesura drastica fra l'una e l'altra espressione di solidarietà, poiché anche da un uomo agnostico, o non credente, l'atto dettato da un'autentica e viscerale empatia verso il prossimo in difficoltà è virtuoso, così come degno di onore e rispetto è l'impegno statuale idoneo a creare le condizioni per neutralizzare la miseria, la fame, la malattia.

Quello che conta, soprattutto, è il riconoscimento della dignità della persona umana. Tale è il valore primario assolutamente ineludibile, sia nell'atto d'amore cristiano, sia nell'opzione tecnica attinente alla produzione, la distribuzione, il consumo di beni materiali e servizi.

La Chiesa definisce un'opera di peccato il degrado, la condizione di sottosviluppo, la prevaricazione, il sopruso del più forte, mentre lo Stato, o in genere l'istituzione civile, ne fa questione di Giustizia, ma in definitiva rimane uguale l'essenza del tema.

Orbene, Gracchi e Kennedy, l'equità, dicevo, può rappresentare un criterio idoneo a supplire le carenze umane sulla Giustizia pura.

Ecco perché mi domando infine su di voi: per quanto, di tutto quello che ho ridotto sinora a estrema sintesi, la Storia deve rendere merito alla memoria di autentici democratici e audaci riformatori?

Poco, affermo io, nei termini di Carità cristiana, o dottrina stoica, se mai in quest'ultima sia plausibile trovare nella vostra età, Gracchi, un blando segnale premonitore della parola di Gesù.

Il Logos, l'Essere Unico o la Provvidenza in luogo del Fato, agevolò la formazione delle teorie sociali già precorritrici del Cristianesimo e voi, Caio e Tiberio, ne foste studiosi e seguaci.

Ma, come avete dichiarato nella candida confessione, Tiberio e John, anche per voi l'afflato religioso non è certo una parte importante del patrimonio culturale, né d'altronde voi, Caio e Robert, avete ritenuto di aggiungere alcuna integrazione correttiva al riguardo.

Ciò non toglie, tuttavia, che foste comunque uomini dotati di animo sensibile alla sofferenza altrui e che, da siffatta prerogativa, adottaste un orientamento costante ideale e pragmatico in politica. Ne deste prova nel corso della carriera pubblica ed è perciò che, da parte mia, sussiste il dovere di tributarvi il rispetto dovuto, anche a prescindere da considerazioni inerenti la vostra vita privata sulla quale, meno ancora che in politica, potrei arrogarmi il diritto di sputare sentenze.

Comunque sia vi onoro e rispetto, al di là dal vostro atteggiamento religioso indifferente, seppure osservante delle norme formali.

E non distinguo, come vedete, fra credenti, praticanti, agnostici, atei convinti, poiché noi siamo tutti peccatori, ed io per primo, ma sono persuaso che l'animo nobile non si accompagna necessariamente al fervore religioso. Né del resto la manifestazione meramente esteriore dell'ossequio a Dio attesta da sola la presenza di misericordia e di carità cristiana, o di umana generosità.

Accantoniamo dunque l'analisi trascendente e soffermiamoci per un istante su una diversa matrice di esperienza politica vissuta da voi, Gracchi e Kennedy, nel segno di un severo impegno civile.

Appare in merito degna di elogio nei vostri confronti, innanzitutto, la genesi spontanea della vocazione altruistica nonostante che infanzia e adolescenza fossero trascorse per voi in ambiente familiare entro il quale la ricchezza materiale avrebbe piuttosto indirizzato l'indole a sviluppo idealistico ideologico di tutt'altra fattura.

Nei vostri monologhi in realtà la motivazione all'istanza sociale, che caratterizzò presto la linea di tendenza, è apparsa casuale, collegata in qualche modo alle ambiziose aspettative che nutrirono gli illustri genitori Joseph e Cornelia per voi, maggiori John e Tiberio, mentre per voi minori, Robert e Caio, sarebbe prevalso invece lo stimolo a preservare il lascito fraterno.

Dopodiché, mi sembra di intuire dai racconti, soltanto le circostanze concomitanti avrebbero agito in meccanica sequenza inarrestabile.

No amici! Non è così. Apprezzo la modestia e l'umiltà, che vi fanno onore per il racconto sincero, ma sono convinto altresì che l'esegesi negatrice del libero arbitrio non sia sufficiente nei vostri confronti.

Non per te, Tiberio, ancorché fosti diretto ad una svolta democratica per reazione più o meno meditata, giacché ti fu negato l'accesso alla carriera di esclusiva marca aristocratica solo per disgraziate vicende belliche numantine, e neppure per te John, sebbene corrisponda al vero che adottasti la tua scelta in aiuto ai negri quasi per scommessa.

E che cosa dire su di voi? Caio e Robert, se non che proseguiste sulla via tracciata dai fratelli assumendo gli stessi ideali, ma unendovi un impulso passionale, talvolta eccessivo ed incoerente.

La purezza dell'ideale nelle scelte iniziali, dunque, sarà opinabile per quanto vi riguarda ma l'excursus sull'intera parabola della carriera politica comunque attesta virtuosa dirittura morale da parte vostra e per la quale la Storia non potrebbe disconoscere a voi una dedizione assolutamente disinteressata.

Siffatta affermazione, tuttavia, non consente ancora una valutazione univoca poiché ciò che importa davvero in questa confessione non è, dicevo, la Storia, né l'ideologia, ma l'intima coscienza di sé.

Avevo adombrato in esordio l'opinione nell'elemento fondamentale e ne era sorto un quesito che ora ribadisco:

"In quanto giovani appartenenti a una schiatta illustre, riteneste voi doveroso dedicarvi alla tutela dei meno abbienti per anelito ideale? O con l'esercizio di pubblici uffici andaste cercando solo gloria e onore per voi, sicché in realtà neppure avreste concepito il contatto con la gente semplice, anzi vi sareste atteggiati ad altero distacco?".

Attenzione! E' proprio in riferimento a quest'ultimo contegno che vi chiedo ancora, Gracchi e Kennedy:

"Siete certi di esservi schierati a sostegno di istanze sociali egalitarie senza provare disagio nel mescolarvi con gente comune?

Avete compreso uno spirito essenziale, vale a dire che la solidarietà consiste nell'immedesimarsi con la gente semplice, ponendosi sullo stesso piano e respingendo sovrastrutture proprie dell'appartenenza a famiglia illustre o ambienti intrisi di vanesio orgoglio intellettuale?

Avete consciamente rifiutato di trincerarvi nella tolleranza passiva, come accondiscendenza verso un male altrimenti ineliminabile?

Siete sicuri di non avere procurato, pure senza intenzione, sofferenze e umiliazioni a persone a voi subalterne, stante la vostra posizione dominante per denaro o nobiltà?".

Non pretendo una risposta sui quesiti ulteriori che ho qui formulato, poiché infine non mi compete un giudizio, però vi invito a riflettere. Travalichiamo allora non soltanto il tema religioso, per cui abbiamo escluso qualunque vostro coinvolgimento, e soprassediamo anche su motivi di carattere politico civile che vi indussero ad atti coraggiosi ed efficaci come uomini di Stato.

Consideriamo invece la pura predisposizione del cuore, rilevatrice di animo umano più di quanto lo sia la pacata razionalità di voi, Tiberio e John, o la passione istintiva di voi, Caio e Robert.

Giova citare a questo punto Friedrich Wilhelm Nietzsche, il quale ha brutalmente evidenziato una radicale distinzione tra la massa e gli eletti. Al di là di tale fuorviante pensiero, voi apparteneste al gruppo degli eletti e ne foste consapevoli. Vi trovaste sino dalla nascita, sul lato opposto a quello delle persone comuni.

Ora, lungi da me considerare siffatta collocazione quasi una forma di peccato originale, è indubitabile che l'organizzazione politica esige la presenza di soggetti talentuosi, coraggiosi, intelligenti.

Persone dotate inoltre di un'opportunità economica tale da garantire una formazione di primo ordine e un'efficace influenza di richiamo per scalare le vette della politica allo scopo di portare a compimento la base concettuale posta a fondamento dell'equità sociale.

Proprio in siffatta formula voi ordinaste l'azione in fine altruistico, e concludo lasciando alla vostra coscienza l'ultima risposta:

"Foste sempre disposti ad amare gli altri come persone? E non come informe massa estranea al ristretto *entourage* politico familiare?

Amaste il popolo, non come lo amano i ricchi liberali, a distanza, ma come lo capiscono coloro che vengono dal popolo stesso o ne hanno davvero compreso le aspirazioni? Vi sforzaste di avere tempo e autentica comprensione per tutti?".

Ricordo di nuovo la giornata che tu Robert passasti in compagnia del piccolo Christopher Pretty Boy.

Menziono l'evento come il fulgido esempio di ciò che invero vorrei comunicare: "il lume della Verità è presente in tutti gli appartenenti all'umanità, ricchi, poveri, acculturati, ignoranti, brillanti, modesti, intelligenti, mediocri: ognuno è immagine di Dio".

TIBERIO SEMPRONIO GRACCO – Queste tue parole Sant'Agostino, così semplici, ma al tempo stesso autorevoli e maestose, hanno provocato tra noi una pausa silenziosa pervasa di imbarazzo e riflessione.

In riverente atteggiamento nei tuoi confronti oso interromperla e mi avvalgo per questo dell'onore che mi hai concesso nell'invitarmi alla parola in apertura come al più anziano fra noi, Gracchi e Kennedy, e quindi assumo la funzione di portavoce per tutti.

Siffatta iniziativa, della quale mi propongo autore, rappresenta forse un atto arbitrario, poiché non conosco l'intimo tuo pensiero, fratello Caio, e meno che mai il vostro, amici John e Robert, tuttavia almeno su un punto ritengo di potermi attestare, con relativa certezza, e da lì svolgerò gli argomenti che mi auguro condivisi.

Potrebbe anche essere avvenuto per diverse scelte consapevoli, come per altrettanto casuali circostanze, che noi quattro siamo pervenuti a schierarci con l'azione riformatrice in favore della gente modesta, di contro a una tradizione che ci avrebbe indotto piuttosto a impegnarci per confermare e rafforzare antichi privilegi di famiglia.

Una volta intrapreso il cammino, però, intervenne la matrice uguale per tutti, quella che unì le nostre azioni.

Capimmo che avevamo sfidato i poteri forti e che inevitabilmente la reazione, prima o poi, si sarebbe concretizzata mortale, come invero avvenne, e non soltanto per l'emarginazione civile bensì in efferata eliminazione fisica.

In ogni giorno dei nostri ultimi anni il timore dell'ignoto, o del nulla assoluto, ci sovrastava per l'angoscia, tranne forse per te, John, se è vero, come hai affermato, che non solo all'epilogo ma dalla gioventù vedevi incombente l'appuntamento fatale e il pensiero era diventato per te una compagnia abituale.

Quel presagio si faceva sempre più vicino e non eravamo prepararti, più di qualunque altro uomo, a sostenerne l'immane fardello.

Ora l'ignoto ci è in parte svelato, nel senso che la morte non è fine di tutto e che il pensiero rimane integro, in una dimensione di serenità e priva di dolore, ma soprattutto di tempo.

2000 anni di Storia ci separano infatti, amici Kennedy, ma essi non sono una barriera invalicabile fra noi poiché ci siamo incontrati qui in arrivo dagli stessi luoghi. E d'altronde anche gli illustri ospiti del simposio ci hanno raggiunti venendo dalle stesse contrade, cristiani o non cristiani, atei o agnostici, e nessuno ha sentito parlare di Ade o Campi Elisi, Inferno o Paradiso.

Dante Alighieri, per parte sua, ha tentato di inventarsi qualcosa nella sublime ispirazione poetica, ma tu, Sant'Agostino, ci hai fatto capire che il nostro percorso è appena cominciato, senza spiegare alcunché sulla meta finale, mentre noi ci sentiamo ancora legati alle trascorse vicende umane, in ignoranza per tutto quanto che ci sta davanti.

Se pertanto in ordine al vissuto hai affermato di apprezzare la nostra sincerità d'animo, Sant'Agostino, altrettanto francamente non posso pensare che tu ti aspetti da noi alcuna strabiliante considerazione sul concetto di equità e sul correlativo fondamento.

Forse, lo confesso per tutti, nessuno, nonostante l'impegno e fervore "democratico" dedicati alla gente semplice, si identificò con quella categoria dismettendo in tutta umiltà la sensazione di una superiorità classista che ci derivò dall'appartenenza illustre.

Scusate la caduta di stile, amici, però rispondiamoci in onestà: non è che in vita siamo stati soltanto degli emeriti stronzi?

SANTO AGOSTINO – No Tiberio, non lo penso, questo stesso tuo dubbio ti assolve. Ma Dio benedica tutti voi, Gracchi e Kennedy. Riconosco anime, aspirazioni, ideali intimamente uniti.

Se un'aquila vola più in alto…

ROMA AETERNA

…l'eternità è un'illusione

Epilogo

PREMESSA

Il mondo greco e romano prosperò per millecinquecento anni, ma fu annientato infine dall'urto di nuovi popoli del Nord e dell'Est.

Da dove, e quando, pertanto, verrà la fine per Stati Uniti ed Europa, epigoni di civiltà occidentale, considerato che il ventunesimo secolo segna la scadenza di altri millecinquecento anni?

Scena

Anche Santo Agostino ha lasciato la sala del simposio.
Al posto suo si è accomodato Giovanni Paolo II°, imponente e ieratico in candida veste papale, ma sorridente nell'espressione, vagamente ironica.

Epilogo

GIOVANNI PAOLO II°. – La fine della civiltà occidentale è ignota. Santo Agostino ha detto ai convitati che il ciclo della conoscenza per loro non è ancora iniziato, come per voi d'altronde, Gracchi e Kennedy. Neppure a me comunque è consentito andare oltre al vostro limite poiché la beatificazione è troppo recente, parlerò quindi da uomo che ha partecipato agli straordinari eventi di fine secondo millennio.

Sono tanti infatti coloro che attribuiscono al mio pontificato la causa dello sfacelo dell'Unione Sovietica e della conseguente apoteosi di egemonia occidentale, segnatamente europea e statunitense.

Non sembrava realisticamente possibile allora che un concatenarsi di pulsioni centrifughe generatesi nella mia Polonia, e quindi maturate all'unisono in Ungheria, Cecoslovacchia, Germania Est, avrebbe poi condotto all'impetuoso tracimare delle acque sino a demolire il muro nel fatidico novembre del 1989.

Rammentate voi il grande Indro Montanelli? Un uomo di multiforme cultura, di enciclopedica scienza storica, sociale, politica, giornalista di finissimo intuito professionale.

Egli invero aveva sì pronosticato ineluttabile il tracollo del granitico impero sovietico, rammaricandosi soltanto di non potervi assistere a causa della sua età avanzata.

Invece sopravvisse per dodici anni alla caduta del muro e quindi si propose di non impegnarsi mai più in previsioni dall'esito scontato.

Affermò piuttosto di avere maturato allora una solenne esperienza, nel senso che disquisire sulla fine futura di un'era richiede cautela, poiché è sempre possibile scoprirsi sin troppo ottimisti.

Meditiamo insieme al riguardo, Gracchi e Kennedy. La futura caduta dell'Occidente, solo presumibile per il momento, è correlata ai tratti storici posti a cavallo dei due millenni.

Voi avete già disquisito in casa di Socrate su un'influenza reciproca tra Grecia e Roma, tra Europa e Stati Uniti, le componenti essenziali di civiltà occidentale. Ora io desidero proporre una sintesi proiettata a un ipotetico futuro.

L'arco di millecinquecento anni esteso fra Grecia e Roma, sommato ad altri millecinquecento anni riconducibili alla Vecchia Europa ed agli Stati Uniti, rappresentano dunque il presagito epilogo dell'intera civiltà occidentale? E' un'ipotesi da tenere in considerazione.

Ribadito infatti come il tracciato temporale, scandito all'inizio dalla Grecia classica e Roma antica, attraverso l'Europa vecchia e nuova, sino agli odierni Stati Uniti, delinei nel corso di tre millenni la civiltà occidentale, quell'epilogo di civiltà, visto in prospettiva futura, pare oggi meno lontana di quanto l'*homo informaticus* immagini.

Analizziamo i precedenti, Gracchi e Kennedy.

Il mondo greco romano comprende nella sua evoluzione soltanto una parte della civiltà occidentale, la frazione mediterranea che maturò sino al primo mezzo millennio dopo Cristo.

La civiltà però non si estinse allora, ma passò alla sua fase atlantica e continuò a produrre ricchezza economica, culturale, artistica.

La civiltà infatti è una sola. Ha soltanto, e per passaggi progressivi, trasferito il centro propulsore nei secoli sempre più a Ovest.

Il primo segnale, generato nel bacino del Mediterraneo, si consolidò dapprima sull'Acropoli di Atene e quindi sul Campidoglio a Roma, repubblicana e imperiale.

Proseguì per Parigi, merovingia e carolingia, poi a Madrid, asburgica spagnola, fulcro di un altro impero sul quale mai tramontava il sole. Imboccò più tardi una linea di ritorno a Est, soffermandosi a Londra, l'anima del *British Empire* marittimo e coloniale, quindi a Berlino, capitale del Terzo Reich, ove deliranti teorie dominatrici trovarono un principio, abortito, di attuazione concreta.

Da allora, con un balzo transoceanico ad Ovest, il centro propulsore sembra stabile e cristallizzato a Washington . Ma per quanto ancora? Un'ulteriore futura apertura potrebbe condurre ad un ritorno verso Est, e magari a Bruxelles, sede della nuova Europa. Seguendo però un ordine più realistico, la direzione spinta ancora ad Occidente dove potrebbe mai approdare?

Forse, superato l'estremo Ponente nipponico, potrebbe raggiungere il cuore dell'Oriente, le terre di Cina e India, così come un incipiente indebolimento statunitense lascia intuire. Cina e India, però, origini di altre antiche civiltà, nulla hanno a che vedere con l'Occidente.

Anzi, sembrano degne di ricevere e perpetuare il lascito della Russia ex sovietica, rinnovando così l'ostilità fra due mondi contrapposti.

E' questo il futuro? Gli indizi premonitori sussistono.

Ma invero nessuno possiede il dono della preveggenza, e meno che mai la verità assoluta. Occorre piuttosto una fine sensibilità intuitiva per avventurarsi in ricerca di una profezia che possa rendersi almeno verosimile sulla civiltà occidentale.

L'ipotesi esige comunque l'indagine su un inizio individuabile come il primo scricchiolio nel fondamento, la prima crepa minacciosa, il primo germe fatale.

Agevola la riflessione ricordare un'esilarante commedia di Gilberto Govi, indimenticabile attore teatrale genovese, nella quale l'anziano protagonista, impegnato nella ricerca della testa del male, vi rinuncia disilluso non riuscendo a rintracciarne altro se non la coda.

Così come avviene in termini farseschi, anche nell'esperienza umana è difficile risalire alla causa prima di qualunque situazione:

Quando in una lite scoppiata tra bambini, i genitori accorrono per separare i piccoli contendenti, la reazione è corale, simultanea, rotta dal pianto e dal furore di vendetta: "ha cominciato lui".

Quando i coniugi trasfigurano lo scontro quotidiano in astio cronico, con picchi di esasperazione parossistica, se moglie brontola e marito si chiude in se stesso: "ha cominciato lui/lei".

Quando al grido cantilenante della donna palestinese si sovrappone la maschera tragica e muta della donna israeliana, ricorrenti colonne sonore alle crudeli rappresaglie perpetrate contro i fanatici attacchi suicidi, rimbalza l'accusa: "avete cominciato voi".

Quando infuria la corsa agli armamenti, in guerra fredda o nel medio evo, nelle guerre di religione o nell'era napoleonica, le nazioni e gli imperi, sostengono di essersi ritrovati loro malgrado nell'impellenza di accumulare materiale bellico con esclusivo proposito di difendersi dalla proditoria aggressione altrui: "hanno cominciato loro"

Le interazioni con i pronomi e i verbi declinati nelle seconde e terze persone plurali o singolari, sono ricostruibili all'infinito.
Mai ricorrono le prime persone. Nessuno è disposto ad attribuire a sé l'onta dell'inizio, ma se per miracolo ciò accadesse almeno una volta ne risulterebbe interrotto lo scambio perverso di stimoli e reazioni nelle quali le parti si reputano autrici solo di queste ultime.
Purtroppo non esiste in natura una prima persona che ammetta di avere dato l'inizio a qualcosa che sia dannoso, deprecabile.
Esiste invece l'unico inizio incontrovertibile, privo di fatti pregressi, di tempo e di materia anteriori, di pensiero dipendente: la Creazione.
Al riguardo il teologo Lightfoot sostenne che Dio creò il mondo alle 9 del 26 Ottobre 4004 avanti Cristo mentre, secondo Albert Einstein, maturò quindici miliardi di anni fa la concentrazione di particelle e radiazioni dalla quale si produsse il *big bang*.
Ora, se l'inizio sia stato determinato da Dio o dal *big bang*, per molti comunque Dio, appare in ogni caso irriverente definire dannosa o

deprecabile la Creazione. E se poi una versione fosse addebitabile al padre Adamo, salvo da parte sua scaricare la responsabilità su Eva, è sconsigliabile comunque citare Adamo come esordio.

Per siffatte ragioni dunque l'inizio della fine della civiltà occidentale deve essere ricercato esplorando con pazienza certosina l'immenso magazzino della Storia.

Potrebbe essere isolato come uno dei ricorrenti stadi in cui l'uomo, ripristina l'ordine costituito cominciando da capo con intento di non ricadere più in guerre e stragi, in efferatezze e genocidi: pace di Westfalia dopo la guerra dei trent'anni, congresso di Vienna dopo Napoleone, incontro a Yalta a fine seconda guerra mondiale.

Potrebbe essere identificato con uno dei passaggi ciclici innovativi in cui enormi territori vengono suddivisi fra eredi di un gigante della Storia: Alessandro o Carlo.

Potrebbe essere collocato negli anni ricorrenti di rivolta ideologica e morale pronta a generare il rinnovamento e la catarsi della società: la rivoluzione francese, i motti di liberalismo europeo, ottobre rosso, maggio francese, caduta del muro di Berlino.

Potrebbe infine essere cristallizzato entro un episodio preciso quanto a luogo e tempo: New York, 11 Settembre 2001.

Pare quest'ultima una suggestiva ipotesi, ma quanto potrebbe invero ritenersi attendibile, amici Gracchi e Kennedy?

Io ricordo quando nel 2001 fervevano in televisione continui dibattiti di politica internazionale: il sinistro puntava il dito sugli Stati Uniti accusandoli di avere già da molto tempo esteso la guerra al mondo islamico, mentre il destro rilanciava sul terrorismo malvagio e vile attribuendogli lo sfacelo delle torri gemelle e la strage di migliaia di persone: hanno cominciato loro!

Tale è ancora una volta il principio in questo terzo millennio.

Sarebbe paradossale, Gracchi e Kennedy, che impartissi un'ultima benedizione a voi dopo quella di Santo Agostino, pertanto il mio più semplice e fraterno abbraccio.

Indice

www.ingramcontent.com/pod-product-compliance
Lightning Source LLC
Chambersburg PA
CBHW030043100426
42733CB00040B/77